Sophie Lange

Küche, Kinder, Kirche ...

Aus dem Leben der Frauen in der Eifel

Helios

5100 Aachen
Tel. 0241/555426 Fax 0241/558493
Satz: A. Thomas, 5047 Wesseling
Titelblattgestaltung: Juri Laczek
Printed in Poland

ISBN 3-925087-48-6

Inhaltsverzeichnis

Der mühsame Weg der Frauengeschichtsforschung

Beispiel: Frauenvereine im allgemeinen und Vaterländischer Frauenverein im besonderen

Es ist schon einige Jahre her, als ich beim Durchstöbern alter Zeitungen auf folgenden 'netten Text' aus dem Jahre 1909 stieß: „Ein Chordirigent wird in Frankfurt bei einem Mahl vom Kaiser ins Gespräch gezogen: „Majestät", sagte der würdige Dirigent, „nächstens dirigiere ich ein Konzert, in das auch Ihre Frau Gemahlin kommt." „So? Haben Sie auch in bezug auf meine Frau einen netten Text gewählt?" „Gewiß Majestät." „Nun, welchen denn?" „Wenn alle untreu werden!" (Text eines alten Kirchenchores) Tableau! - Der Kaiser lacht laut auf. „Wie heißt denn der Verein, für den Sie ein Konzert geben?" entringt es sich mühsam dem Monarchen, der des Lachens nicht Herr werden kann. „Der ... Frauenländische Vaterverein, Majestät!"[1]

Das sollte wohl ein Witz sein? Lachen konnte ich nicht darüber, indes interessierten mich die geschichtlichen Hintergründe. Die Majestät, das mußte 1909 Wilhelm II. sein, und die Frau Gemahlin war dann Auguste Viktoria, Prinzessin von Schleswig-Holstein-Sonderburg-Augustenburg, mit der Wilhelm II. seit 1881 verheiratet war. Aber was war das für ein Verein: Frauenländischer Vaterverein?

Einige Zeit später fand ich vom Jahre 1899 eine Annonce: „Vaterländischer Frauen-Verein, Generalversammlung, 19. Januar, nachmittags 1/2 3 Uhr im Hotel Britz zu Schleiden." Also nicht 'Frauenländischer Vaterverein' (das sollte wohl der Witz sein), sondern Vaterländischer Frauenverein. (Der Einfachheit halber in dieser Abhandlung 'VFV' genannt) War dieser Verein eine politische Vereinigung? Und diesen Verein hatte es in der Eifel gegeben, in Schleiden? Der Text der Annonce sagte nicht viel aus: „Gegenstand der Berathung: Rechnungsablage pro 1897; Neu-resp. Ergänzungswahl des Vorstandes. Um zahlreiches Erscheinen wird gebeten. Schleiden, 12. Jan. 1899. Die stellv. Vorsitzende, Frau Rentmeister Weck."[2]

Als ich nochmals das Jahr 1909 durchblätterte, fand ich folgenden Aufruf: „Schweres Unheil hat in diesen Tagen weite Landstriche unseres Vaterlandes betroffen. In der Rheinprovinz, in Westfalen, Hessen-Nassau und Sachsen haben Hochwasser und Eisgang furchtbare Verheerungen verursacht. Viele Ortschaften stehen unter Wasser, Tausende sind obdachlos, zahlreiche

Häuser sind eingestürzt, die Felder verwüstet. Zur wirksamen Bekämpfung des Notstandes sind große Mittel erforderlich. Schnelle Hülfe ist doppelte Hülfe! Spenden zu Gunsten der Ueberschwemmten nimmt der Schatzmeister unseres Vereins, Herr Häuser hierselbst, entgegen. Schleiden, den 24. Februar 1909. Der Vorstand des Vaterländischen Frauen-Vereins: Frau Rechnungsrat Weck, Vorsitzende, Landrat Dr. Kreuzberg, Schriftführer."[3]

Jetzt wußte ich schon etwas mehr über die Ausrichtung des Vereins: Nicht nur Konzerte besuchen und Generalversammlungen abhalten, sondern gezielte soziale Tätigkeiten. Ohne jede politischen Ambitionen? Und ich wußte, daß die stellvertretende Vorsitzende von 1899 im Jahre 1909 erste Vorsitzende war und daß der Landrat höchstpersönlich als Schriftführer fungierte.

Das war zunächst einmal alles. Da ich intensiv mit anderen Themen beschäftigt war, legte ich den VFV fürs erste auf Eis; d.h. ich legte eine Sammelmappe dafür an. Aber mein Interesse war geweckt. Wann waren die Frauenvereine entstanden? Welche Richtungen und Ausrichtungen hatten diese?

Katholische Frauenbündnisse

Beim Studieren von Lokalgeschichten stieß ich auf katholische Frauenbündnisse. So war in Schleidens Vergangenheit festgehalten worden, daß im Jahre

In den Eifeldörfern konstituierten sich vorwiegend katholische Frauenbündnisse; hier: Die Jungfrauenkongregation von Kall im Jahre 1936

1898 die Marianische Kongregation (Marienverein) für Jungfrauen unter dem Titel der unbefleckten Empfängnis Mariens und des heiligen Antonius segensreich tätig war.[4]

In Kall bemühte man sich 1909 nach einer neuntägigen Mission, für Jünglinge und Jungfrauen Kongregationen ins Leben zu rufen. Aber erst 1913 kam eine Jungfrauenkongregation zustande: „Die erste Aufnahme fand am 8. Dezember 1913 statt. Die Jungfrauenkongregation ist errichtet unter dem Titel

Geschäftsbericht
des
Vaterländischen Frauenvereins
für den Kreis Euskirchen
für das Jahr 1909

**Am 15. Dezember 1907 kostituierte sich der Vaterländische Frauenverein für den Kreis Euskirchen.
Die ersten Geschäftsberichte erschienen in gedruckter Form**

der unbefleckten Empfängnis Mariae und unter dem besonderen Schutze der hl. Barbara und erhielt 1924 eine von Kongregationsmitgliedern gestickte Vereinsfahne ... Die Frauenkongregation wurde 1922 gegründet. Bei der ersten feierlichen Aufnahme am 8. Oktober 1922 ließen sich 125 Frauen aufnehmen.“[5]

Da die Müttervereine noch vor Jahrzehnten örtlich sehr aktiv waren, wollte ich einige ältere Frauen befragen. Doch auch hier bestätigte sich wieder die Erfahrung von Volkskundlern, daß die mündliche Geschichtsforschung, die 'Oral History', nur ungenaue Ergebnisse liefert. So erfuhr ich zwar lange Lebensgeschichten, aber in bezug auf katholische Frauenvereine erhielt ich keine konkreten Angaben über Ursprünge und Hintergründe.

Eine 84-jährige Frau erzählte zum Beispiel: „Jede katholische Frau mußte nach der Geburt des ersten Kindes dem Mütterverein beitreten. Wer zwölf Kinder hatte, der bekam ein Haus geschenkt." Meine erstaunte Frage: „Vom Mütterverein?" Ungeduldige Antwort: „Nein, natürlich nicht. Das war bei Hitler." (Es erfolgten umständliche Erzählungen, wer ein Haus bekam und wer ausgeschlossen wurde.)

Eine andere Gesprächspartnerin erinnerte sich: „Die Jungfrauen und Mütter hatten gesonderte Andachten und religiöse Vorträge. Es ging immer um die Aufklärung und um die Ehepflichten. Als junge Mädchen haben wir oftmals an der Kirchentür gelauscht, wenn die Mütter ihre Aufklärungsvorträge hörten." Meine Frage: „Wer hielt denn diese Vorträge?" Antwort: „Priester natürlich, meistens Patres aus den Klöstern. Na ja, das war damals eben so."

Meine Frage, ob die ledigen Mütter, die 'gefallenen Mädchen', zu den Jungfrauen oder zu den Müttern gehörten, wurde energisch vom Tisch gewischt: „Die waren doch aus jeder Gemeinschaft ausgeschlossen."

Ich erfuhr von einem noch bestehenden Mütterverein. Es wurde mir mitgeteilt: „Hier (Mechernich) besteht noch ein Mütterverein, der sich jetzt 'Katholische Frauengemeinschaft' nennt. Wir machen Ausflüge, feiern gemeinsam Karneval und laden jährlich zu einer Mitgliederversammlung ein. Der größte Teil der Mitglieder ist über 70 Jahre alt." Über die Vorgeschichte des Mechernicher Frauenvereins war nichts bekannt. Hingewiesen wurde auf den Katholischen Frauenbund (KFB) und auf die Katholische Frauengemeinschaft Deutschland (KFD), die beiden großen Frauenvereinigungen der katholischen Kirche.

Irgendwann stieß ich auf den VkdL, den Verein katholischer deutscher Lehrerinnen, der 1885 gegründet wurde und heute noch besteht. Über die Motive der Gründung konnte ich folgendes nachlesen: „Der Verein katholischer deutscher Lehrerinnen hat sich bei seinem Entstehen als der Vertreter einer christlichen Pädagogik gestempelt, die in den ewig unveränderlichen Sätzen des positiven Bekenntnisses ihren Angel- und Stützpunkt sucht. Sein klares Programm hat er an erster Stelle durch Anregungen zur religiösen Vertiefung der persönlichen Lebenshaltung seiner Mitglieder zu verwirklichen gesucht."[6]

Über Veröffentlichungen dieses Vereins wurde ich dann auf ein Buch über katholische Frauenvereine aufmerksam, das sich als sehr ausführlich und umfangreich erwies. Es bewies, daß so manches Thema der Frauengeschichte aufgearbeitet ist. Man muß 'nur' finden, was man sucht.

Über die katholischen Müttervereine hieß es: „In ihnen werden religiöse Lebensformen gepflegt und der Familie, insbesondere der Mutter, eine bedeutende Stellung für das Gemeinschaftsleben und die Kindererziehung zuerkannt. Die Idee der Müttervereine liegt darin begründet, daß sich mit Glauben und Tatkraft der Mutter die ganze Familie zu einer christlichen,

Aus den Anfängen des Roten Kreuzes in Euskirchen, mit welchem der Vaterländische Frauenverein verschmolz.

sittlichen Gemeinschaft entfaltet und die Mutter damit auch zur Lösung sozialer Probleme beiträgt."[7]

Die Vereine für Mädchen und unverheiratete Jungfrauen waren im 19. Jahrhundert vielschichtiger als die Vereine christlicher Mütter. Mädchen waren in Jungfrauenkongregationen unterschiedlicher Namen vereint. Vorwiegend trafen die Mitgliederinnen sich zum gemeinsamen Beten. Monatlich fand eine Kongregationsmesse statt, in der gemeinschaftlich die heilige Kommunion empfangen wurde. Intensiv wurde die Mutter Gottes verehrt. Ein Beispiel aus Aachen sagt aus: „Die Kongregation in Aachen-Burtscheid nennt die Erhaltung und Förderung christlicher Tugend und Frömmigkeit durch besondere Verehrung der allerseligsten Jungfrau und Gottesmutter Maria als ihren Zweck der Vereinigung."[8]

Zu nennen sind in diesem Zusammenhang die katholischen Elisabethenvereine, die sich vorwiegend der Armenpflege annahmen. Die Gründung des ersten Elisabethenvereins auf deutschem Boden erfolgte 1840 in Trier. Auch in Mechernich und Euskirchen gab es diesen Verein.

Durch ein Jubiläum eines Sankt Cäcilien-Chores erfuhr ich etwas über die Geschichte von Chören: Bei den katholischen Kirchenchören handelte es sich um die Jahrhundertwende um reine Männerchöre. Die gemischten Gesangsgruppen entstanden zu recht unterschiedlichen Zeiten, je nachdem wie offen die jeweiligen Ortspfarrer dem öffentlichen Auftreten von Frauen gegenüberstanden. Auch machten Priester sich um die moralische Gefährdung der Mädchen bei (und nach) den Proben Sorgen. Manche Chöre waren schon Anfang der 30er Jahre gemischt, andere erst nach dem Zweiten Weltkrieg.

Große Bedeutung hatte im vorigen Jahrhundert der 'Singverein Schleiden', der von 1830 bis 1880 bestand. In ihm hatten viele Frauen 'Stimmrecht'. Dieser weltliche Chor war weit über die Grenzen Schleidens durch öffentliche Auftritte bekannt. Einen finanzstarken Mäzen hatten die Sänger und Sängerinnen in Carl Poensgen, dem Bürgermeister der Stadt Schleiden und Besitzer der Eisenhütte Gangfort.[9]

Interessant fand ich die landwirtschaftlichen Vereine, in denen auch die Bäuerinnen eine Nische für sich gefunden hatten. Der Deutsche Landfrauenverband läßt die Frauen einerseits durch Ausflüge und Freizeiten Abstand vom Alltag gewinnen, bringt aber andererseits durch Vorträge und Besichtigungen moderne Erkenntnisse näher. In einem kritischen Buch fand ich jedoch folgende Überlegung: „Die Arbeit des DLV dreht sich bis auf Ausnahmen um Arbeitsinhalte, die sich Frauen in freiwilliger Selbstbeschränkung immer wieder auferlegen."[10]

Luden sich die Frauen tatsächlich in den Vereinen neben ihren häuslichen Verpflichtungen weitere Aufgaben 'in freiwilliger Selbstbeschränkung' auf? Oder brachten die Frauenvereine den Frauen Gelegenheit zum Ausspannen, zur Erholung, zur Selbstverwirklichung oder zum politischen Dialog? Oder wenigstens eine befreiende Abwechslung zum Alltagstrott? All diese Fragen blieben offen.

Frauenvereine nach 1848

Meine Recherchen hatten sich über längere Zeit hingezogen, hatten mich viele Stunden gekostet - und mich meilenweit vom VFV weggeführt. Doch dann stieß ich wieder auf ihn.

In Mechernich gab es zu Anfang dieses Jahrhunderts mehrere Frauenvereine: Mütterverein, Marianische Jungfrauenkongregation, eine Missions-Paramentenabteilung des Marienvereins, ein Elisabethenverein - und den VFV. Wörtlich hieß es in einem Bericht: „Auch der Vaterländische Frauenverein entfaltet eifrige Tätigkeit auf caritativem Gebiet."[11]

Nun wollte ich die Sache intensiv und zielgerichtet angehen. Also beschäftigte ich mich - mal wieder - mit der ersten Frauenbewegung. Die Märzrevolution von 1848 hatte erste emanzipatorische Ansätze der Frauen begünstigt und zur Gründung demokratischer Frauenvereine geführt. Doch schon 1850 wurden in einzelnen deutschen Staaten Gesetze gegen die Arbeitervereine erlassen. Im preußischen Vereins- und Versammlungsgesetz von 1850 wurde im Paragraphen 8 den Frauen, Lehrlingen und Schülern die Teilnahme an politischen Versammlungen und in politischen Vereinen verboten.[12]

Dieses Gesetz wurde manches Mal umgangen. Unter der Tarnkappe von hausfraulichen oder kulturellen Themen gelang es, „... vieles zu sagen, was der

Gesetzgeber eigentlich verhindern wollte... Der Frauen- und Mädchenbildungsverein war als Mittel gedacht, die breiteren Schichten der Frauen zu erfassen, sie zu erwecken und unter der durch Gesetz gebotenen Vorsicht allgemein und auch politisch weiterzubilden."[13] Erst 1908 wurde durch das neue Reichsvereinsgesetz die Beteiligung von Frauen an politischen Vereinen und Parteien erlaubt.

Zu den ersten Frauenvereinen gehörten: Allgemeiner Deutscher Frauenverein (1865), Verein zur Fortbildung und geistiger Anregung der Arbeiterfrauen (1868) und Frauen-Hilfsverein für Handarbeiterinnen (1881). Es entstanden mehrere Arbeiterinnen-Vereine, die 1886 jedoch alle aufgelöst wurden. Diese Vereine der Frauenbewegung hatten - so weit ich feststellen konnte - in der Eifel nicht Fuß fassen können.

Ich konzentrierte mich also weiterhin auf den VFV. Zunächst durchforstete ich die Nachschlagewerke. Doch nur in einem einzigen fand ich den Verein erwähnt. Dort hieß es u.a.: „Eine Tätigkeit des Vereins auf politischem und kirchlichem Gebiet ist grundsätzlich ausgeschlossen."[14] Auch in diesem Verein wurden die Frauen in ihre Grenzen verwiesen; sozial, natürlich ehrenamtlich, durften sie tätig sein, aber ansonsten hatten sie zu schweigen.

Umwege und Irrwege

Bei einem Besuch im Historischen Archiv in Köln zeigten mir Frauen vom Kölner Frauengeschichtsverein einen Nachlaß eines Herrn von Mallinckrodt. Dieser war Schriftführer des VFVs in Köln gewesen. Es gab einige Protokolle des Kölner Vereins, aber diese sagten nur etwas über Neuwahlen und Vereinsregularien aus. Es brachte nicht viel. Auch schien es unmöglich, den noch nicht aufgearbeiteten, in vielen Kartons verpackten Nachlaß nach diesem Verein durchzuwühlen. Die Frauen von Köln hatten bis dato noch weniger Unterlagen über den VFV gefunden als ich.

Der Name 'Mallinckrodt' hatte mich hellhörig gemacht. Das Geschlecht 'von Mallinckrodt' stammte doch aus Wachendorf bei Euskirchen? Ich hatte einmal sehr eindrucksvolle Kriegsgedichte eines Max von Mallinckrodt gelesen. Hatte ich diese fotokopiert, abgeheftet? Ich fand sie nicht. Sie fielen mir erst in die Hände, als ich gar nicht danach suchte.[15]

Im Euskirchener Kreisarchiv entdeckte ich einen äußerst interessanten 'Beitrag zur Gütergeschichte des Kurkölnischen Amtes Hardt' von Max von Mallinckrodt.[16] Er führte mich auf neue Pfade - und mal wieder meilenweit weg vom VFV.

Wie es nun mal bei der Geschichtsforschung so geht, fand ich - einer ganz anderen Sache auf der Spur - dann 'zufällig' in einem Verwaltungsbericht eine ausführliche Abhandlung über den VFV. Es war jedoch nicht der Schleidener, sondern der Euskirchener VFV.

Gründung und ihre Gründe

In dem Verwaltungsbericht hieß es: „Am 15. Dezember 1907 wurde im Kreise (Euskirchen) der Vaterländische Frauenverein gegründet. Er ist ein Zweigverein des unter dem Protektorate Ihrer Majestät der Kaiserin und Königin stehenden Hauptvereins in Berlin und gehört dem engeren Verband der Vaterländischen Frauenvereine in der Rheinprovinz an. Vorsitzende des Vereins ist Frau Landrat Dr. Kaufmann, stellvertretende Vorsitzende Frau Gräfin Wolff-Metternich zu Gracht bei Liblar."[17] Weitere Angaben nannten Zweck des Vereins, Mitgliederstand und Vereinsausgaben. Nun war es an der Zeit, sich um den Anlaß der Gründung des Vereins in Berlin zu kümmern.

Es ging dabei um das erste organisierte Zusammenwirken deutscher Frauen auf dem Gebiet der Armen- und Krankenpflege nach der Völkerschlacht bei Leipzig (1813). Tätigkeiten dieser Organisationen waren Pflege von Verwundeten und Unterstützung von Invaliden, Witwen und Waisen der gefallenen Soldaten. Kranken- und Armenpflege wurden konkrete Vereinsinhalte. Mit der Zeit wurde die Krankenpflege indes aufs Nebengleis geschoben. Es blieb die Armenpflege.

Folgender Auszug kann die Situation verdeutlichen: „Die Ausübung der Krankenpflege trat in jenen Frauenvereinen hinter der Armenpflege vollständig zurück, und erst der Krieg von 1866 führte die Frauen auch auf dieses Feld. Trotz der Kürze des Krieges machte sich die numerische Unzulänglichkeit und die durchaus unzureichende Beschaffenheit des Pflegepersonals geltend... Gestützt auf Beobachtungen dieser Notstände im Pflegewesen, bereitete die Königin Augusta von Preussen (Gattin von Wilhelm I.) noch vor Beendigung des Feldzuges die Gründung eines Frauenvereins vor, der am 11. November 1866, dem Tage des Friedens, in Berlin ins Leben trat. Die ausschließliche Aufgabe dieses Vereins bestand in der Ausbildung von freiwilligen Krankenpflegerinnen für den Kriegsdienst, wie in der Fertigstellung von Kriegspflegematerial. Die Jahre 1870 und 1871 fanden daher die deutschen Frauen vorbereiteter für die ihnen im Krieg zufallenden Aufgaben; unter der Leitung der preussischen Königin und der Kronprinzessin errichteten sie überall Barackenlazarette..."[18]

1867 schloß sich dieser Frauenverein dem vaterländischen Centralverein an und nannte sich von da an 'Vaterländischer Central-Frauenverein'. Er arbeitete mit dem Roten Kreuz zusammen. 1872 wurde in Würzburg ein Verband der deutschen vaterländischen Frauenvereine gegründet. Von diesem Jahr an konnten in allen Städten und Kreisen Zweigvereine dieses VFVs entstehen.

Damen = Verein zu Schleiden.

Am 14. d. Mts. bildete sich in Schleiden ein Damen-Verein, welcher seinen Zweck und seine Aufgabe in folgenden Statuten festsetzte und erklärte:

§ 1. Der Verein constituirt sich zu dem Zwecke, um im Kreise Schleiden nach Kräften die durch die Mobilmachung entstandene oder noch entstehende Noth zu lindern, sowie, im Falle des Krieges, sowohl für die Verwundeten der Preußischen Armee Erleichterung schaffen zu helfen, als auch die Hinterbliebenen der dem hiesigen Kreise angehörigen Krieger zu unterstützen.

§ 2. Zu dem Zwecke der Unterstützung setzt der Verein sich durch seinen Vorstand in Verbindung mit den betreffenden Ortsbehörden.

§ 3. In den wohlhabendern Orten des Kreises sollen die Damen aufgefordert werden, sich dem Vereine anzuschließen und Beiträge zu sammeln.

§ 4. Der Verein versammelt sich an einem näher zu bestimmenden Tage in der Woche nach dem ersten eines jeden Monates.

§ 5. Der Verein zu Schleiden wählt einen Vorstand von fünf Damen, zu welchem jeder Ort, welcher sich anschließt, das Recht hat, eine Dame zu delegiren.

§ 6. Der Vorstand versammelt sich wo möglich jede Woche.

Der Verein wählte zu seinem Vorstande:

1) Frau Landräth v. Harff, zugleich als Vorsitzende.
2) Frau Kreissekretair Chun.
3) Frau Pastor Küllenberg.
4) Frau Berggeschworne v. Zastrow.
5) Frau Oberförster Hoch.

Der Vorstand hielt am 18. seine erste Sitzung, in welcher die Vorsitzende die erfreuliche Mittheilung machen konnte, daß noch viele Damen sich dem Vereine angeschlossen und reichliche Beiträge gezeichnet hätten. Es wurde beschlossen, daß die Beiträge am letzten jeden Monates, also zuerst am 30. Juni, an die Vorsitzende einzuzahlen seien. Nach einigen andern geschäftlichen Erörterungen wurde beschlossen, daß, da der Krieg jetzt gewiß ist, mit Anfertigung von Charpie u. s. w. zu beginnen sei.

Der Vorstand bittet daher sämmtliche Damen Schleidens, namentlich auch die jüngern, sich wöchentlich zweimal, Dienstags und Freitags, (beginnend Freitag den 22.) Nachmittags von 4 bis 7 Uhr, zu gemeinsamen Arbeitsstunden in dem Hause der Frau Notarin Straßer zu versammeln. Um alte Leinwand wird gebeten.

Schon 1866 vereinten Frauen des damaligen Kreises Schleiden sich in einem Damenverein.

Die nächste Fährte war jetzt klar: Das Deutsche Rote Kreuz. Ich fand eine 'Entstehungs- und Entwicklungsgeschichte des DRK-Kreisverbandes Euskirchen', in welchem auch der Vaterländische Frauenverein abgehandelt war. Die Fakten differierten etwas von dem bereits genannten Verwaltungsbericht, ergänzten aber auch manches. Die Mitgliederzahl des Euskirchener Frauenvereins wurde für 1908 mit 790 angegeben. (Verwaltungsbericht: 936). 1910 war die Tausendergrenze dann überschritten. Eine stattliche, bemerkenswerte Zahl!

Von der Arbeit der Euskirchener Frauen im VFV erfuhr ich folgendes: „Unterstützung der Veteranenwitwen aus dem Krieg 1870/71, Hilfe für bedürftige Wöchnerinnen, Hauspflege. 1908 bildete der Kreisarzt Dr. Bachem in einem viertägigen Lehrgang 15 Frauen des Vereins in der Hilfe für Wöchnerinnen aus, so daß 1910 in 146 Fällen Wöchnerinnen durch Übernahme ihrer Hausarbeit entlastet werden konnten."[19]

In dem genannten Euskirchener Verwaltungsbericht von 1909 war die Ausrichtung des Vereins folgendermaßen beschrieben: „Seine Zwecke sind in Kriegszeiten die Fürsorge für die im Felde Verwundeten, im Frieden die Vorbereitungen für die Kriegstätigkeit, die Beteiligung bei Linderung außerordentlicher Notstände in allen Teilen des Vaterlandes, z.B. bei Überschwemmungen und endlich die Beseitigung und Verhütung wirtschaftlicher und sittlicher Not im Kreise Euskirchen."

Besonders die Versorgung der Wöchnerinnen wird hervorgehoben. Der Verein hatte 21 Frauen in mehrtägigen Lehrgängen zu Wirtschaftsfrauen ausbilden lassen. Diese versorgten zehn, bzw. acht Tage lang den Haushalt der Wöchnerinnen und erhielten dafür ein Entgelt vom VFV.

In einer Festschrift fand ich eine Zweigabteilung des Vaterländischen Frauenvereins in Zülpich: „Die Arbeit des Roten Kreuzes wurde auch durch den Vaterländischen Frauenverein (eine Tochtervereinigung des Kriegervereins) unterstützt. In einem Aufruf in dem 'Zülpicher Anzeiger' vom 22. August 1914 heißt es: Aufruf! Frauen und Jungfrauen, welche gesonnen sind, an Näharbeiten für das Rote Kreuz sich zu beteiligen, werden gebeten, montags nachmittags 2 Uhr im Jünglingsheim sich einzufinden. Der Vaterl. Frauenverein, Zweig-Abteilung Zülpich."[20]

Jungfrauen im Jünglingsheim! Bei den Näharbeiten dürfte es sich wohl um Anfertigung für Ausrüstung und Bekleidung für Soldaten gehandelt haben.

In einem Buch über das Gesundheitswesen der Stadt Euskirchen stieß ich ebenfalls auf den VFV.[21] Der Abschnitt brachte mir keine neuen Erkenntnisse. Interesse fand indes eine Quellenangabe, die von einem Protokollbuch wußte. Ich hatte inzwischen manches über den Frauenverein erfahren, aber die Frauen dieser Vereinigung, ihr Denken und Wollen, waren mir fremd geblieben - und darum ging es mir ja vorwiegend. Vielleicht erlaubte das Protokollbuch einen Blick hinter die Kulissen.

Ich sprach beim DRK-Kreisverband Euskirchen vor. Dort wurde mir versichert, daß es Akten vom VFV gab. Einsehen konnte ich diese zunächst nicht. Das DRK-Mitglied, das dem Kreisverband die Unterlagen zur Verfugung gestellt hatte, war verreist und ohne dessen Erlaubnis wollte man mir die Unterlagen nicht zugängig machen. Es stockte mal wieder in meinen Nachforschungen.

Frau und Herr Landrat

Zwischenzeitlich wollte ich mich mit der Frau auseinandersetzen, die in Euskirchen den VFV gegründet hatte: Die erste Vorsitzende, Frau Susanna Kaufmann, geb. Rautenstrauch. Der Weg zu ihr konnte nur über ihren Mann führen: Dr. Karl Leopold Kaufmann.

Dieser war 1863 in Bonn geboren. Nach dem Jurastudium begann er eine Verwaltungslaufbahn als Justitiar. 1899 wurde er zum Landrat von Malmedy, 1907 zum Landrat von Euskirchen ernannt. Von 1904 bis 1938 war er Vorsitzender des Eifelvereins. Er war DRK-Vorsitzender, Schriftführer beim Vaterländischen Frauenverein und sicher noch in vielen anderen Vereinen registriert. Karl Leopold Kaufmann war „ein Mann der Tat, der geborene Leiter, Diplomat und Regent zugleich."[22]

Einige Veröffentlichungen von Dr. Kaufmann zeigen seine Verbundenheit zur Geschichte der Eifel. Ich las sein neu verlegtes Werk 'Aus Geschichte und Kultur der Eifel'[23] und durchblätterte seine Abhandlung 'Große Eifelsöhne'. Unter den Eifelsöhnen ist auch eine Eifeltochter zu finden: Marie Anne Libert aus Malmedy (1782-1865).

Kaufmann schrieb 1933 über diese Frau: „Wenn wir in der Reihe der großen Eifler Naturforscher eine Frau an die Spitze stellen, so geschieht das nicht etwa aus Höflichkeit, sondern in Anerkennung ihrer Verdienste als Naturforscherin, die diesen Ehrenplatz vollauf rechtfertigen."[24] Landrat Kaufmann erkennt in seiner Schrift öffentlich die Verdienste einer Frau an, was zu seiner Zeit längst nicht selbstverständlich war. Über seine Gattin fand ich nichts in Kaufmanns Schriften.

1907 war Dr. Kaufmann zum Landrat von Euskirchen ernannt worden; am 15. Dezember 1907 war der Euskirchener VFV gegründet worden. Hier gab es also eine Verbindung. Ich suchte in der Euskirchener Zeitung von 1907 nach Berichterstattungen über die beiden Ereignisse. Am 18.12.1907 war die Gründung des Vaterländischen Frauenvereins veröffentlicht: „Am Sonntag nachmittag konstituierte sich im hiesigen Kasinosaale für den Kreis Euskirchen ein Zweigverein des Vaterländischen Frauenvereins. 30 Damen traten dem Verein bei und wählten als Vorsitzende Frau Landrat Dr. Kaufmann."[25]

Über die Feierlichkeiten zur Einführung des Landrates ist in der Euskirchener Zeitung vom 21.12.1907 berichtet. Den Einführungstermin des Landrates hatte ich eigentlich Monate vor der Gründung des Vaterländischen Frauenvereins vermutet. Daß die konstituierende Vereins-Sitzung jedoch schon vor dem Landratsantritt stattfand, schien nicht ohne Grund gewesen zu sein, wurde doch auf diese 'segensreiche' Tat der Frau Landrat bereits bei den Einweihungsfeierlichkeiten ihres Mannes hingewiesen.

Unter den vielen Rednern erwähnte nur der evangelische Pastor lobend die Frau Landrat: „...Der Mann im öffentlichen Leben hat viel Mühe und Arbeit; auch Aerger, Verdrießlichkeiten und Enttäuschungen bleiben ihm nicht erspart; wohl ihm dann, wenn er nach Arbeit und Mühe im stillen Heiligtum des Hauses sich erquicken und nach des Tages Last und Hitze neue Kraft und Frische schöpfen kann aus dem Friedensquell, der ihm dort fließt. Darin liegt die mittelbare Hülfe, deren unser verehrter Herr Landrat bei seiner Arbeit für den Kreis sich zu erfreuen haben wird von seiner Gattin, die wie mir erzählt worden ist, in allem ihren Tun und Handeln nichts Höheres kennt, als das Glück und Wohlergehen ihres Gatten zu fördern. Und zu dieser mittelbaren gesellt sich noch eine unmittelbare Unterstützung und Mitarbeit: es gibt im sozialen Leben der Menschen so manches Gebiet, auf dem auch die Frau helfend mit eingreifen kann und muß; ja so manches Gebiet, auf dem eigentlich **nur** die Frau eine segensreiche Wirksamkeit entfalten kann. Daß unsere hochverehrte Frau Landrat es auch ihrerseits an solche Mitarbeit nicht fehlen läßt, hat sie bewiesen schon in ihrem früheren Lebenskreise; einen Anfang hat sie auch hier vor einigen Tagen bereits gemacht und wir dürfen der getrosten Zuversicht leben, daß ihr hülfreiches Streben noch manche guten Früchte in unserem Kreise zeitigen wird."[26]

Der erwähnte 'Anfang' dürfte der drei Tage vorher gegründete VFV gewesen sein. Bei der Einführungsfeier des Landrates waren nur 'hervorragende Männer' anwesend. Frauen waren nicht eingeladen, auch nicht die Frau Landrat.

Jagd nach einem Protokollbuch

Schließlich konnte ich die Unterlagen beim DRK-Kreisverband Euskirchen einsehen. Es war ein Hand- und Adreßbuch der ländlichen Wohlfahrtseinrichtungen[27], in welchem unter 'Einrichtungen für den Kreis Euskirchen' der VFV unter Nr. 532 eingetragen war. Der Vermerk bestätigte das bisher Gefundene.

Aufschlußreich war eine Fotokopie 'Auszug aus: Handbuch des Vaterländischen Frauenvereins, Ausgabe vom 11.11.1916'. Ich war durch Quellenangaben bereits auf dieses Handbuch gestoßen, hatte es aber trotz Bemühungen noch nicht einsehen können. Der fotokopierte Auszug aus diesem Handbuch betraf den Euskirchener VFV. Hier hatte ich nun ganz konkrete, vollständige Angaben.

Die Mitgliederzahl war für 1916 mit 1.239 angegeben. Vorsitzende war Frau Geheimrat Kaufmann, stellvertretende Vorsitzende Frau Gräfin Wolff-Metternich auf Schloß Satzvey und Schriftführer Kgl. Landrat Geheimrat Dr. Kaufmann, sein Stellvertreter und zugleich Schatzmeister war Steuerinspektor Kreis.

Ich stellte mir eine Vorstandssitzung vor: Die Frau Landrat eröffnet die Sitzung. Punkt für Punkt werden die Vereinsangelegenheiten abgehandelt, während der Königliche Landrat eifrig alles aufschreibt. - Nein, so wird es kaum gewesen sein; der Stellvertreter wird die Schreibarbeit des Schriftführers gemacht haben. Aber immerhin hatte die Frau Landrat in dem VFV das Sagen, während ihr Mann als Schriftführer 'unter ihr' stand.

Wie aktiv der VFV in Euskirchen war, machte in dem Handbuch die Eintragung 'Veranstaltungen, Vereinseinrichtungen, Vereinstätigkeiten einschl. Kriegswohlfahrtpflege' deutlich. Es waren angegeben: Wöchnerinnenpflege, Wochenkorb, Merkblätterverteilung und Säuglingskorb im ganzen Kreise (1908), Stillprämien in der Stadt Euskirchen (1915), Mütterberatungsstelle im Kreise (1916), Bibliothek und Nähstube (1914), Heimarbeit durch Sockenstrickerei und Sandsacknähen (1915). An Sieche und Alte Unterstützung mit Material im ganzen Kreise (1908).

Gesondert angegeben war die Tätigkeit des Vereins in der Kriegskrankenpflege 1914-1916: Vereinslazarett, Verband- und Krankenerfrischungsstelle auf dem Bahnhof, Kriegsgefangenenfürsorge, Beschaffung von Liebesgaben u.a.

Diese Unterlagen waren wirklich aussagestarke Dokumente in meiner schon recht angeschwollenen Mappe VFV. Das Protokollbuch hatte ich indes noch immer nicht gefunden. Ich sollte mich über den DRK-Ortsverein Euskirchen bemühen, riet man mir. Ich fand schon bald hilfsbereite Menschen, doch da Urlaubszeit war, erreichte ich kaum einen der Zuständigen. (Fazit: Man fliegt besser im Sommer nach Mallorca, als verstaubten Protokollbüchern nachzujagen.) Auch wurde ich mal wieder von Pontius zu Pilatus geschickt, doch schließlich bekam ich die Adresse eines Mannes, der altes Material vom VFV Euskirchen besitzen sollte.

Nach einer telefonischen Kontaktaufnahme versprach der freundliche Mann, alte Unterlagen vom DRK herauszulegen. Ich sollte diese in seinem Geschäft abholen. Als ich dann vorbeikam, hatte er es vergessen. Macht ja nichts; ich würde nächste Woche nochmals kommen. Beim nächsten Vorsprechen war der gute Mann nicht da. DRK - Einsatz. Seine Frau wußte von nichts. Ich verwünschte den ganze VFV auf den Blocksberg - und dabei ist die Geschichtsforschung mein Hobby.

Natürlich fuhr ich eine Woche später wieder auf VFV-Unterlagensuche nach Euskirchen. Es war ein guter Tag. Im Kreisarchiv fand ich - endlich - den Gründungstag des VFVs Schleiden (siehe weiter unten) und ich bekam von dem DRK-Mann die alten Unterlagen vom VFV ausgehändigt. Das Protokollbuch war allerdings nicht dabei (wer weiß, auf welchem Speicher es vermodert), aber ansonsten waren die Akten sehr umfangreich: Jahresberichte, Abrechnungen, Schriftverkehr, Zeitungsausschnitte und anderes. Viele Unterlagen betrafen zwar die Sanitätskolonne des Roten Kreuzes, aber viele Belege waren dem VFV zuzuordnen.

Ich fühlte mich wie eine Glücksritterin, die nach jahrelangem Herumirren und Suchen endlich den 'Stein der Weisen' gefunden hatte. Zum ersten Mal hatte ich jetzt Originalbelege des Frauenvereins, denn bis nun hatte ich nur Sekundärangaben vorliegen, und diese waren ausschließlich von Männern geschrieben.

Dankend muß ich noch erwähnen, daß mir die Original-Unterlagen bedenkenlos für längere Zeit mit nach Hause gegeben wurden. Der Überreicher meinte lächelnd, daß man jemandem, der soviel Interesse zeige, voll vertrauen kann. Meine Hartnäckigkeit hatte sich gelohnt.

Der Animus im Frauenverein

In gedruckter Heftform lagen die Geschäftsberichte von 1908, 1909, 1910, 1911 und 1912 vor. Ebenfalls war eine gedruckte Satzung abgeheftet. Hier fand ich jetzt all die Angaben, die ich bereits mühsam zusammengetragen hatte.

Einiges war jedoch neu, so zum Beispiel: „Die Leitung der Vereinsangelegenheiten liegt dem Vorstande desselben ob, welcher aus mindestens 25 weiblichen und drei männlichen Mitgliedern besteht. Die weiblichen Vorstands-Mitglieder wählen ... die männlichen Mitglieder." Ganz ohne männlichen Anteil, den Animus, ging es anscheinend nicht im Frauenverein.

Die hohe Zahl der Vorstandsmitglieder ist dadurch zu erklären, daß der VFV in mehreren Orten des Kreises Euskirchen stark vertreten war; möglichst sollte aus jedem dieser Orte eine Vertreterin im Vorstand sein.

Die Satzung bestimmte auch das Verhältnis zum Hauptverein in Berlin. Unter Punkt 1 des Paragraphen 10 verpflichtete sich der VFV Euskirchen, „ein Zehntel seiner regelmäßigen Einnahmen aus Mitgliederbeiträgen jährlich Ende Dezember an den Vorstand des Provinzialverbandes abzuliefern, welcher letztere die Hälfte davon an den Hauptverein abgibt." Dieser Passus gefiel den Euskirchener Frauen weniger, und in den nächsten Jahren wehrten sie sich mehrmals gegen die Abgaben, allerdings ohne Erfolg.

Die Satzung wurde am 15. Dezember 1907 von den nachstehenden Vereinsfrauen bestätigt:

Frau Landrat Kaufmann, Vorsitzende
Frau Direktor Hammelraht,
Frau Amtsgerichtsrat Ebert,
Frau Bürgermeister Sester,
Frau Pastor Fischer,
Frau Sanitätsrat Weber,
Josephine Stang, Hauptlehrerin.

Die Frauen schmückten sich ganz auffällig mit dem Titel ihrer Ehemänner. In den Mitgliederverzeichnissen, die in den Jahresberichten vollständig abgedruckt sind, gaben die Frauen oftmals den Berufsstand ihres Mannes an, zum Beispiel:

Frau Hotelier Friesè,
Frau Bahnhofswirt Aug. König,
Frau Betriebsführer Reifferscheidt,
Frau Tierarzt Tonne,
Frau Postmeister Klein.

Viele Frauen setzten den Vornamen ihres Ehemannes an die Stelle ihres eigenen. Die persönliche Identität scheint zweitrangig zu sein. So heißt es etwa: Frau Josef Nolden, Frau Abraham Kann, Frau Peter Körner. Auch nach dem Tod des Gatten war dessen Autorität nicht erloschen. So nannten die Frauen sich etwa Frau Wwe. Lehrer Orth, Frau Witwe Karl Münch, Frau Witwe Moritz Kleinert usw.

Aus dem ersten Tätigkeitsbericht werden die Vorstellungen der Frauen ersichtlich. Ein Vortrag in der Hauptversammlung trug den Titel: Das Wirken der deutschen Frau auf dem Gebiete der Wohltätigkeit.

Wöchnerinnen-Fürsorge

Die 'Wohltätigkeit' erstreckte sich im Jahre 1908 in der Unterstützung hilfsbedürftiger Veteranen-Witwen und in Hilfeleistung in der Hauswirtschaft der in ärmlichen Verhältnissen lebenden Wöchnerinnen. Es wurden Wartefrauen ausgebildet und in den Wöchnerinnen-Stuben eingesetzt.

In dem Jahresbericht wurde ausführlich erläutert: „Es ist bekannt, daß namentlich in den Haushaltungen der Armen, die Wochenzeit der Frau zu erheblichen Störungen im Haushalt Anlaß gibt und daß diese nicht nur auf das Wohlbefinden der Kinder, sondern auch auf das des Mannes nachteilig einwirken. Aus diesem Grunde bildet die unentgeltliche Gestellung einer Wirtschaftsfrau während der ersten zehn Tage nach der Entbindung eine außerordentlich wirksame Unterstützung der Haushaltung. Die Kinder werden, soweit sie schulpflichtig sind, von der Wirtschaftsfrau für die Schule zurechtgemacht, mit Frühstück versehen, das Mittagessen des Familienvaters wird zubereitet und derselbe durch eine behagliche Haushaltung von dem Besuch der Wirtshäuser in der Zeit, in der die Hausfrau an der Verrichtung ihrer Haushaltungspflichten behindert ist, soweit wie möglich abgehalten."

Dieser Passus von 1908 macht die Stellung des männlichen Familienoberhauptes als Ernährer sehr deutlich. Auch scheint der Frauenverein sich vor der Männerwelt rechtfertigen zu wollen, indem er sich nicht nur um das Wohl der Frauen, sondern auch um das Wohlbefinden der Ehemänner sorgte. Immerhin heißt es in dem obigen Text weiter: „Wichtiger ist aber, daß die Wöchnerin der Sorge um die Pflichten der Haushaltung in diesen Tagen enthoben ist, was ihren gesamten körperlichen Zustand in günstiger Weise beeinflußt."

Die Wartefrauen erhielten eine Dienstanweisung, in der besonders hervorgehoben wird, daß die Wartefrauen „lediglich als Stütze der Hausfrau tätig sein sollen, sich aber jeden Eingriffs in die den Ärzten oder Hebammen zustehende Behandlung der Wöchnerinnen strengstens zu enthalten haben."

Vertrauensdamen des Vereins kontrollierten, ob diese Vorschrift eingehalten wurde. 1908 hatten Vertrauensdamen folgende Mißachtung der Dienstregel aufgedeckt: „In zwei Fällen, in denen die Wirtschaftsfrauen sich in unzulässiger Weise auch mit der Behandlung der Wöchnerinnen beschäftigten, ist sofort das Geeignete zur Verhütung dieses Vorkommnisses veranlaßt worden." Das 'Geeignete' scheint darin bestanden zu haben, daß die getadelten Frauen ihres 'Amtes' enthoben wurden, denn von zwei Wartefrauen heißt es in einer Fußnote: Sind inzwischen ausgeschieden.

Die Wartefrauen bekamen für ihre Dienste pro Tag 2 Mark vom VFV. Auch gab der Verein 'in Fällen verschämter Armut' eine Beihilfe für die Beköstigung der Wöchnerin, jedoch nicht deren Familie. Die Frauen stellten allgemein fest, „daß die Not in vielen Häusern des Kreises eine größere ist, als gemeiniglich angenommen wird."

Im Jahre 1909 wurde die Mitgliederwerbung verstärkt: „Es ergeht an alle edeldenkenden und wohltätigen Frauen und Jungfrauen des Kreises die dringende Bitte, uns in unserem Liebeswerk zu unterstützen und zur Linderung der Not und Armut unserer Mitmenschen beizutragen. Mögen alle, die es können, durch Zahlung des Mitgliederbeitrages von jährlich 3 Mark dazu beitragen, daß der Vaterländische Frauenverein in der Lage bleibt, die so schöne und nützliche Einrichtung der Wöchnerinnenwartung nicht nur beizubehalten, sondern noch immer mehr auszudehnen."

Im Jahre 1910 stieg die Mitgliederzahl auf 1.028, sank jedoch bald wieder unter die Tausendergrenze. Der Kampf um Mitglieder, auch heutigen Vereinen nicht fremd, setzte ein. Im Geschäftsbericht für das Jahr 1912 schrieb Frau Kaufmann: „Es steht satzungsgemäß nichts im Wege, daß auch männliche

Personen als ausserordentliche Mitglieder dem Verein beitreten." Im nächsten Jahr konnten 60 männliche, außerordentliche Mitglieder bekanntgegeben werden.

Im Dienste des Vaterlandes

Bei den Unterlagen aus Euskirchen war eine dicke Akte 'betr. den Kreisverein vom Roten Kreuz 1914-1920'. Jetzt konnte ich mich im Lesen der Sütterlinschrift üben. Es ging bei dem abgehefteten Schriftverkehr vielfach um die 1902 gegründete Sanitätskolonne vom DRK-Zweigverein Euskirchen. Diese errichtete während des Ersten Weltkrieges gemeinsam mit dem VFV am Euskirchener Bahnhof eine Verbands- und Erfrischungsstelle für Soldaten. Zwei Millionen Speise- und Getränkeportionen wurden in den Kriegsjahren dort an Soldaten verabreicht. Es war die erste gemeinsame Aktion der Frauen und Männer.

Die Mitgliederzahlen, die für diese Jahre insgesamt für DRK und VFV angegeben werden, sagen etwas über das Mitgliedsverhältnis Frau/Mann aus: 1914 gehörten den beiden Vereinen 300 männliche und 947 weibliche Mitglieder an. 1919 waren es 409 männliche und 1.338 weibliche Mitglieder. Die Frauen - und somit der VFV - standen also zahlenmäßig - und auch handlungsmäßig - weit über dem Zweigverein vom Roten Kreuz. Trotzdem wurden die Frauenverdienste stets zweitrangig bewertet. So nehmen in den gemeinsamen Berichten die Tätigkeiten des Roten Kreuzes die erste Stelle ein. Erst zum Schluß wird der VFV erwähnt und in erheblich kürzerer Form abgehandelt. Gemeinsame Aktionen der Frauen und Männer wurden stets der männlichen Sanitätskolonne zugeschrieben.

Neben den gemeinsamen Aktionen leistete der VFV noch 'besondere Betätigungen'. Die Frauen richteten eine Nähstube ein, in der 'Liebesgaben' in Form von Kleidungsstücken für die Heeresmacht angefertigt wurden. Socken wurden gestrickt und Sandsäcke genäht. Außerdem wurden zahlreiche Natural- und Geldsammlungen für die Kriegsopfer durchgeführt.

Vom Jahr 1914 fand ich einen Bericht über den Vaterländischen Frauenverein in Gerolstein. Auch dort wurde 'weibliche Kriegsarbeit' geleistet: „Während des Aufmarsches unserer Regimenter auf den Eifelstrecken glich der Bahnknotenpunkt Gerolstein wochenlang bei Tag und Nacht einem gewaltigen Heerlager mit stets wechselnden Mannschaften, die infolge der zum Teil 40- und mehrstündigen Bahnfahrten neben der hellen Kriegsbegeisterung auch eine trockene Kehle und einen knurrenden Magen mitbrachten. Und da bot der Maschinen- oder Personalwechsel notdürftig Zeit zur Erfrischung der fahrtmüden Mannschaften. Großartiges wurde da geleistet vom Vaterländischen Frauenverein Gerolstein."[28]

Mädchen und Frauen wurden aufgerufen, Strick- und Nähnadeln als 'Waffe im Dienste des Vaterlandes' einzusetzen. „Franzosen und Engländer können wir ihnen (den Soldaten) nicht vom Halse halten, wohl aber Erkältungskrankheiten durch Ermöglichung des Wäschewechsels und Anlegen wärmender Wintersachen."[29]

Als Ergebnis fleißigen Schaffens konnten im Oktober in Gerolstein an die Heeresmacht übergeben werden: 46 Bettücher, 42 Handtücher, 38 Lazaretthemden, 30 Feldhemden, 90 Flanellbinden, 223 Paar Fußlappen, über 100 Wollstrümpfe, Pulswärmer und dergleichen mehr.

Lobend wird erwähnt: „Auch nicht mehr neue Materialien werden zweckmäßig verwertet. Z.B. abgetragene Strümpfe werden abgeschnitten und die meist besser erhaltenen Beinlängen angestrickt, verschlissene Bettücher und Hemden zerschnitten und vernäht zu Handtüchern oder anderen Hemden. Die größere Kunst der praktischen Hausfrau besteht ja darin, aus alten Sachen ohne Unkosten neue zu zaubern."[30]

Das Ende des Frauenvereins

Auch in den Nachkriegsjahren kümmerten sich die Frauen vom VFV Euskirchen wieder um die Wöchnerinnen. Als Landrat Kaufmann 1929 in den Ruhestand ging, legte Susanne Kaufmann den Vorsitz nieder. 22 Jahre lang hatte sie den Frauenverein geleitet, 22 Jahre lang war Dr. Kaufmann Landrat vom Kreis Euskirchen gewesen. Das Ehepaar zog sich nach Bonn zurück. Neue Vorsitzende vom VFV wurde Frau Amtsgerichtsrat Gerta Hildebrand.

Einige Aktivitäten der nächsten Jahre sind aus Berichten im Euskirchener Volksblatt abzulesen:

- 1929 - Wäscheversorgung der Wöchnerinnen durch Ausleihen von Wäsche-Wanderkörben mit Bett- und Leibwäsche
- 1931 - Verleihung von 12 Verdienstbroschen für 'treue, dienstbare Hausgeister' für 10- bis 50-jährige Dienste im Haushalt
- 1932 - Hilfskräfte zu 'Nothelferinnen' ausgebildet, die bei Unruhen, Epidemien, Krankentransporten und in der freien Fürsorgearbeit eingesetzt werden sollten.

Im Jahre 1932 konnte auch das 25-jährige Vereinsjubiläum gefeiert werden. Doch aus den aufgeführten Vereinstätigkeiten wird erkennbar, daß die große Zeit des VFVs vorbei war. Die Armen-, Kranken- und Wohlfahrtspflege wurde vom Staat übernommen. Die Männer vom DRK nahmen das Vereins-Zepter in die Hand. Die Frauen vom VFV wurden meist nur bei Straßensammlungen eingesetzt. 1932 taucht in den Belegen vom VFV ein dicker, roter Stempel auf: 'Männerverein vom Roten Kreuz Euskirchen e.V.' Das große soziale Engagement von vielen Frauen war vergessen.

Das letzte Schriftstück vom VFV ist vom 15. März 1933. Die Frauen baten das DRK um einen Zuschuß zu den Ausbildungskosten der 'Nothelferinnen'. Der Antrag wurde abgelehnt. Das war dann das Ende vom VFV Euskirchen. 1933 wurde der Frauenverein dem Roten Kreuz angegliedert.

Ein Jahr später folgte die offizielle Auflösung des Großen Vaterländischen Central-Frauenvereins in Berlin und die Verschmelzung mit dem Deutschen Roten Kreuz. Dort gab es in Zukunft nur noch weibliche Bereitschaften.

Die Schleidener Damen

Neben dem Euskirchener VFV stand noch immer der Schleidener VFV für mich offen. Im Stadtarchiv Schleiden hatte ich nur erfahren können, daß der VFV im Jahre 1922 bestanden hatte. Ich hatte aber schon bis 1899 zurückgefunden. Ich suchte die Gründung des Vereins - und fand das Ende im Jahre 1933. In Schleiden war es ganz offensichtlich, daß das dortige Rote Kreuz aus dem VFV erwachsen war.[31] Aber wann war der VFV Schleiden gegründet worden?

Der Kreisverband des DRKs Schleiden war längst mit dem Kreisverband Euskirchen verschmolzen. Rückfragen bei ehemaligen Schleidener Rot-Kreuz-Aktiven brachten nur wieder den fruchtlosen Gang von Pontius zu Pilatus. Da auch in der umfangreichen Heimatbibliothek in Schleiden nichts über den VFV vorlag, blieb nur das Unterhaltungsblatt von Schleiden, denn dort war ich ja bereits fündig geworden.

Irgendwann erwacht beim Nachforschen der Jäger - oder die Jägerin - in einem. Man wittert das Wild und will es erbeuten. Immer enger wird das arme Tier eingekreist, immer stärker wird der Wunsch: Ich muß dich erjagen, koste es, was es wolle. So erging es mir bald. Wäre ich nach all meinen Bemühungen nun auf jemanden gestoßen, der mir das Gründungsdatum des VFVs Schleiden hätte sagen können - ich hätte es nicht wissen wollen. Ich mußte es selbst herausfinden.

Die Veröffentlichung, die am weitesten zurückreichte, hatte ich vom Jahr 1899 gefunden. Der Hauptverein in Berlin war 1866 gegründet worden. 1866 bis 1899, das waren 'nur' 33 Jahre, die ich eventuell im Unterhaltungsblatt durcharbeiten mußte. Da ich für jedes Jahr der zweimal wöchentlich erschienenen Zeitung etwa drei Stunden brauchte, waren das knapp 100 Stunden. Doch ich war optimistisch, daß ich solange nicht suchen mußte. Ich konnte ja mal ab und an ein Jahr überschlagen, und überhaupt, von Berlin bis zur Eifel war es weit. Bis die Kunde von einem Frauenverein in die Eifel drang, vergingen doch Jahre, wenn nicht Jahrzehnte, siehe Euskirchen. Unterschwellig nistete in mir wohl das Vorurteil, daß die Eifeler nie die Schnellsten gewesen waren. Für diese Mißachtung, in diesem Falle der Eiflerinnen, mußte ich dann - verdientermaßen - büßen, denn ich mußte mich wirklich 33 Jahre zurücktasten, bis ich die Gründung des Schleidener Frauenvereins fand - im Jahre 1866.

1866 war das Jahr des 'Bruderkrieges zwischen Preußen und Österreich. Vorausgegangen war 1864 die kriegerische Auseinandersetzung Preußens mit Dänemark, bei der es um die Einigung Deutschlands und um die Rückführung von Schleswig-Holstein ging. Dänemark unterlag, aber über die Beute gerieten Preußen und Österreich in Konflikt.

Diese Situation war der Auslöser für die Gründung des 'Damen-Vereins zu Schleiden' am 14. Juni 1866. Der Paragraph 1 seiner Statuten lautete: „Der Verein constituiert sich zu dem Zwecke, um im Kreise Schleiden nach Kräften die durch die Mobilmachung entstandene oder noch entstehende Noth zu lindern, sowie, im Falle des Krieges, sowohl für die Verwundeten der Preußischen Armee Erleichterung schaffen zu helfen, als auch die Hinterbliebenen der dem hiesigen Kreise angehörigen Krieger zu unterstützen." In der Bekanntmachung des Vereins hieß es weiter: „Es wurde beschlossen, daß, da der Krieg jetzt gewiß ist, mit Anfertigung von Charpie (grobe Leinwand aus Hanf-, Flachs- und Wollresten hergestellt) usw. zu beginnen sei."[32]

Der Verein wählte zu seinem Vorstand:

Frau Landrath von Harff, Vorsitzende,
Frau Kreissekretär Chun,
Frau Pastor Küllenberg,
Frau Berggeschworene von Zastrow,
Frau Oberförster Hoch.

Auch hier finden wir die Frau des Landrates als Vorsitzende des VFVs. Freiherr von Harff, Besitzer der Burg Dreiborn, war von 1864 bis 1895 Landrat des Kreises Schleiden. Dieser bedankte sich am 17. Juni 1866 bei der Bevölkerung für Spenden 'für unsere im Felde verwundeten tapferen Soldaten'. Es waren eingegangen u.a.: Geld, Hemden, Leinen, Verbandsstücke, Joppen, Socken, Cigarren und Tabak.

Eine großzügige Spende ist gesondert aufgeführt: „Durch die dem Kreise Schleiden aus Veranlassung des Krieges zur Last fallenden außergewöhnlichen Ausgaben ist derselbe genöthigt, eine Anleihe zu machen. Während alle bisherigen, bei Privaten eine solche, selbst zu höheren als den gewöhnlichen Prozenten zu erhalten, vergeblich waren, hat endlich der Kreis von der Frau Baronin von Harff, geborene Freiin Raitz von Frentz zu Schleiden eine Anleihe von 1.000 Thlr. gegen die üblichen Prozente, also zu nur 5 % Zinsen, erhalten. Der Kreis ist für diese anerkennungswerthe Handlung der Frau Baronin von Harff zu lebhaftem Dank verpflichtet."[33]

Hatte der Landrat sich in den ersten zwei Jahren seiner Amtszeit um die in Not geratenen Menschen gekümmert, so übernahm in Zukunft seine Frau dieses soziale Ressort. Ihre Vorstandsposition in dem neugegründeten Verein gab ihr dazu reichlich Gelegenheit.

Bereits im August 1866 wurde der Verein umgetauft: Der Damen-Verein wurde zum Frauen-Verein. Mit dieser Namensänderung wollte der Vorstand anscheinend deutlich machen, daß der Verein allen Frauen offenstand und nicht nur den 'Damen' der besseren Gesellschaft.

Frauen-Verein zu Schleiden.

Der Frauen-Verein erhält an monatlichen festen Beiträgen:

1) Aus der Bürgermeisterei Schleiden	18	8	—
2) Von den Damen zu Steinfeld, Dalbenden, Urft .	4	25	—
3) " " " " Call	4	27	6
4) " Herrn Hegemeister Henze	—	10	—
5) " Förster Wagner	—	5	—
6) " " Mog	—	15	—
7) " Lehrer Wirtgen	—	10	—
8) " Postillon L. Leienbecker	—	5	—
In Summa . .	29	15	6

Diese Beiträge wurden am 30. Juni und 30. Juli eingezahlt.

An einmaligen Gaben erhielt der Verein:

1) Von dem Vereine zur Beförderung der Arbeitsamkeit	100	—	—
2) Von auswärtigen Wohlthätern	11	—	—
3) Aus der Gemeinde Dahlem	30	—	—
4) Von den Damen zu Hellenthal	11	5	6
5) " " " " Kirschseiffen	5	21	
6) " " " " Reifferscheid	1	25	—
7) Gesammelt in Hollerath, Blankenheimerdorf u. s. w. durch die Herren Förster	9	13	9
8) Für 6 Monate von Freifrau v. Syberg zu Eicks .	12	—	—
9) Gesammelt in der Bürgermeisterei Schleiden . . .	38	4	6
In Summa . .	219	9	9

Der Verein vertheilte im Juli an 48 Familien 88 Thlr. 10 Sgr.; im August an 52 Familien 91 Thlr. 10 Sgr., sandte baar an das Central-Comitee für Verwundete 25 Thlr. und schaffte an Leinen, Wolle u. s. w. zur Anfertigung von Verbandzeug und Bekleidungsstücken für die Verwundeten für 15 Thlr. 25 Sg. 3 Pf. an.

Es wurden dem Vereine bedeutende Sendungen an Leinen aller Art gemacht: 1. aus der Bürgermeisterei Schleiden, 2. von Kirschseiffen, Blumenthal, 3. von Steinfeld, Call, 4. von Dahlem, Blankenheim, 5. von Herrn Hegemeister Henze.

Alle derartigen Sendungen wurden zum Theil an das Central-Comitee, zum Theil an das Reserve-Lazareth zu Wetzlar abgeschickt; ebenso die von dem Vereine angefertigten Sachen.

Die genauen Listen liegen Mittwochs Nachmittags von 4 bis 7 Uhr zur Einsicht auf im Saale der Wohnung des Herrn Notar Straßer.

Zwei Monate nach seiner Gründung wurde der "Damenverein" in "Frauenverein" umbenannt.

Die ersten Aktivitäten des Vereins wurden am 17. August 1866 veröffentlicht: „Der Verein vertheilte im Juli an 48 Familien 88 Thlr. 10 Sgr.; im August an 52 Familien 91 Thlr. 10 Sgr., sandte baar an das Central-Comitee für Verwundete 25 Thlr. und schaffte an Leinen, Wolle usw. zur Anfertigung von Verbandszeug und Bekleidungsstücken für die Verwundeten für 15 Thlr. 25 Sg 3 Pf. an."[34]

1867 schloß sich dieser Schleidener Frauenverein dem Vereinten Vaterländischen Frauenverein an. Erst 1872 ist darüber etwas im Unterhaltungsblatt veröffentlicht. In einem Aufruf heißt es: „Angelegenheit des Vaterländischen Frauen-Vereins. Es ist von vielen Seiten der Wunsch ausgesprochen worden, daß der seit 1867 in der Bürgermeisterei Schleiden bestehende Filial-Verein des Vaterländischen Central-Frauen-Vereins zu Berlin seine Wirksamkeit über den ganzen Kreis ausdehne, damit einentheils bei vorkommenden außerordentlichen Unglücksfällen im Kreise der Verein sofort helfend einschreiten könne, je nach seinen Mitteln, und andererseits derselbe die Hülfe des Central-Vereins und der Filial-Vereine in begüterten Gegenden anzurufen berechtigt sei, was nur durch Gemeinschaft mit dem Hauptverein geschehen kann."[35]

Im Handbuch des VFVs von 1916 (aus dem ich erst später einen Auszug über Schleiden bekommen konnte), ist das Gründungsdatum allerdings mit 13. Juni 1868 angegeben. Die Satzung wurde erst am 29. August 1890, 22 Jahre später, bestätigt. Ein Statuten-Entwurf wurde jedoch bereits 1872 veröffentlicht. Er ist den allgemeinen Vorstellungen des Central-Vereins angeglichen. Die Aufgaben beinhalten in Kriegszeiten 'Fürsorge für die Verwundeten' und in Friedenszeiten die 'Linderung außerordentlicher Nothstände'.

Wie diese lokalen 'Nothstände' aussehen konnten, macht ein Abrechnungsbericht des Jahres 1874 erkennbar: „Zahlung an eine durch Brand beschädigte Familie in Heimbach. Außerordentliche Unterstützung in Kerperscheidt. Zur Beschaffung einer neuen Kuh einer armen Witwe in Winzen. Den Brandgeschädigten in Mauel."[36]

Wie vielseitig der VFV Schleiden war, zeigte sich im März 1880. Die Frauen organisierten eine große Verlosung mit 899 Gewinnen, darunter auch Geschenke Ihrer Majestät der Königin. Der Erlös diente „zur Beschaffung von Saatgut für die ganz armen Leute im Kreise Schleiden."[37]

Eine Feuerbrunst in Dreiborn ließ den VFV im April 1888 eine Hilfsaktion starten. 1909 kümmerten sich die Frauen (wie anfangs erwähnt) um Hochwasser-Geschädigte in 'weiten Landstrichen unseres Vaterlandes'.

Die Aktivitäten des VFVs Schleiden während des Ersten Weltkrieges konnte ich dem Handbuch-Auszug von 1916 entnehmen: „Der Verein hat Geld zur Beschaffung von Liebesgaben bewilligt und auch selbst Sendungen ins Feld geschickt. Ferner hat er den Lazaretten Schleiden und Mechernich Liebesgaben übermittelt. Der Verein hat im Kriege 1914-16 für Kriegskranken- und Kriegswohlfahrtspflege 19.852 M. ausgegeben."[38]

Durch ein ehemaliges Rot-Kreuz-Mitglied von Schleiden bekam ich schließlich - als ich das Thema schon fast abgeschlossen hatte - einen ausführlichen Bericht des VFVs Schleiden von den Jahren 1929 und 1930. Er kann wohl exemplarisch für die ganze Zeit nach dem Ersten Weltkrieg gelten.

Pflegerinnen übernahmen Tagespflegen und Nachtwachen. Es wurden Müttererholungskuren bezuschußt, fehlende Kleidungsstücke beschafft und für die in Kur weilende Hausfrau eine Ersatzkraft besorgt. Die Wöchnerinnenfürsorge bestand aus Bereitstellung von Wäsche für Mutter und Kind und in Unterstützung von Suppenküchen, die von armen Wöchnerinnen und Kranken in Anspruch genommen werden konnten.[39] Überall wo Hilfe nötig war, ließen die Frauen des Vereins ihre milde Hand walten.

Die Vorsitzende war in diesen Jahren Frau Gräfin von Spee, die Ehefrau von Josef Graf von Spee, der von 1916 bis 1933 Landrat im Kreis Schleiden war. Die Mitgliederzahl des VFVs ist für 1930 mit 1.100 angegeben. Der VFV scheint also in vielen Dörfern des Kreises Mitglieder gehabt zu haben. (Im gesamten Kreis Schleiden lebten damals 50.506 Menschen.)

Das waren die wichtigsten Fakten, die ich vom VFV Schleiden zusammentragen konnte. Leider hatte ich keine Originalunterlagen finden können, obwohl ich mancher Spur nachging. Meine Nachforschungen hatten nicht sehr viel gebracht, vor allem stand der Zeitaufwand in keiner Relation zum Ergebnis; jedoch hier mit 'normalen' Maßstäben zu messen, hatte ich längst aufgegeben, denn dann brauchte ich erst gar nicht anzufangen, mich um die Vergangenheit der Eifelfrauen zu kümmern.

Immerhin hatte der VFV sich als Paradebeispiel entpuppt: Die Frauen waren ihren Möglichkeiten entsprechend äußerst aktiv, brüsteten sich aber nicht in der Öffentlichkeit mit ihren Aktivitäten. Sie arbeiteten eifrig, aber bescheiden in aller Stille, so wie sie es von ihrer häuslichen Arbeit gewohnt waren. Ihr Engagement schien ihnen nicht des Aufschreibens wert, sonst müßte es viel mehr Schriftstücke geben.

Das soziale Engagement war der rote Faden im VFV. Da stets Ehefrauen von hoch angesehenen Männern den Vorsitz führten, war die Vereinsarbeit mehr auf die Männer- als auf die Frauenwelt ausgerichtet. Aber immerhin setzten die Vereinsfrauen sich auch für ihre Geschlechtsgenossinnen ein, wie es in der intensiven Wöchnerinnenfürsorge geschah.

Der Vaterländische Frauenverein muß ein starker Verein mit einsatzfreudigen Frauen gewesen sein, sonst hätte er im ehemaligen Kreis Schleiden nicht 67 Jahre hindurch bestanden.

Quellenangaben

[1]Unterhaltungsblatt und Anzeiger für den Kreis Schleiden und Umgegend, 29.5.1909

[2]Unterhaltungsblatt, 18.1.1899

[3]Unterhaltungsblatt, 27.2.1909

[4]Vgl. Carl Wilhelm Peters: Aus Schleidens Vergangenheit, Schleiden 1914, Seite 44

[5]Peter Schmitz: Geschichte der Pfarre Call, Kall 1928, Seite 60

[6]Marilone Emmerich: „Gott das Herz - Treue dem Vaterland - die Kraft der Jugend". Der alte Wahlspruch des VkdL nach 100 Jahren, in: Katholische Bildung, Januar 1985, Seite 1

[7]Alfred Kall: Katholische Frauenbewegung in Deutschland. Eine Untersuchung zur Gründung katholischer Frauenvereine im 19. Jahrhundert, Paderborn, 1983, Seite 74

[8]a.a.O., Seite 94

[9]Vgl. Josef Fesemeyer: Schleidener Leben um 1900, in: Schleiden, Vergangenheit und Gegenwart, Schleiden 1975, Seite 223

[10]Maria Wimmer: Zweierlei Leut', Witzenhausen, 1988, Seite 89

[11]H. Roggendorf: Mechernich, Mechernich 1929, Seite 99

[12]Vgl. Geschichte auch für Mädchen, Düsseldorf 1989, Seite 36

[13]Antje Dertinger: Weiber und Gendarm, Köln 1981, Seite 92

[14]von Bitter: Handbuch der Preußischen Verwaltung, Berlin und Leipzig 1928, Seite 878

[15]Max von Mallinckrodt, Haus Broich bei Weingarten: Kriegsjahre XXX, In: Eifelvereinsblatt Nr. 2 1917, Seite 19, Drei Jahre, in: Eifelvereinsblatt Nr. 9/1917, Seite 19

[16]Max von Mallinckrodt: Broich und Heudthausen, Ein Beitrag zur Gütergeschichte des Kurkölnischen Amtes Hardt, o.O., 1932

[17]Bericht über die Verwaltung und den Stand der Kreis-Kommunal-Angelegenheiten des Kreises Euskirchen, 1898-1909, Samariterwesen, Seite 273

[18]Helene Lange und Gertrud Bäumer: Frauenbewegung und soziale Frauenthätigkeit in Deutschland nach Einzelgebieten, Berlin 1901, Seite 22

[19]Clemens Freiherr von Fürstenberg: Sieben Jahrzehnte Hilfsbereitschaft, in: Heimatkalender Kreis Euskirchen 1967, Seite 84

[20]Festschrift vom Jahr 1988: DRK Ortsverein Zülpich 75 Jahre, Seite 20

[21]Vgl. Walter Rechmann: Gesundheitswesen und Gesundheitspflege in der Stadt Euskirchen, Euskirchen 1985, Seite 60

[22]Peter Josef Weiß: Der Eifeler und sein Verein, Düren 1973, Seite 27

[23]K.L. Kaufmann: Aus Geschichte und Kultur der Eifel, Aachen, 1988

[24]Karl Leopold Kaufmann: Große Eifelsöhne, in: Eifelgut Nr. 11, Düren 1933, Seite 17

[25]Euskirchener Zeitung, 18.12.1907

[26]Euskirchener Zeitung, 21.12.1907

[27]Hand- und Adreßbuch der ländlichen Wohlfahrtseinrichtungen in der Rheinprovinz, Bonn 1911

[28]Pfarrer Weiler in Roth bei Gerolstein: Weibliche Kriegsarbeit auf dem Lande, in: Eifelvereinsblatt: Oktober 1914, Seite 214

[29]a.a.O., Seite 215

[30]a.a.O., Seite 214

[31]Vgl. Anton Gerhards: Schleidener Vereine, in: Schleiden, Vergangenheit und Gegenwart, Schleiden 1975, Seite 217

[32]Unterhaltungsblatt, 22.6.1866

[33]Unterhaltungsblatt, 20.7.1866

[34]Unterhaltungsblatt, 17.8.1866

[35]Unterhaltungsblatt, 19.1.1872

[36]Unterhaltungsblatt, 19.11.1874

[37]Unterhaltungsblatt, 13.3.1880

[38]Handbuch des Vaterländischen Frauen-Vereins, Berlin 1917, Seite 1434

[39]Verwaltungsbericht des Kreises Schleiden (Eifel) für 1929 und 1930, Seite 61

Säuglingssterblichkeit: Das Leid der Mütter

Die Säuglingssterblichkeit war Jahrhunderte hindurch das Schreckgespenst aller Mütter. Im Mittelalter war die Geburtenfreudigkeit groß, der Verlust an Säuglingen aber so stark, daß die einzelne Familie meist nur zwei oder drei Kinder zählte.

Bei der Landbevölkerung starben im 17. Jahrhundert 70 Prozent aller Säuglinge.[1] 1880 betrug die Säuglingssterblichkeit in Euskirchen 50 Prozent, das heißt, daß von 100 lebend geborenen Kindern im ersten Lebensjahr 50 starben. Die Totgeburten kamen noch hinzu. Im Jahr 1883 betrug ihre Zahl im damaligen Kreis Euskirchen 73.[2]

Statistische Notizen über den Kreis Schleiden am Schlusse des Jahres 1840 (Auszug)

Im Jahre 1840 wurden geboren:
1248 Kinder, nämlich 653 Knaben und 595 Mädchen. Darunter 35 Uneheliche, nämlich 22 Knaben und 13 Mädchen...
Bei der Niederkunft und im Kindbett starben 18 Frauen...

Nach dem Alter und Geschlechte starben:

	männliche	weibliche	Summa
Todtgeborene	22	12	34
vor vollendetem 1. Jahre	111	87	198
vom 1. bis 3. Jahre	88	93	181
vom 3. bis 5. Jahre	21	40	61
vom 5. bis 7. Jahre	11	19	30
vom 7. bis 10. Jahre	10	14	24
vom 10. bis 14. Jahre	5	18	23
vom 14. bis 20. Jahre	14	22	36
	282	305	587

Quelle: Wochenblatt und Anzeiger für den Kreis Schleiden und Umgegend, 16. April 1841

Unzureichende Wasserversorgung und mühsames Wasserschleppen wie hier am Dorfbrunnen in Schalkenmehren machten die Reinlichkeit beschwerlich. Schlechte hygienische Bedingungen gefährdeten das Leben der Säuglinge.

Die Geburten fanden zu Hause statt. In engen, dunklen Zimmern mit äußerst schlechten hygienischen Bedingungen war das Baby von Anfang an für Krankheiten anfällig. Die Ernährung der Kleinkinder war alles andere als babygerecht. Als Ersatz für die Muttermilch diente Kuhmilch, die jedoch in einer kühlschranklosen Zeit ein guter Nährboden für Bakterien war. Darmstörungen waren die Folge und führten oftmals zum Tod. Mangelerscheinungen und vor allem Seuchen waren andere Todesursachen.

„Manche Kinder 'vergingen' auch einfach, da sie spürten, daß kein Lebensraum für sie da war", erinnern Frauen sich an Erzählungen ihrer Mütter oder Großmütter.

Eine Mutter litt unter dem Tod jedes Kindes, auch wenn es eines von vielen war. So erzählte eine 84-jährige im Jahre 1989: „Meine Mutter hatte 14 Kindern das Leben geschenkt, acht starben davon im frühen Kindesalter. Das war der Schmerz ihres Lebens." Wenn man bedenkt, daß diese Frauen dann noch Söhne im Ersten oder Zweiten Weltkrieg verloren, wird das immense Leidpotential erschreckend erkennbar.

Bei den einfachen Leuten war die Säuglingssterblichkeit erheblich höher als in den sozial besser gestellten Kreisen. Die Begüterten konnten eine Amme als

Nährerin einstellen. Auch konnte durch häusliche Dienstboten mehr Gewicht auf Reinlichkeit und Sauberkeit im Haus, besonders auch bei der Wäsche, gelegt werden.

Bekanntmachung.

Das Kreis-Krankenhaus des Kreises Schleiden in Mechernich ist an das öffentliche **Fernsprechnetz** angeschlossen und hat die **Anschlußnummer 33.** Bei eiligen Fällen bitte ich von der Einrichtung Gebrauch zu machen; es ist jedoch erforderlich, um Mißverständnissen vorzubeugen, sich zu **vergewissern,** daß die **Verbindung** auch **mit dem Kreis-Krankenhaus** erfolgt ist.

Gleichzeitig mache ich darauf aufmerksam, daß sich im Kreis-Krankenhause ein **Krankenwagen** befindet. Um die schnelle Ueberführung mit der Eisenbahn eintreffender Kranken zu ermöglichen, empfiehlt es sich, **vor Eintreffen des Kranken mitzuteilen, ob die Abholung mit dem Krankenwagen erfolgen muß.**

Schleiden, den 16. September 1909.

Der Vorsitzende des Kreisausschusses:
Dr. Kreuzberg.

Zu umständlich für werdende Mütter:
Die Fahrt per Zug und per Krankenwagen im Jahre 1909.

Dem Kindessterben stand man völlig hilflos gegenüber und sah darin vorwiegend eine Fügung, Prüfung oder Strafe Gottes. Nur durch fromme Demut und ständiges Gebet konnte man einem Kind eine Lebenschance erflehen. Vom ersten Tag an wurden immer wieder drei Kreuzzeichen über das Kind gemacht. Ständig brannte eine Lichtmeßkerze vor dem Bild der Gottesmutter.

Rund um Geburt und erste Lebenstage blühte aber auch der Aberglaube. Übelwollende Geister und Dämonen mußten besänftigt werden, was durch

Amulette, Bänder oder Heilpflanzen geschehen konnte. „Vor allem aber mußte die Wiege des Neugeborenen vor bösem Zauber geschützt werden. So wurden Kreuze in Holz geschnitzt oder mit Kreide aufgezeichnet; oder man legte einen Buchsbaumzweig, der am Palmsonntag geweiht worden war, hinein."[3] Oftmals wurde die Wiege rot angestrichen, da die rote Farbe den Säugling vor Belästigungen durch die Hausgeister schützen sollte.

In den Eifeldörfern erhielt sich folgender Glaube: Wurde ein Kind geboren und gleichzeitig starb ein Mitglied der Familie, so wußte man, daß das Kind überlebensfähig war. Der Tote hatte Platz gemacht für ein neues Menschenleben. Froh war man, wenn ein Säugling in den ersten Lebenstagen viel weinte, denn die mitgebrachten Tränen mußten weggeweint werden, da sie sonst wuchsen und später viel Leid für Mutter und Kind brachten. Das Spucken und Sabbern der Kinder wurde als gutes Omen betrachtet. 'Speikinder - Gedeihkinder' sagt man heute noch.

Durch den Fortschritt der Medizin, durch Mütterberatungen und verbesserte Hygiene konnte allmählich die Säuglingssterblichkeit gedrosselt werden. Die Herstellung von Pulvermilch ermöglichte eine gesunde Baby-Ernährung.

Vor allem konnte das Leben der neuen Menschenkinder durch die zunehmenden Krankenhausentbindungen gerettet werden. War um 1900 die Entbindung im Krankenhaus noch die Ausnahme, so wurde in den 20er und 30er Jahren diese jedoch immer mehr in Anspruch genommen. Zunächst waren es meist Hausärzte, die die Geburtshilfe im Krankenhaus durchführten. 1938 wurden im Kreiskrankenhaus in Mechernich ein Gynäkologe und eine Hebamme angestellt, so daß eine gute Betreuung der Gebärenden möglich war.

Die Krankenhäuser wurden zwecks Entbindungen jedoch viel eher von Städterinnen als von den Frauen vom Land aufgesucht. Weite Entfernungen und unzulängliche Verkehrsbedingungen machten eine Einlieferung von abgelegenen Eifelorten aus kompliziert oder sogar unmöglich.

Der Rückgang der Säuglingssterblichkeit kann durch folgende Zahlen aus dem Kreis Euskirchen belegt werden. Im ersten Lebensjahr starben 1800 - 50 Prozent, 1900 - 19,3 Prozent, 1950 - 6,5 Prozent.[4] 1979 war die Sterblichkeitsrate der Neugeborenen auf 0,2 Prozent gesunken.

Quellenangaben

[1]Vgl. Walter Rechmann: Gesundheitswesen und Gesundheitspflege in der Stadt Euskirchen, Euskirchen 1985, Seite 62

[2]Archivalakte 'Gesundheitswesen' im Kreisarchiv Euskirchen, Nummer 1521/I (1881-1924)

[3]Hervé Fillipetti & Janine Troterau: Zauber, Riten und Symbole, Freiburg 1987, Seite 236

[4]Josef Franke: Die Kreisstadt Euskirchen in ihrer geschichtlichen Entwicklung, Euskirchen 1959, Seite 73

In ihren Händen lag das Leben: Hebammen

Zu Zeiten, als die Menschheit klein war, die Lebensdauer kurz und die Kindersterblichkeit groß, sah man in der Gebärfähigkeit der Frau die Hauptchance für das Überleben eines Stammes. So ist es kaum Zufall, daß die ältesten Statuetten der Altsteinzeit oftmals schwangere oder gebärende Frauen darstellten.

Der Raum der Geburt war der sakrale Raum jeder Gemeinschaft, waren doch ursprünglich die Göttinnen selbst die Geburtshelferinnen. Im alten Babylonien war die Göttermutter Ischtar himmlische Hebamme. Die ägyptischen Göttinnen Isis, Nephtys und Mesechint halfen bei der Geburt der ersten drei Pharaonen, und Chnum, ein männlicher Helfer, mußte ihnen den

In der schweren Stunde der Geburt standen hilfsbereite Frauen zur Seite.

Gebärstuhl nachtragen: „Bei der Geburt selbst war allerdings kein Mann anwesend, die Hebammen konzentrierten sich allein auf den Geburtsvorgang, saßen vor der auf Gebärziegeln hockenden Mutter, die Hände mit Papyrusfasern bedeckt, damit das Kind keinen Schaden nehmen solle, wenn es ihnen entgegenglitt. Alle übrigen Arbeiten und Hilfen für die Gebärende und das Neugeborene übernahmen zahlreich anwesende Dienerinnen und Ammen."[1]

Selbst in der Bibel spielten Hebammen eine bedeutende Rolle. Im Exodus (I. Kapitel, 15-21) heißt es: „Der Ägypterkönig gebot den Hebammen der hebräischen Mütter - eine von ihnen hieß Schiphra und die andere Pua - folgendes: „Wenn ihr den Hebräerinnen beisteht, so schaut auf das Geschlecht! Ist es ein Sohn, so tötet ihn; ist es ein Mädchen, so bleibe es am Leben!" Doch die Hebammen waren gottesfürchtig; sie handelten nicht nach dem Befehl des Ägypterkönigs, sondern ließen die Knaben am Leben.

Da ließ der Ägypterkönig die Hebammen rufen und fragte sie: „Warum tut ihr das und laßt die Knaben am Leben?" Die Hebammen gaben dem Pharao zur Antwort: „Die hebräischen Frauen sind nicht wie die ägyptischen; sie bringen zum Leben, bevor noch die Hebamme zu ihnen kommt, und haben schon geboren." Gott ließ es den Hebammen gut ergehen. Das Volk vermehrte sich weiter und wurde überaus stark. Weil aber die Hebammen gottesfürchtig waren, verschaffte ihnen Gott Kindersegen."

Im antiken Griechenland wurden die Hebammen 'Maia', heilige Frauen, genannt. Artemis, die Tochter von Zeus und Leto, wurde als Göttin der Geburt verehrt.

Von den römischen Hebammen ist folgendes überliefert: „Im besonderen aber betrachten wir die Hebamme als die tüchtigste, welche im ganzen Gebiet der Therapie geübt ist; chirurgisch und pharmazeutisch. Erforderlich ist die Kenntnis des Lesens und Schreibens... Dann muß sie stets nüchtern sein, weil der Augenblick nicht vorauszusehen ist, wo sie zu gefährlich Erkrankten gerufen wird, auch verschwiegen, da ihr viele Lebensgeheimnisse anvertraut werden, auch unbestechlich, auf daß sie nicht für Geld Abtreibungsmittel verabreiche, frei von Aberglaube, damit sie nicht um eines Traumes oder eines gewohnten Mysteriums willen eine heilbringende Handlung unterläßt."[2]

Bei den Kelten war die Mutter Erde die Große Göttin, die alles Leben gebar. Da das quellende und fließende Wasser als Lebensquell heilig war, brachten die Hebammen die Neugeborenen zu den heilbringenden Quellen und Flüssen. Auch zum Rhein sollen die Kelten ihre Säuglinge gebracht haben: „Der Rhein wäscht Unheil ab und bringt Heil. Petrarca (griech. Dichter 1304-1374) sah es noch, wie die blumengeschmückten Frauen von Köln an Sonnwend ihre Arme eintauchten, damit das reine Wasser alles Leid und Sorge wegschwemme, dem Meer zu."[3]

Die durch das Ableben der Hebamme Katharina Wahlen zu Herhahn vacant gewordene Hebammenstelle in der Gemeinde Dreiborn soll anderweit besetzt werden.

Das Einkommen dieser Stelle beträgt 45 Mark jährlich.

Qualificirte Bewerberinnen wollen sich unter Vorlage ihrer Atteste bis zum 1. Juli cr. bei dem Unterzeichneten schriftlich melden.

Dreiborn, den 21. Mai 1881.

Der c. Bürgermeister,

Baron von Korff.

Viel Verantwortung und wenig Lohn: Das Jahresgehalt einer Hebamme im Jahre 1881.

Von den Germanen ist nur überliefert, daß die 'heve amme' schnell mit dem Pferd zur Gebärenden ritt. Bekannt waren bereits Narkotika aus der Pflanzenwelt, die zur Schmerzlinderung in der schweren Stunde der Gebärenden eingesetzt wurden. Ansonsten ist kaum etwas über altes Wissen der Geburtsheilkunde überliefert, denn als in späteren Jahrhunderten die alten Schriften in Klöstern abgeschrieben und übersetzt wurden, blieben die Kapitel über Sexualität und Geburt unberücksichtigt.

Noch im späten Mittelalter umfaßte die gelehrte Medizin nicht die Geburtshilfe. Nur im geheimen wurde das Wissen der 'weisen Frauen' weitergegeben. Die schmerzlindernden Mittel wurden von der Kirche abgelehnt, da „die Kirche lehrte, daß die Schmerzen bei der Geburt Gottes gerechte Strafe für Evas Ursünden seien."[4]

Der einst göttliche und heilige Geburtsvorgang wurde immer mehr zu einer schmutzigen Angelegenheit; die weisen Hebammen und Heilerinnen wurden in eine gesellschaftliche Außenposition abgedrängt.

Während der Hexenverfolgung war jede dritte der hingerichteten Frauen eine Hebamme. Von 1627 bis 1630 wurden in Köln die Hebammen nahezu ausgerottet. Die Hexenhebammen wurden angeklagt, den Frauen während der Geburt mit teuflischen Zaubermitteln zu helfen. Außerdem machte man sie verantwortlich für die hohe Zahl der Kindersterblichkeit, die jedoch ganz andere Gründe hatte.

Da laut katholischer Glaubensvorstellung die ungetauften Kinder ohne Aussicht auf Erlösung in die Hölle kamen, glaubte man, daß die Hebammen daran interessiert seien, dem Teufel viele Seelen zuzuspielen. Die Angst vor der ewigen Verdammnis eines ungetauften Kindes bedrückte viele katholische Eltern.

Hebammen-Lehranstalt in Köln

Am 26. Juni 1808 wurde in Köln eine Hebammenschule eingerichtet, die in späteren Jahrzehnten mehrmals erweitert wurde, sowohl in ihrer baulichen Ausdehnung als in ihrer Lehramtstätigkeit. Der Direktor der Hebammen-Lehranstalt berichtete 1908: „Die Verwaltung hat bereits im Jahre 1886 die Lehrzeit auf neun Monate ausgedehnt. Hinreichendes Material ist ein Haupterfordernis zur gründlichen Durchbildung. Es wurde den Schülerinnen nach und nach das wechselseitigste und größte Material in Deutschland geboten. Jede Schülerin leitet selbst circa 50 Entbindungen. Auf den Anschauungsunterricht am Geburtsbett, am lebenden Material, soll das größte Gewicht gelegt werden. Durch Anfertigung von Krankengeschichten und schriftliches Niederlegen der Beobachtungen, welche vom Lehrer dann besprochen werden, sollen die Schülerinnen zum Selbstdenken erzogen werden. Um den Schülerinnen den Begriff der Ansteckungsstoffe und die Mittel dagegen recht anschaulich zu machen, wird in der neuen Anstalt ein Kabinett für Bakteriologie errichtet werden."[5]

Etwa seit der Jahrhundertwende wurde diese Schule auch von Mädchen aus der Eifel besucht, die den Hebammenberuf erlernen wollten und in den Eifeldörfern ausführen wollten.

In Euskirchen gab es um die Jahrhundertwende vier praktizierende Hebammen. Wie das Gesundheitswesen im Jahre 1859 im damaligen Kreis Schleiden aussah, verdeutlicht eine Statistik: Das Sanitätspersonal bestand aus acht Ärzten und einem Wundarzt, vier Apothekern, 26 Hebammen und zwei Tierärzten. Die Hebammen waren eindeutig in der Überzahl.

Das heutige Hebammenwesen beruht auf einem Gesetz von 1938, das 1963 durch zusätzliche Verordnungen ergänzt wurde. So wurden die Hebammen verpflichtet, bei Komplikationen einen Arzt zu Rate zu ziehen. Der geburtshelfende Arzt muß von einer Hebamme unterstützt werden.

Altes Wissen und Aberglauben

Als die Frauen ihre Kinder noch zu Hause bekamen, wurde in der Wöchnerinnenstube manches alte Heilwissen angewandt. So wurden Kräuter gemischt und Heiltränke zusammengestellt. Ein Tee aus Hirtentäschel förderte die Geburtswehen, erleichterte den Geburtsvorgang und stillte Blutungen.

Aber auch Besprechungen, die manche Hebamme als 'weise Frau' noch kannte, wurden eingesetzt. Blutungen besprach man zum Beispiel mit dem 'Befehl':

Es blühen drei Blumen in Gottes Au;
die erste heißt Demut,
die zweite heißt Armut,
die dritte heißt Gottes Wille -
Blut, steh stille!

Während des Geburtsvorganges murmelte man Gebete und zündete Geburtskerzen an, die von Köln aus im Euskirchener und Eifeler Raum vertrieben wurden. So eine Kerze mit Muttergottesbild sollte bei den ersten Wehen angezündet werden; gleichzeitig wurde ein Band um den Körper der Gebärenden geschlungen. Dieses Band durfte kein zweites Mal verwendet werden, da es sonst Unglück für Mutter und Kind brachte.

Glauben und Aberglauben vermischten sich, wenn man dreimal drei Kreuzzeichen auf den Bauch der Entbindenden machte und sie gleichzeitig mit Farnkraut bedeckte. Man kramte Amulette hervor und löste bestimmte Heiligenbildchen in Wasser auf; dieses Getränk sollte zur Schmerzlinderung getrunken werden.

An vorchristliche Dreier-Gottheiten erinnert noch die Sitte, daß während der Geburt drei Personen ums Haus gingen und mit Beil und Besen böse Dämonen vertrieben. Die glückliche Geburt teilte man allen Hausbewohnern und den Nachbarn mit, aber auch den Tieren im Stall und den Bienen.

Auch zu Weihnachten war es in der alten Zeit Sitte, daß man in der heiligen Nacht in den Stall ging und den Tieren die Botschaft brachte, daß das Christkind geboren sei.

Hebammen kamen viel herum, erlebten viel und konnten manches erzählen. Daß sie gut erzählen konnten, beweist folgende Geschichte:

Die Hebamme und der Jagdhüter

Das Kind war da, war gebadet, gewickelt und schlief. Die Hebamme saß in der Küche beim Kaffee und plauschte. Das ist eine ihrer Geschichten:

„Ja, man erlebt so allerlei. Da, vor so etwa fünf Jahren, im Januar, es lag fußhoch der Schnee, vertrat ich die erkrankte Hebamme des Nachbardorfes Bombogen. In Lüxem hatte ich bei einer schweren Geburt geholfen und gegen 7 Uhr morgens machte ich mich auf den Heimweg nach Wittlich. Ich denke so etwa bei den ersten Häusern von Lüxem: nu kommste noch grad in die Meß nach Wittlich, trinkst dann deinen Kaffee und schläfst dich einmal gründlich aus. Aber da kommt auch schon ein Mann auf mich zu und fragt: „Seid Ihr die Amm von Wittlich?" „Ja, die bin ich. Was is denn?" Da sagt er: „Gut, daß ich Euch gefunden hab. Ihr müßt gleich mit nach Flußbach kommen. Es eilt." Was wollt ich machen; trotz meiner Müdigkeit - ich mußt mit. Mein Köfferchen gab ich dem Mann zu tragen.

Ich war den Weg früher schon einmal gegangen, aber das lag schon sehr lange zurück, und bei dem hohen Schnee und weil es noch nicht lichter Tag war, sah alles so anders aus wie damals im Sommer. Ich mußte mich deshalb ganz auf meinen Führer verlassen und bin schon eine ganze Weile hinter ihm her gestapft. Aber wie er nun plötzlich vom Weg rechts abbog, fällt mir auf, daß alles so holperig und das Gehen doppelt schwer wurde.

Ich sag: „Der Weg ist so schlecht. Wir haben uns sicher verlaufen." „Nein, nein", sagt der Mann, „ich bin ganz richtig" und geht weiter. Der Weg wird aber immer schlechter und schlechter; es ist, als ob wir querfeldein gingen; ich stolpere über Schollen und sag: „Mein Lebtesdag ist das doch nicht der richtige Weg." Mein Führer schüttelt den Kopf und geht weiter. Mit einem Mal sehe ich große Büsch vor mir und rufe: „Mann, wo kommen denn die Büsch her, von Lüxem bis Flußbach gab es doch früher so Büsch net."

„Doch, doch, beruhigt Euch, wir sind ganz richtig", sagt der Mann. „Nein, nein", sag ich wieder, „wir laufen doch schon über en Stund, wir müssen doch längst da sein." „Seid nur ruhig", macht der Kerl wieder, „wir sin gleich da." Aber es dauert und dauert, es ging über Feld, durch lichten Schlag, ich konnte bald nicht mehr und fiel hin; von einem Weg war nichts mehr zu sehen.

Endlich kommen die ersten Häuser, zwei Männer laufen uns entgegen: „Wo bleibt ihr so lang? Lauft, lauft", rufen sie, „es ist höchste Zeit." Das stimmte, kaum bin ich mit meinen alten Beinen ins Haus der Wöchnerin, da gehts auch schon los. Gott sei Dank, es ging alles gut.

Wie ich aber nachher in der Küche sitze und mein Täßchen Kaffee trinke, da sag ich den Männern: „Ihr habt mir aber einen Kerl geschickt, der hat mich bald zwei Stunden kreuz und quer geführt, über Stock und Stein sind wir gelaufen, und Euer Straß is doch nit eso schlecht zu finden." Die zwei Männer gucken sich an. Der eine sagt: „Der Mattes ist doch der Kundigste von allen." „Ja, aber", meint darauf der andere, „paß auf, jetzt versteh ich die Sach. Wißt Ihr denn nit, der Mattes is doch Jagdhüter bei den Trierer Herren, und die wollen ja heut auf Sauen jagen. Der Kerl war sicher zu faul, nachher noch einmal extra zum Kreisen in den Busch zu gehn und drum hat er die Hebamm den weiten Weg um die Büsch geführt und dabei in einem die Sauen eingekreist."

Da hab ich aber doch, trotzdem ich so müd war, recht lachen müssen und gesagt: „Ich mein, da könnten die Trierer Herren mir aber auch wohl von dem Wildsaubraten ein Stück ablassen, denn et passiert doch sicher nit oft, daß en Hebamm beim Kreisen mitgeholfen hat."[6]

Quellenangaben

[1]Marianne Grabrucker: Vom Abenteuer der Geburt, Frankfurt am Main 1989, Seite 190

[2]a.a.O., Seite 195

[3]Hermann Noelle: Die Kelten, Bergisch Gladbach 1980, Seite 178

[4]Barbara Ehrenreich, Deidre Englisch: Hexen, Hebammen und Krankenschwestern, München 1975, Seite 19

[5]Direktor Dr. Frank: Die Hebammen-Lehranstalt in Cöln, in: Naturwissenschaft und Gesundheitswesen in Köln, Hrsg. Dr. P. Krautwig, Köln 1908, Seite 461

[6]Die Hebamme und der Jagdhüter, in: Eifelkalender 1936, Seite 63

Clara Viebig und die Mütter der Eifel

Clara Viebig ist von tausend großen Frauen der Weltgeschichte die einzige, die der Eifel zugeordnet ist.[1] Sie war jedoch weder von ihrer Abstammung, noch von ihrer Wohnzugehörigkeit Eiflerin, wenn sie auch als 'Naturtalent aus der Eifel' tituliert wurde. Zur Eiflerin wurde Clara Viebig auch nicht durch ihre Geburt in Trier, sondern vorwiegend durch ihre Liebe zur Eifel und durch ihr Schreiben über die Eifel und deren Menschen. Clara Viebig ist diejenige gewesen, die die Eifel literarisch bekannt gemacht hat.

Am 17. Juli 1860 wurde Clara Viebig als Tochter eines Regierungsrates in Trier geboren. Die Eltern stammten aus Posen, beide aus streng protestantischen Familien. Als Clara sechs Jahre alt war, wurde der Vater nach Düsseldorf versetzt. Viebigs zogen von der Mosel an den Niederrhein. Die Ferien verbrachte die kleine Clara jedoch in Trier, und zwar bei einem Freund der Familie. Dieser war Untersuchungsrichter beim Kreisgericht Trier, das auch für das Trierer Land zuständig war. Bei Überlandfahrten durch die Eifel nahm der Landgerichtsrat sein Ferienkind als Begleitung mit. Auf diesen Fahrten lernte Clara Viebig Land und Leute der Eifel kennen und erfuhr manches Schicksal.

Von klein an wurde die Tochter aus gutem Hause mit den beiden, weit auseinanderklaffenden Gesellschaftsschichten der damaligen Zeit konfrontiert: Mit den sogenannten besseren Kreisen einerseits und der armen Bevölkerungsschicht der Arbeiter und Bauern andererseits. Vertraut war sie sowohl mit dem Stadt-, als auch mit dem Landleben. Diese kontrastierenden Welten um die Jahrhundertwende hat sie in ihren Werken eingefangen.

Nach dem Tod des Vaters, 1883, siedelte Clara Viebig mit ihrer Mutter nach Berlin über. Dort lebte sie, von den Kriegsjahren des Zweiten Weltkrieges abgesehen, bis zu ihrem Lebensende am 31. Juli 1952. Die Sommer verbrachten Mutter und Tochter von 1883 bis 1896 bei Verwandten in Posen. Später wurde die Eifel Urlaubsziel.

Heimat der Sehnsucht

Clara Viebig nannte ihre drei Heimaten (Eifel, Düsseldorf und Posen) ihre drei Brauten: „In West und Ost und am Niederrhein wohnen meine drei Brauten. Einer jeden von ihnen gehört mein Herz, einer jeden danke ich viel Glück, allen zusammen aber mein Höchstes - meine Kunst. Drei Brauten - und wenn ich recht bedenke, ich habe eigentlich vier. Die vierte Braut ist Berlin. Aber nein, was sage ich denn?! Keine Braut! Mit Berlin bin ich - verheiratet."[2]

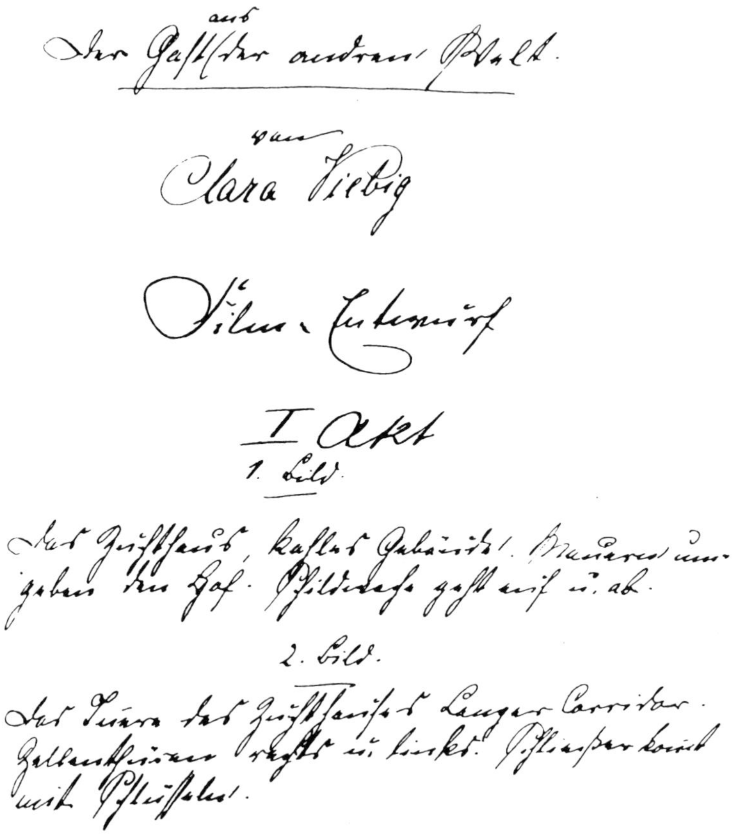
Der Gast aus der andern Welt.

von

Clara Viebig

Film-Entwurf

I Akt

1. Bild.

Das Zuchthaus, kahles Gebäude. Mauern umgeben den Hof. Schildwache geht auf u. ab.

2. Bild.

Das Innere des Zuchthauses. Langer Corridor. Zellenthüren rechts u. links. Schließer kommt mit Schlüsseln.

Handschriftlicher Filmentwurf:
Der Gast aus der anderen Welt.

Die Eifel war ihre liebste Heimat. Sie schrieb darüber: „Meine Augen werden hell, wenn ich von der Eifel spreche; sie ist und bleibt die Heimat meiner Sehnsucht und die Liebe meines Herzens."[3]

Clara Viebig begann in Berlin ein Musikstudium, das sie jedoch nicht zu Ende führte. Dafür spürte sie immer mehr Lust und Liebe zum Schreiben. Sie verfaßte kleine Erzählungen, die in Zeitschriften und Zeitungen gedruckt wurden. Die Mutter, der Bruder, Verwandte und Bekannte waren entsetzt. Literarische Betätigung war für eine Frau, und besonders für eine Tochter aus gutem Hause, höchst unpassend und 'unbürgerlich'.

Die junge Autorin war mit ihrem bescheidenen Erfolg und auch mit dem, was sie schrieb, nicht zufrieden: „Unklar fühlte ich: das, was ich schrieb, war fernab von Literatur."[4]

Erst durch den Naturalisten Emile Zola und dessen Werk 'Germinal' hatte sie ihr 'literarisches Erweckungserlebnis' und fand ihre schriftstellerische Richtung: „Dieser 'Germinal' war mir eine Offenbarung. Ich fieberte, ich zitterte, ich war wie niedergedonnert; ein Blitz hatte mich hell durchfahren, ich lag zerschmettert, aber jetzt sah ich. O, diese Kraft, diese Größe, diese Glut der Farben, diese Gewalt der Sprache, diese Fülle der Gesichte, diese Leidenschaft der Gefühle - so muß man schreiben, so! Ohne Rücksicht, ohne Furcht, ohne scheues Bedenken."[5] Und so schrieb Clara Viebig dann auch - und das fast vierzig Jahre hindurch.

Von den revolutionären Naturalisten unterschied Clara Viebig sich durch ihre stärkere Gefühlsbetonung in ihren Werken: „Wohl war sie eine Schülerin von Zola. Aber sie war Zola überlegen an warmer Menschlichkeit. Sie kannte keine kühle Reserve und keine kalte Unerbittlichkeit. Sie sah die Wahrheit nicht nur nach dem Augeneindruck, nach den Grundsätzen wissenschaftlicher Zuverlässigkeit, sondern auch nach dem Erleben... Sie war überall und stets, bei aller Kraft und Rücksichtslosigkeit, bei aller Anerkennung der Lebensgrausamkeiten, Frau, eine warmherzige, blutvolle, liebende, verstehende, verzeihende Frau."[6]

Eingestuft wird Clara Viebig von Kritikern als Spätnaturalistin mit 'starkem Erdgeruch'. Als Heimatdichterin ist sie nicht zu bezeichnen. „Daß Viebig niemals dem Wunschbild einer konfliktfreien Idylle 'Land' verfällt, trennt sie, wie die Selbständigkeit ihrer Frauengestalten, von der Heimatkunstbewegung."[7]

1896 heiratete die 36-jährige Clara Viebig den Juden Theodor Cohn. Dieser war Verleger und Mitinhaber des Fontane-Verlages und später des Fleischel-Verlages in Berlin. Im nächsten Jahr erschienen Clara Viebigs erste Buchveröffentlichungen: der Novellenband 'Kinder der Eifel' und das Schauspiel 'Barbara Holzer', das 1896 auf der 'Neuen Freien Volksbühne' in Berlin Premiere hatte. Eine späte Neuentdeckung erlebte das Eifelstück 1976 bei einer Aufführung der Studiobühne der Universität Köln im Freilichtmuseum in Kommern. Die Studentinnen und Studenten hatten sich für dieses Drama entschieden, da es „das Dorfleben nicht als heile Welt, sondern als beschädigtes Milieu"[8] zeigt.

Ab 1897 erschien jährlich ein neuer Roman oder ein Novellenband von Clara Viebig. 1935 wurde ihr letzter Roman publiziert. Von den Nationalsozialisten wurden ihre Werke abgelehnt. „Unbeachtet von der Öffentlichkeit führt die Schriftstellerin einen stillen Kampf mit den Nazis, um zu verhindern, daß ihr Werk nicht als 'Blut-und-Boden-Literatur' mißbraucht werde. 1937 stehen die Viebig-Romane auf dem Index. Die nach ihr benannte Straße in Düsseldorf wird umbenannt."[9] Clara Viebig geriet in Vergessenheit. Erst nach 1980 erlebten ihre Werke wieder verstärkte Beachtung. Neuauflagen erschienen. Ein neu erwachtes Bewußtsein für Vergangenes, vor allem für einstige Lebensgeschichten von Frauen, dürfte dabei eine Rolle spielen.

Sexuelle Sphäre

Schon 1930 wurde das frauliche Engagement Clara Viebigs gewürdigt: „Zur Zeit ihrer Anfänge hatte der abklingende Naturalismus die sexuelle Sphäre rücksichtslos in den Vordergrund geschoben. Schriftstellerinnen, die gerade begannen, hatten damals zum ersten Male die Möglichkeit, sachlich und natürlich alle die eben erst diskussionsfähig gewordenen Probleme zu behandeln, in denen das Frauendasein wurzelt. Dreißig Jahre vorher hatte eine konventionell gehemmte Generation von Schriftstellerinnen den Mann sentimental-ideal dargestellt, hatte das eigene Leid nur verdeckt und resigniert zu geben gewagt. Damit war es jetzt vorbei. Die Frau tritt voll in ihre literarischen Rechte. In den Romanen Clara Viebigs steht der Mann zurück, ist oft schwach und abhängig gezeichnet, während das Weib in Handlung und Charakterisierung die Darstellung bezwingend beherrscht."[10]

Die Frauen der Eifel lehnten die Eifeldichterin in deren Glanzzeit total ab. So armselig und triebhaft, wie Clara Viebig sie beschrieb, wollten sie nicht gesehen werden. Noch 90 Jahre nach Erscheinung des skandalumwitterten Romans 'Das Weiberdorf' ist man im Weiberdorf Eisenschmitt nicht gut auf die Eifeldichterin zu sprechen. Die Benennung eines Brunnens nach der Dichterin wurde von der Bevölkerung abgelehnt. In einer Beschreibung dieses Brunnens heißt es: „Auf dem Beckenrad, der untersten Ebene, sehen wir Motive aus dem Roman von Clara Viebig 'Das Weiberdorf', der im Jahr 1900 erstmals erschienen ist... Der Künstler hat bewußt die untere Ebene zur Darstellung gewählt, da der Roman eine sehr untergeordnete Rolle in der Geschichte Eisenschmitts spielt."[11]

Die weibliche Feder

Die ersten Veröffentlichungen in Zeitschriften und die ersten Romane der Eifeldichterin tragen die Signatur C. Viebig. In einem Artikel mit der Überschrift 'Die weibliche Feder' erzählte Clara Viebig später: „Als ich vor ungefähr 30 Jahren meine ersten kleinen Arbeiten veröffentlichte, riet mir Paul Lindenberg, statt meines ehrlichen Taufnamens Clara mich mit einem einfachen C. zu begnügen. Er meinte, Publikum und Redakteure hätten nun einmal ein gewisses Mißtrauen gegen die weibliche Feder, besonders, wenn die Autorin noch unbekannt sei; es wäre vorteilhafter für mich, wenn man hinter dem C. einen Carl oder Clemens oder Constantin vermutete. Mir war das sehr gleichgültig und ich gab meine Zustimmung; der erfahrene Herausgeber mußte es ja am besten wissen, wie man einen neuen Autor fördert. Aber ich habe keinen Augenblick geglaubt, daß diese kleinen rheinischen Erzählungen, die in all ihrer Harmlosigkeit den Stempel, wenn auch nicht der späteren Clara Viebig, so doch der einer Frau als Verfasser trugen, wirklich für Produkte männlicher Erzählkunst angesehen werden könnten. Dennoch sind damals die ersten Briefe, die mit der Bitte um Beiträge von Redaktionen an mich kamen, unter der Anschrift eines Herrn C. Viebig an mich gelangt. Es muß also nicht so leicht sein, die weibliche Feder als solche zu erkennen - oder es muß viele Männer geben, die, wenn sie die Feder führen, ihre Männlichkeit verleugnen ..."[12]

Aus diesem Auszug ist herauszulesen, daß Clara Viebigs Ehrgeiz Vorrang vor ihrem Frausein hatte. Sie war keine Frauenrechtlerin und nur wenig emanzipiert. Auch in ihren Schriften ging es ihr nicht um emanzipatorische Frauenfragen, sondern mehr um existentielle Probleme und moralische Zwänge der Frauen.

In vielen Romanen und Novellen Clara Viebigs dominiert das Weibliche. Eine Kritik sagt: „Kein Schriftsteller der Neuzeit hat das Weibliche so rein und klar, so tief und schwingend gesehen wie Clara Viebig. Kein Dichter hat mit der gleichen Strenge und Leichtigkeit in unheimlichem Reichtum lebendige Urkunden des Weiblichen gesammelt wie das Gesamtwerk dieser männlichen Dichterin."[13]

War Clara Viebig eine männliche Dichterin? Sicher nicht, auch wenn sie als „eine fast männlich harte Handschrift schreibende Erzählerin unter den dichtenden Frauen ihrer Epoche"[14] angesehen wurde.

Clara Viebig konnte sich als Frau vollkommen in die Psyche anderer Frauen hineindenken und hineinfühlen: In die Schuldige, die Unterdrückte, die Gestrauchelte, die Gefallene, die Liebende, die Sorgende, die Mütterliche, die Verzweifelte. Clara Viebig selbst schreibt dazu: „Gewiß, ich habe persönlich nicht die Schicksale gehabt, die meine Helden und Heldinnen erdulden, aber was auf sie wirkt, was ihnen Leid und Freude schafft, das habe ich alles auch am eigenen Leibe erfahren und im eignen Herzen gefühlt."[15]

Besonders eindrucksvoll artikuliert Clara Viebig ihr Mitgefühl und ihr Mitleiden in einem Artikel aus der Zeit zu Ende des Ersten Weltkrieges. Sie beschwört in diesem Aufruf geradezu die Frauen und Mütter und fleht um Gehör und Anerkennung als eine von ihnen: „Ihr Frauen, die Ihr vier Jahre lang gehungert und gefroren, gedarbt und geweint habt, Ihr Frauen, die Ihr Tage der Angst kennt und Nächte des Jammers, Nächte, in denen es so dunkel um Euch war, daß Ihr Euch schon vorkamet, wie tief unter der Erde, so tief, daß kein Hilfeschrei Euch mehr Rettung zu bringen schien, Ihr, Ihr hört mich!... Ihr werdet sagen: Was weiß die, die in einer Villa wohnt, die Pelz am Mantel hat und Seide am Kleid, was weiß die denn von uns? Die hat immer die Fülle gehabt, die hat auch noch immer genug zu essen, die ahnt ja gar nicht, was das

Die Eifeldichterin Clara Viebig (1860 - 1952) - eine Tochter aus gutem Hause.

heißt, wenn der Mann draußen gewesen ist und nun heimkommt und hat keine Arbeit, findet nichts als eine kalte Stube, einen leeren Herd und verkümmerte Kinder, die so blaß und schmal geworden sind, daß er vergebens seinen frischen Jungen, sein pausbackiges Mädel in ihnen sucht... Und doch fühle ich all das mit Euch, ich schwöre es Euch. Bei allem, was mir heilig ist, ich schwöre es, ich habe mit dir gehungert und mit dir gefroren, mit dir gedarbt und mit dir geweint. Ich habe mit dir angstvoll auf Nachricht aus dem Felde gewartet, ich habe voll Kummer Kinderwangen blasser und blasser werden sehen. Tage habe ich durchlebt, die ich dachte nicht zu Ende leben zu können; Nächte, so voll der finsteren Verzweiflung, daß ich glaubte, es würde niemals mehr Licht. Und vor allem mit dir, du Mutter, habe ich gelitten. Bin ich doch auch eine Mutter, und die einzige Hoffnung, die ich besitze, ist draußen mein Sohn..."[16]

Clara Viebig gebar 1898 im Alter von 38 Jahren ihr einziges Kind, einen Jungen. Sie selbst hat nur wenig über ihren Sohn - und über ihr gesamtes Privatleben - geschrieben. So sind wir auf Berichte von Zeitgenossen angewiesen, zum Beispiel aus dem Jahre 1904: „An der Seite eines ihr mit tiefem Verständnis ergebenen Gatten genießt sie das Glück einer schönen

Häuslichkeit; das liebe Stimmchen ihres fünfjährigen Sohnes Ernst Wilhelm ist ihr die schönste Musik."[17]

Der Sohn absolvierte später ein Musikstudium und wurde ein bekannter Komponist. Den Roman seiner Mutter 'Absolvo te' setzte Ernst in eine Oper 'Die Mora' um: „Die musikalische Seele, die uns aus den Romanen seiner Mutter, Deutschlands bedeutendster Schriftstellerin Clara Viebig, entgegen klingt, ward in dem Sohne zur Schaffensnotwendigkeit... In den Jahren 1922-23 komponierte Viebig lediglich Kammermusik und Lieder, um sich dann wieder einem Bühnenwerke 'Die Mora' zuzuwenden. Er hatte das seltene Glück, in seiner Mutter eine geniale Textdichterin zu finden."[18] Die Uraufführung 1925 in Düsseldorf errang zwar einen Achtungserfolg, das Bühnenwerk konnte sich jedoch nicht weiter durchsetzen.

Ernst Viebig, der als Komponist den Namen seiner Mutter wählte, war als Sohn eines jüdischen Vaters während des Naziregimes Verfolgungen ausgesetzt. Schließlich emigrierte er nach Brasilien und kehrte nicht mehr in die Heimat zurück. Clara Viebig besuchte ihren Sohn in Übersee, kehrte aber sehr bald wieder nach Deutschland zurück. Sie wird wohl festgestellt haben, daß erwachsene Kinder ihr eigenes Leben führen. So lebte Clara Viebig nach dem Tod ihres Mannes im Jahre 1936 sehr einsam, und das noch 16 Jahre lang bis zu ihrem Tod.

Das Bild der Mutter hat Clara Viebig in ihren Novellen und Romanen in allen Varianten aufgerollt:

> Schwangerschaft und Geburt,
> Mutterfreud und Mutterleid,
> das gewollte und das ungewollte Kind,
> das kranke und das behinderte Kind,
> die junge und die alte Mutter,
> die verheiratete und die ledige Mutter,
> die verwitwete Frau und Mutter.

Zu einem Bilderband 'Acht Bilder aus dem Leben der Mutter'[19] schrieb Clara Viebig 1930 die einleitenden Worte und setzte sich in diesem Text ausführlich mit der Mutterschaft auseinander.

Auch in den Eifelwerken von Clara Viebig hat die Mutterrolle eine große Bedeutung. An Beispielen soll deutlich gemacht werden, wie Clara Viebig die Mütter der Eifel sah und beschrieb. Es darf jedoch nicht vergessen werden, daß die Schriftstellerin gerne Situationen überspitzte, um dem Naturalismus gerecht zu werden.

Die Schuldige Barbara Holzer

Das Theaterstück 'Barbara Holzer' hat Clara Viebig in der Eifel-Novelle 'Die Schuldige' in Prosaform erzählt. Bereits in dieser Novelle beschäftigt sie sich mit der Mutterschaft.

In der Mädchenfigur Barbara zeichnet Clara Viebig eine Magd, die sich bei einem Bauern verdingt; ein alltägliches Bild vor der Jahrhundertwende. Als Barbara ihren Dienst antritt, ist sie ein unbekümmertes junges Ding: „Da war sie rotbackig hinter den Hühnern dreingesprungen, hatte singend die Kühe zur Weide getrieben, war hurtig mit ihren bloßen Füßen den steilen Pfad zur Kyll hinauf- und hinuntergeschlüpft, den schweren Wasserbottich auf dem Kopf oder die vollgepackte Hotte auf dem Rücken. Ernsthaft hatte sie zwar immer dreinschauen können für ihre zwanzig Jahre, und verstockt war sie schon als Kind; aber wenn eins nicht Vater und Mutter mehr hat und von klein auf zwischen fremden Leuten herumgestoßen wird, kann der Ernst schon kommen. Lachen hatte sie nebenbei ja doch gekonnt."[20]

Doch das Lachen vergeht ihr, als sie von dem Sohn des Bauern, dem schönen Lorenz, geschwängert wird und den Hof verlassen muß. Die Bäuerin, obwohl selbst Mutter, zeigt kein Mitgefühl für das schwangere Mädchen und bekräftigt den Rausschmiss: „Fressen on saufen on net satt ze kriehn on neist mieh arweiten können, on ein en Bankert uf den Hals setzen - e ne, e su ebbes schreiwt Sankt Paulus net."[21]

Barbara versteckt sich mit ihrem Kind in der Genovefa-Höhle. Lorenz versorgt sie mehr schlecht als recht mit Nahrungsmitteln. Obwohl von aller Welt verlassen, fühlt Barbara sich wohl im 'himmlischen Mutterglück'. Doch als Lorenz sich mit einer reichen Bauerntochter verlobt und Barbara das Kind wegnehmen will, wird die junge Mutter zum wilden, ihr Junges beschützendes Mutter-Tier. Sie ermordet den Vater ihres Kindes. Ihre Mutterliebe hat sie zur Schuldigen gemacht. Im Namen des Gesetzes wird sie verurteilt. Ihr Kind, das sie um nichts in der Welt verlieren wollte, muß sie jetzt doch abgeben.

Simson und Delila

In der Novelle 'Simson und Delila' erwägt das 'sorgende Mutterherz' einer Försterin alles, um ihrem 'Schmerzenskind', ihrem einzigen Sohn, schützend und helfend zur Seite stehen zu können. Mit dem Vater lebt der Sohn auf stetem Kriegsfuß, und nur aus Liebe zu seinem 'lief, goldich Modderche' kehrt Hubert wieder nach Hause zurück, als er nach einem Streit Reißaus genommen hatte. Die Mutter fleht den Jungen an: „O, Hubert, du bist mein Einziges auf der Welt, was hab ich denn sonst? Alle Sonne geht weg mit dir, und ich bin wie im Grab. Hubert, du brichst mir et Herz! Hubert komm heim." Die Försterin sprach hastig, ohne Atem, dazwischen murmelte sie Liebesworte, unablässig streichelte ihre Hand seine Backe. „Loaß, Modder!" Er machte sich frei."[22]

Bei der übertriebenen Mutterliebe kommt die Gattenliebe zu kurz. Der Förster, ein herrschsüchtiger, cholerischer Mann ist unzufrieden: „Damals hatte sie ihm am Halse gehangen, mit schüchternen Lippen seine Küsse erwidert - damals - ja da war der vermaledeite Bengel nicht, mit dem sie tat wie eine Verrückte! Seit der Bub in der Wiege gelegen, war's aus. Früh verwelkt, unlustig zu ehelicher Zärtlichkeit, hatte sie nur Gefühl für den."[23]

Trotz aller Liebe und Fürsorge kann die Mutter ihrem Sohn nicht helfen. Der Vater bleibt letztendlich der Stärkere.

Clara Viebig war 37 Jahre alt, als ihr erstes Buch, der Novellenband 'Kinder der Eifel', erschien.

Brennende Liebe

Daß Mutterliebe und Muttersorge sich bis zum Wahnsinn steigern können, erzählt Clara Viebig in der Novelle 'Brennende Liebe'. Die Witwe Driesch hatte fünf Söhne. Zwei waren im Kindesalter gestorben, zwei in Frankreich gefallen. Ihr letzter Sohn Willem ist unverheiratet geblieben und gehört ihr ganz allein: „Was war ihr der Willem doch für ein Glück! Andere Männer in seinem Alter hatten längst Frau und Kinder, aber sie hatte den Sohn noch so ganz für sich allein."[24]

Als Willem wegen Brandstiftung ins Gefängnis kommt, wird die Mutter selbst zur Brandstifterin, weil sie glaubt, dadurch den Verdacht ablenken und ihren Sohn retten zu können.

Diese Novelle ist 1905 in dem Novellenband 'Naturgewalten' erschienen. Ob ein Kritiker wohl diese Mutter gemeint hat, als er 1920 schrieb: „In den 'Naturgewalten' enthüllte Clara Viebig die Triebkräfte, die in den Eifelmenschen wühlen."[25] Mütterliche 'Triebkräfte wühlen' jedoch nicht nur in den Eifelmenschen, sondern in mancher gefühlvollen Frau.

Margrets Wallfahrt

Um die Jahrhundertwende hatte es eine Frau besonders schwer, wenn ihr Mann in jungen Jahren starb und sie unversorgt mit ihren Kindern zurückließ. In der Novelle 'Margrets Wallfahrt' beschreibt Clara Viebig das Leben einer armen Witwe und ihrer kleinen Tochter: „In der einsamen Hütte, der armseligsten weit und breit, wohnt die ehrsame Wittfrau Anna Maria Balduin. Sie wohnte drin seit langer Zeit; als junge glückliche Braut war sie vor achtzehn Jahren eingezogen an der Seite des Peter Balduin, des tüchtigsten Holzfällers weit und breit. Fünf Jahre später trug man ihn hinaus, starr und kalt, und begrub ihn unten in Kyllburg auf dem kleinen Bergfriedhof... Im Häuschen der Witwe waren Angst um's tägliche Brot, Kummer um den Verstorbenen, Kälte und Entbehrung zu Gast. Die bleiche Frau saß am Spinnrad und ließ ihre Tränen rinnen, und das Töchterchen, die kleine Margret, hockte daneben, lachte und spielte mit bunten Steinen und begriff nichts von dem Kummer der Mutter."[26]

Not und Elend bringen die Mutter aufs Krankenlager. Mit zunehmender Reife übernimmt die Tochter die 'mütterliche' Sorge und Fürsorge für die Mutter.

Die Primiz

Die eindrucksvollste Muttergeschichte, die Clara Viebig geschrieben hat, dürfte die Venn-Novelle 'Die Primiz' sein. Die Witwe Thoma hat sechs Kinder. Besonders stolz kann sie auf ihren Sohn Josef sein, der die priesterlichen Weihen in Rom empfangen hat. Als die Primiz in seinem Heimatdorf angesagt ist, wird die Mutter von allen beneidet: „Glückliche Mutter! Da war kein Weib im Dorf, das nicht die Witwe Thoma selig gepriesen hätte. Gesegnete Mutter, deren Schoß einen solchen Sohn getragen hatte! Begnadete Mutter, die es erleben durfte, daß er im Priestergewand zu ihr eintrat! Selige Mutter, die im Sohn, den sie liebte, zugleich den Geweihten des Herrn verehren durfte!"[27]

Und doch muß die Mutter schmerzlich erfahren, daß sie ihren Sohn verloren hat, verloren an eine ihr fremde Welt und an eine ihr fremde Kirche. In ihrem Mutterschmerz flüchtet die Frau in den Stall zu ihrer Kuh, der Maiblum. Wie so oft in ihren Muttergeschichten zieht Clara Viebig einen Vergleich zwischen der menschlichen Mutter und der Tiermutter. „Bei der Kuh, die dumpf klagend brüllte um das Kalb, das man ihr wegverkauft hatte, vier Stunden weit weg, fiel die Mutter in die Kniee. Den Hals des Tieres mit beiden Armen umschlingend, sich daran klammernd in ihrem Schmerz, stammelte sie weinend: „Maiblum, ach Maiblum - mein Joseph -, der Joseph, ach nee, mein Herr Sohn!"[28]

Einer Mutter Sohn

Unvorstellbare Not stellt Clara Viebig in dem Roman 'Einer Mutter Sohn' vor, in dem sie bis an die Grenzen der mütterlichen Opferbereitschaft führt. Eine junge Frau in einem abgelegenen Venndorf muß sich als Witwe mit fünf Kindern mühsam durchs Leben schlagen: „Diese war ja so verkommen in der großen Armut, halb vertiert im harten Kampf ums tägliche Brot."[29]

Die Mutter gibt ihren Jüngsten zur Adoption frei, verkauft ihn, damit ihre anderen Kinder überleben können. Von den Berliner Adoptiveltern wird diese Art Mutterliebe nicht verstanden.

Die Mutter trauert um ihr weggegebenes Kind, aber auch das Venn trauert bei Clara Viebig. Ein Kritiker schrieb: „Das Tiefste im Innern des Vennweibes ist in Aufruhr gebracht, man nimmt ihm sein Liebstes. Aber auch das Venn wittert den Raub. Als ob es zürne, läßt es graue Nebelschleier fallen und alsbald rinnen Regentropfen an den Fenstern des Wagens hernieder, in welchem das Ehepaar von dannen fährt. Das Venn weinte, weinte lange, weil ihm ein Liebes genommen. In dem Kinde aber blieb die Sehnsucht nach der Heimat haften, und an dieser geht es zugrunde."[30]

Das behinderte Kind: Der Osterquell

Mehrmals hat Clara Viebig die Problematik eines behinderten Kindes aufgegriffen. In der Novelle 'Der Osterquell' wird ein behindertes Kind folgendermaßen beschrieben: „Ein fünf-sechsjähriger Bub war's, ein bleicher, mit dickem Kopf und schlotternden Beinen - ein halb blödes Geschöpf, wie es oft in den Eifeldörfern auf der Hausschwelle hockt, den Vorübergehenden mit verschwollenen Augen nachstarrend."[31]

Als die Mutter Katrein wieder in Umständen ist, bringen die Eltern das behinderte Kind zu einem Bruder des Mannes, damit die Mutter sich nicht an dem behinderten Kind 'versieht'. Dieser Bruder ist Mönch im Kloster Buchholz. Einstens hat er die junge Katrein geliebt, jetzt sieht er sie als schmerzbeladene Mutter: „Das ist nicht mehr die Katrein, die er so sehr geliebt hat - dies bleiche, wimmernde Weib mit der entstellten Gestalt ist die ganze beladene Menschheit."[32]

Das Miseräbelchen

Auch 'Das Miseräbelchen' in 'Kinder der Eifel' ist ein behindertes Kind: „Du lieber Gott, was für ein armseliges Kind war der Christoph Nepomuk! Er hatte einen Buckel auf dem Rücken und einen Buckel auf der Brust, die dünnen schlotternden Beinchen trugen den Körper kaum, und zwischen den hohen Schultern der dicke Kopf mit dem zwergenhaft alten Gesicht. Die Wangen so abgezehrt, so gelb, kein Hauch von Farbe auf ihnen! Um den Mund zogen sich tiefe Falten, ach, und die großen schwarzen Augen blickten nicht kinderfroh und unbewußt in die Welt; in ihrer traurigen Tiefe brannte ein unnatürlich glänzendes Licht, ängstlich flackernd wie die Totenkerzen am Allerseelentag."[33]

Die Mutter ist eine Witwe, 'blutarm und blutjung', die hart arbeiten muß, um sich und den 'unglücklichen Krüppel' durchzubringen: „Das war ein schweres Brot, sie war oft müde und verdrossen, und wenn die Leute zur ihr sprachen: „Jao, wann dir nor dat Könd, dat Miseräbelchen net hätt, duh könnt dir Eich besser helfen" - so sagte sie nicht nein."[34]

Das Miseräbelchen siecht Jahre lang dahin. Als das Kind schließlich von seinen Leiden erlöst wird, ist auch die Mutter von ihren Sorgen befreit. Und doch ist sie untröstlich über den Tod ihres behinderten, aber heiß geliebten Kindes.

Das uneheliche Kind: Am Totenmaar

Wenn ein Mädchen früher 'seine Ehre' verlor, war die 'Geschändete' damit aus der dörflichen Gemeinschaft ausgeschlossen. Kam es jedoch noch zur rechten Zeit zur Hochzeit, dann war die Ehre gerettet.

In der Novelle 'Am Totenmaar' kehrt Annemarei von ihrer Arbeitsstelle in Daun in ihr Heimatdorf am Totenmaar zurück. Ihr Vater, ein Schäfer, der stolz ist, daß seine Tochter in einem feinen Hotel dient, glaubt, daß sie 'Malheur' gehabt hat und tröstet sie: „Kreisch net, Annemarei, et wird net esu schlimm sein. Jao, die Mäderche, die Mäderche. Wän es et, Annemarei? Hän moß dech heiraoden, gräm dech äweil net e su! Schonst vill Mäderches es et e su gang, se sein als Amm' in der Stadt gewest, han en guden Groschen mitgebracht on dann ihren Schatz geheiraod. Dau biste erscht net!"[35]

Als die Tochter jedoch gesteht, daß sie andere Schuld auf sich geladen hat, daß sie gestohlen hat - 'Wat thut man nicht, wenn man einen zum Sterben lieb hat?' - findet sie bei dem Vater kein Erbarmen. Er verstößt seine Tochter.

Stieß der Inhalt der Novelle als 'realitätsfremd' auch auf heftige Kritik, so wurde die hervorragende Dichtkunst als klingende Sprache voll Kraft und Frische äußerst positiv bewertet: „Bei Klara Viebig dürfen wir es spüren, wie aus blutvollem Erleben heraus Eindrücke, Form - sprachliche Gestalt - gewinnen und sie sich dies Leben, dem wissenden Geist unfaßbar, aber sinnlich klingend und getragen von dem metaphysischen Strom der Gefühle, uns darbietet."[36]

Andererseits reizte diese Novelle dazu, die sexuelle Unehrlichkeit der Frau zu verallgemeinern: „Das Weib verrät sich nicht über seine Art, seine Liebe und seine Natur, das läßt sein weibliches Schamgefühl und sein Mangel an Ehrlichkeit nicht zu, denn hinsichtlich seiner Geschlechtsinstinkte ist das Weib immer unehrlich."[37]

Clara Viebigs letzter Roman 'Der Vielgeliebte und die Vielgehaßte' endet mit der tröstenden Hoffnung, daß 'die Nachwelt ihr gerechter sein möge, gerechter als die Mitwelt es war'. Diese auf die Romanheldin bezogenen Worte dürften auch den persönlichen Wunsch der Schriftstellerin widerspiegeln.

Mutter Clara

Wenn schon ein unbescholtenes Mädchen seine Unschuld hergab, so sollte es doch möglichst im Heimatort bleiben. In der Novelle 'Mutter Clara' wird von der Anna aus Driesch gesagt, „daß sie so dumm gewesen war, sich mit einem, der nun weg war auf Nimmerwiedersehen, einem von den fremden Straßenarbeitern, einzulassen, anstatt mit einem aus dem Dorf, bei dem doch an ein Heiraten zu denken gewesen wäre."[38]

Die ganze Not einer leidenden Kreatur wird in dieser Novelle bloßgelegt. In den Straßengraben verkriecht sich Anna, als sie von den einsetzenden Wehen überrascht wird. Neugierig, aber auch betroffen starren vorbeikommende Fabrikmädchen. Selbst der herbeigerufene Gendarm zeigt Mitleid: „Es war hart für die Weiber."[39]

Als dann eine Nonne, Mutter Clara, aus dem benachbarten Kloster naht, glaubt sich 'die Unglückliche' gerettet. Doch da irrt sie sich. Die Ordensfrau lehnt jede Hilfe ab. Sie pocht auf ihre Ordensregel und auf ihren gelobten Gehorsam, demütig und hochmütig. Erst später, als sie durch eine ihrer Schützlinge mit Schwangerschaft, Mutterschaft und Frausein konfrontiert wird, erkennt sie ihre unbarmherzige Lieblosigkeit.

Wie von vielen Novellen Clara Viebigs, so läßt sich auch von 'Mutter Clara sagen: „Clara Viebig wagte sich leidenschaftlich an heikle, heiße Themen, die sie in der schweren, düster stimmenden, kargen und rauhen Landschaft ansiedelte."[40]

Die Cigarrenarbeiterin

Die uneheliche, vaterlose Tochter mußte von Kind an erfahren, was es heißt, ohne Familie aufzuwachsen. In der Novelle 'Die Cigarrenarbeiterin' hat Maria Josefa sich geschworen, daß ihr nicht das passiert, was das Leben ihrer Mutter und ihr eigenes Leben ruiniert hat: „Sie ging nicht tanzen. Sie war nicht wie ihre Mutter, die Lena, die jeder Fiedel nachspringen mußte. Was war denn auch das End' vom Lied gewesen? Einer hatte die sitzen lassen, mit einem Kind dazu; der Vater hatte sie geprügelt und die Leute hatten sie ausgelacht - man glaubt gar nicht, wie grausam die Menschen sind."[41]

Die uneheliche Tochter will nicht so sein wie ihre ledige Mutter einst war. „Und doch! Als das Frühjahr kam, tanzte Maria Josefa auf jeder Kirmes, an jedem Sonntag, Sie tanzte wild, mit wehenden Haaren, mit flatternden Röcken und funkelnden Augen. Wenn sie müde war, ging sie auf den Kirchhof zum Grab ihrer Mutter, Da saß sie."[42]

Der Lebensbaum

Wie eine werdende ledige Mutter versucht, 'der Last ledig' zu werden, erzählt Clara Viebig in der Novelle 'Der Lebensbaum'. Dieser Baum war eine Zypresse und wuchs in einem Garten einer Villa in Bad Bertrich. „Hier stand der Baum, der nicht seinesgleichen hatte im Eifelland - gepriesen sei er! Schnell hin und gepflückt, von den Zweigen ins Körbchen gesammelt, und dann geschwind heimgelaufen, den Tee gekocht und - hei - getrunken."[43]

Schwangere Mädchen aus der ganzen Umgebung kommen in ihrer Not voll Hoffnung auf Hilfe und 'Abhilfe' zu dem Wunderbaum. „Was sollen denn auch sonst wohl die armen Mädchen anfangen? Ihr ganzes Leben hat sonst so eine verspielt; und kriegt sie trotzdem doch noch einen Mann, und ist der auch noch so umgänglich, vorgeworfen kriegt sie's am Ende doch, nicht nur im Streit, auch schon, wenn er nicht guter Laune ist!"[44]

In der Novelle bleibt der Zypressentee jedoch ohne Wirkung. Das Kind wird geboren, ungewollt und zunächst ungeliebt. Doch die Mutter bekennt sich immer mehr zu ihrem Söhnchen, umsorgt es, umhegt es, liebt es - und verliert es, als es ihr alles bedeutet.

Das tragische Geschehen verwebt Clara Viebig in dieser Novelle mit einem volkstümlichen Geisterglauben. Erkennbar wird „....das Wesen und der Ursprung von Clara Viebigs Romantik: Sie ist durchaus gefühlsbedingt. Mit der alten Romantik berührt sie sich in dem Gefühl für die Natur; dem Kult der Stimmung; der Vorliebe für Sagen, für das Geheimnisvolle und Spukhafte, für Träume und Visionen."[45]

Das Weiberdorf

Ein ganz anderes Frauen- und Mutterbild als in ihren Novellen läßt Clara Viebig im 'Weiberdorf' entstehen. Der Roman, der zum bekanntesten und umstrittensten Werk der Eifeldichterin wurde, war wegen seiner Offenheit von der katholischen Kirche, aber auch von der Eifelbevölkerung stark angefeindet.

Clara Viebig selbst schrieb später (1930) über die Entstehung des Romans und über die folgende 'Meckerhetze': „Als ich zum erstenmal die Ruinen von Kloster Himmerod sah, dachte ich noch an kein Schreiben, meine Augen sahen und meine Seele empfing noch ganz unbefangen. Freilich, als ich dann, einige Jahre später, als Frau des gleichen Weges kam und in dem benachbarten Dörfchen Eisenschmitt das hinkende Pittchen kennenlernte und mit dem verschmitzten Schwätzer am Wirtstisch zusammensaß, kam mir der Gedanke: „Das möchtest du niederschreiben, was der erzählt!" Er saß mir armselig genug gegenüber, stützte den grauen Kopf, schlau blinzelnd, in beide Hände, schwatzte und schwatzte, und mir dämmerte dabei von seinem einstmaligen Heldentum in dem an Männern zuzeiten ganz armen Dorf. Alle waren sie seit dem Krieg von 70/71 abgewandert aus ihrem durch den Ackerbau kaum sich ernährenden Dörfchen zur lohnenderen Arbeit ins rheinische Industriegebiet. Die Weiber schafften das bißchen Ackerbestellung allein. Und überall, wohin ich sah, nur Weiber: auf der Wiese, auf dem Kartoffelacker, auf den kleinen Feldern, die das bleiche Gelb ihres Kornes an das Rot der Sandsteinfelsen hängen. Alte Weiber, vor den Hütten die Säuglinge hütend, jüngere Weiber, die Ackergeräte geschultert, und noch ganz junge, halbwüchsige mit der Reisigwelle auf dem Rücken vom Holzsammeln im Forst heimkehrend, Weiber, lauter Weiber, Pittchen der einzige Mann, Hahn im Korb. So erstand mir das Weiberdorf. Ich schrieb es hin mit Lachen, harmlos, ohne Ahnung davon, welchen Sturm es entfesseln würde, als es im Jahre 1900 im Feuilleton der Frankfurter Zeitung erschien. Man hat damals mein Leben bedroht. Die Weiber zogen in hellen Haufen nach dem nicht ferne gelegenen Manderscheid, wo ich damals den Sommer verbrachte, Furien, die, wie sie drohten, mich mit ihren Mistgabeln pieken und mir die Haare ausreißen wollten. Ach, es war alles nur halb so schlimm, wie es sich damals ansah, ich hätte mir die Tränen sparen können!"[46]

Wie sehr Clara Viebig 'Das Weiberdorf' beschäftigte, zeigt sich daran, daß sie im Jahr 1909 eine Komödie 'Pittchen' schrieb. Soweit festzustellen ist, wurde dieses Bühnenstück in der Öffentlichkeit nicht bekannt.

Die Kritiken über das 'Weiberdorf' waren so zahlreich, daß sie an Umfang den Eifelroman weit übertrumpfen. Nur einige Kritiken seien hier wiedergegeben: „Das Buch erschien im Jahr 1900 und war auf seine Weise ein Beitrag zur Emanzipation der Frau im eben beginnenden 20. Jahrhundert. Der Roman 'Das Weiberdorf' wirkte von der Thematik her auf das lesende Publikum, vor allem auf die Frauen, die sich hier endlich verstanden und von Vorurteilen befreit sahen. Die Damen der Gesellschaft dürften das Buch eher als 'degoutant' empfunden haben."[47]

In einer Buchbesprechung wird 'Das Weiberdorf' wie folgt beurteilt: „Die größte naturalistische Schöpfung auf dem Gebiet des Romans, die in Deutschland hervorgebracht worden ist. Eine Künstlerhand hat sie niedergeschrieben, ein sonniger Humor hat sie verklärt, und das große, lächelnde Mitleid, das zwischen den Zeilen aufleuchtet, läßt sie noch bedeutender erscheinen als der soziale Einschlag, den diese tragikomische Geschichte vom Dorf ohne Männer aufweist."[48]

Auch nachstehende Zeilen sind sicher auf 'Das Weiberdorf' gemünzt: „Clara Viebig hat in ihren Büchern auch meist Frauenschicksale zum Hauptthema erhoben: man tut einen tiefen Blick in die Frauenseele, in das Frauentum. Mitunter wird man vielleicht verwundert aufschauen, besonders da, wo die Dichterin die erotische Sinnenwelt der Frau enthüllt. Aber alles Ableugnen von Leuten, die gerne vor diesen Dingen die Augen verschließen, kann doch nicht aus der Welt schaffen, daß auch (!) in den Frauen das Blut heiß und leidenschaftlich rauscht. Besonders in den Frauen, denen das körperliche Leben noch das einzige Leben bedeutet. In solchen Leuten gibt es mehr trübe und traurige Tage, als unter den geistig erhobenen Menschen, die einer sittlichen Überzeugung unterstehen."[49]

Im Romangeschehen läßt die schöne, lebenslustige Zeih keine Gelegenheit aus, um sich zu amüsieren. Das 'Plaisir' rangiert vor der Mutterliebe: „Vor Freude hüpfend, eilte sie zurück in ihre Hütte; sie küßte und bekreuzte das Josefchen in der Wiege, wickelte es fest ein, daß es sich nicht rühren konnte, und steckte ihm den Zulp mit gekautem Brot ins Mäulchen."[50] Zeih kann zur Kirmes gehen.

Im Gegensatz zur 'alleweil fidelen' Zeih lebt die brave, treue Bäbbi ganz für ihren Mann. Ihr gemeinsames Söhnchen ist eine stete Verbindung zu ihrem heißgeliebten Lorenz. Mehr aus Liebe zu ihrem Mann als zu ihrem Kind erfüllt sie ihre Mutterpflichten: „Sie hob das Kind über sich und schwang es mit einem Jubelruf hoch in die Lüfte: „Heissah, flieg! Lorenzche, flieg! Dein Vater und du und ich, wir hören zusammen."[51]

Das unsichtbare Band zwischen Mutter und Kind

Auch in den Clara-Viebig-Romanen, die in Berlin und in Posen lokalisiert sind, ist die Mutterschaft oft Hauptthema. „Die Tragödie der Mütter und Frauen im Hinterland"[52] zieht durch den Roman 'Die Töchter der Hekuba' aus der Zeit des Ersten Weltkrieges. Die 'Tragödie' findet ihren Fortgang in dem Roman 'Das rote Meer', der in Berlin, aber auch an Rhein und Mosel spielt. Kurz wird ein Eifeldorf, 'so eine Art Weiberdorf' eingeblendet. Die dortigen Eifelfrauen, deren Männer als Soldaten eingezogen sind, finden ihr 'Pittchen' in den Gefangenen, den Franzosen.

Den Berliner Frauen und Müttern wird die Ungewißheit um das Schicksal ihrer Männer und Söhne im Kriegsgeschehen zur unerträglichen Qual. Und doch erfahren sie gerade in diesen schweren Zeiten, daß Mütter selbst mit ihren fernen Söhnen in enger Verbindung stehen: „Man sagt, ein Band verbindet Mutter und Kind, das läßt sich nicht durchschneiden wie das bei der Geburt, es bleibt bestehen, unsichtbar, geheimnisvoll: Wenn es an einem Ende zuckt und zerrt, dann spürt es auch das andere Ende."[53]

Die sorgende Liebe der Mutter soll auch dem mißratenen Sohn gehören: „Eine Mutter hört nie auf zu lieben, und sei der Kummer, den ihr der Sohn bereitet, auch noch so groß. Sie darf auch nicht aufhören, den Sohn zu lieben. Wenn **wir**, die Mütter, das tun, was soll dann aus den Söhnen werden?"[54]

CLARA VIEBIG ihre bekanntesten Werke mit Angabe der Gebiete, in welchen die Romane lokalisiert sind	
1897	Barbara Holzer, Schauspiel, Ehrang-Trier
1897	Kinder der Eifel, Novellen
1897	Rheinlandstöchter, Roman, Koblenz, Manderscheid
1898	Dilettanten des Lebens, Roman, Trier, Berlin
1898	Vor Tag und Tau, Novellen
1898	Es lebe die Kunst, Roman, Berlin
1899	Pharisäer, Komödie
1900	Das tägliche Brot, Roman, Berlin
1900	Das Weiberdorf, Roman, Eisenschmitt
1901	Die Rosenkranzjungfer, Novellen
1902	Die Wacht am Rhein, Roman, Düsseldorf
1903	Vom Müller-Hannes, Roman, Manderscheid
1904	Das schlafende Heer, Roman, Posen
1905	Der Kampf um den Mann, Dramenzyklus
1905	Naturgewalten, Neue Geschichten aus der Eifel
1906	Einer Mutter Sohn, Roman, Venn, Berlin
1907	Absolvo te, Roman, Posen
1908	Das Kreuz im Venn, Roman, Kalterherberg, Monschau
1910	Die heilige Einfalt, Novellen, u.a. Eifel
1910	Die vor den Toren, Roman, Berlin
1913	Das Eisen im Feuer, Roman, Berlin
1914	Heimat, Novellen, Eifel
1915	Eine Handvolle Erde, Roman, Berlin
1917	Töchter der Hekuba, Roman, Berlin
1920	Das rote Meer, Roman, Berlin, Mosel
1920	West und Ost, Novellen
1922	Unter dem Freiheitsbaum, Roman, Eifel, Mosel
1923	Menschen und Straßen, Novellen
1924	Der einsame Mann, Roman, Koblenz, Berlin
1925	Franzosenzeit, Novellen
1926	Die Passion, Roman, Berlin
1927	Die goldenen Berge, Roman, Moselgebiet
1928	Die mit den tausend Kindern, Roman, Berlin
1930	Charlotte von Weiß, Roman, Berlin
1931	Prinzen, Prälaten und Sansculotten, Roman, Koblenz
1932	Menschen unter Zwang, Roman, Berlin
1933	Insel der Hoffnung, Roman, Posen
1935	Der Vielgeliebte und die Vielgehaßte, Roman, Berlin

ausgearbeitet nach:
Wilpert-Gierling: Erstausgaben Deutscher Dichtung 1600-1960, Stuttgart o.J.

Die Mütterlichkeit Clara Viebigs

Wenn man Clara Viebig besondere Sensibilität bei der Beschreibung der Gefühlswelt der Frauen, „Weibesherzeleid und Muttersehnsucht"[55] bescheinigt, so kann man den Ursprung in ihrer eigenen fraulichen Mütterlichkeit sehen: „Die Dichterin Clara Viebig empfing das Stichwort zur Leidenschaft, als sie Frau und Mutter wurde, als sie in den natürlichen Zug der Generationen eintrat."[56]

Ihre Beschreibungen von Mutterszenen wirken stets echt und selbst- oder nachempfunden, selbst dann, wenn „... die rührende Opferbereitschaft einer allzu schwachen Mutter"[57] thematisiert wird.

Mütterlichkeit kann bei Clara Viebig nicht nur von leiblichen Müttern ausgelebt werden. So ist die bereits erwähnte 'Mutter Clara' eine Ordensfrau, die ihre Fürsorgezöglinge wie eine Mutter umsorgt. In dem Roman 'Die mit den tausend Kindern' (1928) kann eine Lehrerin ihre mütterlichen Gefühle bei ihren Schulkindern umsetzen.

Clara Viebigs Mutterschaft entfaltet sich vorwiegend in ihrer schöpferischen Fruchtbarkeit. Ihre literarischen Werke waren ihre Kinder. „Mutter seelenvoller Romane"[58] wird sie in einem Zeitungsbericht genannt.

Quellenangaben

[1]Vgl. Große Frauen der Weltgeschichte, Tausend Biographien in Wort und Bild, Klagenfurt 1987, Seite 485

[2]Dr. Hanns Martin Elster: Deutsche Dichterhandschriften, Dresden 1920, Seite 17

[3]Clara Viebig: Mein Eifelland, in: Eifelkalender 1929, Seite 17

[4]Clara Viebig: Wie ich Schriftstellerin wurde, in: Aus dem Posener Lande, 1910, Seite 110

[5]zitiert bei: Norbert Oellers: Nachwort, in: Clara Viebig: Das Miseräbelchen und andere Erzählungen, Olten 1981, Seite 103

[6]Elster, a.a.O., Seite 12

[7]Michaela Giesing: Theater als verweigerter Raum, in: Frauen Literatur Geschichte, Stuttgart 1989, Seite 252

[8]Theater im Museum, in: Jahrbuch Kreis Euskirchen, 1977, Seite 90

[9]Ingrun Drechsler: Eine volkstümliche Dichterin im besten Sinne, in: Vorwärts, Nr. 8, 25. Februar 1989, Seite 51

[10]Clara Viebig zum 70. Geburtstag, in: Die literarische Welt, 18.7.1930, Seite 10

[11]Der Eisenschmittener Brunnen, Prospekt 1990

[12]Clara Viebig: Die weibliche Feder, o.O., o.J.

[13]zitiert bei: Hajo Knebel: Clara Viebig, Ein Beitrag zu ihrem 20. Todestag am 31. Juli 1972, in: Eifel Jahrbuch 1973, Seite 106

[14]Stephan Herrle: Frau an der Zeitenwende, Erinnerungen an Clara Viebig, in: General-Anzeiger, 22.7.1982

[15]Clara Viebig: Aus meinem Leben, in: Heimat, Novellen, Stuttgart 1914, Seite 12

[16]Clara Viebig: Mütter und Frauen, Berlin, o.J.

[17]Ludwig Schröder: Einleitung (1904) zu: Clara Viebig: Simson und Delila, in: Meister-Novellen neuerer Erzähler, Leipzig, o.J.

[18]Zur Uraufführung von 'Die Mora', in: Blätter des Stadttheaters Düsseldorf, Heft 12, Jg. 1924/25, März 1925

[19]Clara Viebig: Acht Bilder aus dem Leben der Mutter, in: Kunst, Welt, Wissen, Nr. 164, Düsseldorf, 17. Juli 1930
[20]Clara Viebig: Die Schuldige, in: Kinder der Eifel, Berlin 1908, Seite 161 (Erstauflage 1897)
[21]a.a.O., S. 167
[22]Clara Viebig: Simson und Delila, in: Kinder der Eifel, Berlin 1908, Seite 23
[23]a.a.O., Seite 28
[24]Clara Viebig: Brennende Liebe, in: Naturgewalten, Berlin 1905, Seite 117
[25]Elster, a.a.O., Seite 11
[26]Clara Viebig: Margrets Wallfahrt, in: Kinder der Eifel, Berlin 1908, Seite 278
[27]Clara Viebig: Die Primiz, in: Die heilige Einfalt, Novellen, Berlin 1910, Seite 47
[28]a.a.O., Seite 86
[29]Clara Viebig: Einer Mutter Sohn, Rastatt 1988, Seite 51 (Erstauflage 1906)
[30]Carl Salm, Köln: Clara Viebig als Eifeldichterin, in: Eifelvereinsblatt Dezember 1907, Seite 154
[31]Clara Viebig: Der Osterquell, in: Kinder der Eifel, Berlin 1908, Seite 142
[32]a.a.O., Seite 149
[33]Clara Viebig: Das Miseräbelchen, in: Kinder der Eifel, Berlin 1908, Seite 245
[34]a.a.O., Seite 247
[35]Clara Viebig: Am Totenmaar, in: Kinder der Eifel, Berlin 1908, Seite 124
[36]Erich Weißer: Das Totenmaar in der Eifel, in: Zeitschrift für deutsche Bildung, März 1930, Seite 148
[37]B. Stein: Klara Viebig, in: Die Bücherwelt 1906/07, Seite 9
[38]Clara Viebig: Mutter Clara, in: Heimat, Berlin 1914, Seite 93
[39]a.a.O., Seite 101
[40]Clara Viebigs Verdienst, in: Der Eremit am Hohen Venn, 4/5 1960, Seite 28
[41]Clara Viebig: Die Cigarrenarbeiterin, in: Kinder der Eifel, Berlin 1908, Seite 259
[42]a.a.O., Seite 273
[43]Clara Viebig: Der Lebensbaum, in: Naturgewalten, Berlin 1919, Seite 17 (Erstauflage 1905)
[44]a.a.O., Seite 11
[45]O.S. Fleissner, Wells College: Ist Clara Viebig konsequente Naturalistin?, in: PMLA, o.O., o.J., Seite 924
[46]Clara Viebig widmet diese kleine Skizze der Erinnerung zu ihrem 70. Geburtstag (1930) dem 'Bazar', in: Der Bazar, o.O., o.J.
[47]Dr. Renate Eichholz: Die Vielgeliebte und die Vielgehaßte, Erinnerung an Clara Viebig, Westdeutscher Rundfunk, Köln, 2. Programm, 10.8.1969
[48]Buchbesprechung: Clara Viebig, in: Blätter für Bücherfreunde, Nr. 1, Juni 1904, Seite 2
[49]Elster, a.a.O., Seite 14
[50]Clara Viebig: Das Weiberdorf, Düsseldorf 1982, Seite 99 (Erstauflage 1900)
[51]a.a.O., Seite 142
[52]Florian Kienzl: Clara Viebig, 70 Jahre alt, in: Der Heimatdienst, Berlin, 14. Juli 1930
[53]Clara Viebig: Das rote Meer, Berlin 1920, Seite 195
[54]a.a.O., Seite 64
[55]Josef Kliche: Clara Viebig, Die Meisterin des deutschen Zeitromans, in: Volksblatt Bochum, 17. Juli 1930
[56]Arthur Cloesser: Clara Viebig, in: Das literarische Echo, Die Literatur, September 1930, Seite 703
[57]dt.: Ihre Menschen lebten, in: Telegraf, Nr. 165, 17. Juli 1960
[58]WT.: Mutter seelenvoller Romane, 23.7.1962, Nr. 168, o.O.

Für Material und Einsichtnahme in sein Clara-Viebig-Privat-Archiv bedanke ich mich bei Dieter Heimer, Daun.

'Nur' eine Tochter

Unterschiedliche Bewertung der Geschlechter seit Geburt

„Ich habe keine Kinder, ich habe nur Töchter." Dieser Ausspruch enttäuschter Väter war in der Vergangenheit öfters zu hören. Stellte sich in einer Ehe nicht der herbeigesehnte Prinz ein, so kam das einer Katastrophe gleich. Der Bauernhof und der Handwerksbetrieb brauchten einen männlichen Erben. Nur ein Stammhalter konnte den Namen der Familie erhalten.

Viele ältere Eifeler erinnern sich noch daran, daß Väter ihre neugeborenen Töchter überhaupt nicht wahrhaben wollten, während sie voller Stolz die Geburt eines Sohnes feierten. In der Südeifel titulierte der Vater seinen Leibeserben 'Knäperchen', während er das Töchterchen 'armes Würmchen' nannte. Zum 'armen Würmchen' gratulierte man natürlich auch nicht.

Doch nicht nur die Väter, vor allem das Vaterland brauchte Söhne, denn stets wurden Soldaten für irgendeinen Krieg benötigt. Eine unterschiedliche Bewertung der Geschlechter setzte bereits bei der Geburt ein. Viele geschichtliche Fakten dokumentieren diese Differenzierung.

Im späten Mittelalter genossen Schwangere und 'Kindbetterinnen' Schutz und besondere Zuwendungen. So öffnete z.B. der Hof zu Hillesheim in der Eifel in Kriegszuständen seine Pforten für schwangere Frauen und beherbergte sie solange, bis jede Gefahr gebannt war. Um 1500 sorgte das Recht für die warme Stube der Wöchnerinnen bei den hörigen Bauern, und der frischgebackene Vater bekam Holz aus dem herrschaftlichen Wald. Die Holzmenge richtete sich indes nach dem Geschlecht des Kindes: Bei der Geburt eines Knaben standen zwei Karren Holz zur Verfügung, während die Eltern bei der Geburt eines Mädchens sich mit nur einer Karre Holz begnügen mußten.[1] Mutter und Sohn hatten es also wärmer als Mutter und Tochter.

Auch war man allgemein der Auffassung, daß eine Mutter nach der Geburt eines Sohnes mehr Schonung brauchte als nach der Geburt eines Mädchens. So wurden 1507 der Frau bei der Geburt eines Sohnes zwei Frontage, bei der Geburt eines Mädchens aber nur einer erlassen.[2]

Eine Verordnung der Reifferscheider Grafen besagte 1643, daß bei Heirat und bei Geburt Bäume angepflanzt werden mußten, damit die durch Abholzung stark strapazierten Waldungen wieder aufgeforstet wurden. Auch hier ist ein Unterschied bei den Geschlechtern zu finden: Bei der Geburt eines Knaben mußten vier Obstbäume oder zehn Waldbäume angepflanzt werden, bei der

Geburt eines Mädchens zwei Obstbäume oder fünf Waldbäume.[3] Ein Mädchen war also nur halb soviel 'wert' wie ein Junge.

Drei Töchter und kein Sohn – in Bauernfamilien eine Katastrophe

Noch lange erhielt sich in der Eifel der Brauch, bei der Geburt eines Kindes einen Baum zu pflanzen. In manchen Gegenden beschränkte sich diese Sitte jedoch nur auf die Geburt eines Sohnes, manchmal auch nur auf die Geburt des Erstgeborenen. In bäuerlichen Familien wurde der Familienzuwachs auch dem Vieh und den Bienen mitgeteilt. Aber selbst die Tiere schienen nur an Söhnen interessiert zu sein, denn bei Töchtern war der Brauch kaum üblich.[4]

Auch die Hebammen bekamen die unterschiedliche Geschlechterbewertung zu spüren, denn bei der Geburt eines Jungen wurden sie besser bezahlt oder bekamen zumindest ein hohes 'Trinkgeld' zugesteckt.

Auch die kirchlichen Feiern anläßlich einer Geburt wurden unterschiedlich bezahlt. „In Deutschland verlangte der Dorfpfarrer vier Kreuzer für einen Danksagungsgottesdienst; der Vater bezahlte aber bereitwillig zehn, wenn es für einen Jungen war, während er das Kleingeld aus seinen Taschen zusammenkratzte, wenn es um ein Mädchen ging."[5]

Die ungleiche Bewertung der Geschlechter war 'in jedem Zeitalter und in jedem Land' die Norm. Um 1860 war es z.B. in Neapel noch üblich, eine kleine schwarze Fahne herauszuhängen, wenn ein Mädchen geboren war, um den Nachbarn den 'Trauerfall' anzuzeigen und sich peinliche Fragen zu ersparen.

Nicht nur der Vater, sondern auch manche Mutter stellte die Geburt eines Sohnes über die Geburt einer Tochter. Ein Mädchen versprach zwar eine Hilfe im Haushalt, aber es mußte später 'versorgt' werden, d.h. unter die Haube gebracht werden, und das war nicht immer so einfach.

Auch die kleinen Mädchen sollen sich angeblich mehr über einen männlichen Neubürger gefreut haben, denn der Frauenüberschuß war allzeit groß und die Burschen zum Heiraten rar. Entpuppte der erwartete Sohn sich als Tochter, tröstete man sich, daß doch irgendwann ein Junge in Gestalt eines Freiers in die Familie eintreten würde:

> „Und wenn die Jungen Mädchen werden,
> sind sie benötigt hier auf Erden;
> beizeit, -dess' könnt ihr sicher sein,
> kommt stets ein Junge hintendrein,
> auch wenn es tausend Wochen währt,
> das hat der Weltlauf uns gelehrt."[6]

Ist es heute die Regel, daß den Eltern ein Sohn oder eine Tochter gleichermaßen willkommen ist, so war dies früher die Ausnahme. Der 1883 in Raeren geborene Schriftsteller Josef Ponten läßt werdende Eltern folgendes Gespräch führen:

> „...Was möchtest du?" fragt sie scherzend.
> „Ich? was ich möchte?"
> „Einen Knnaben möchtest du wohl."
> „Ich weiß es nicht. Und was möchtest du?"
> Da sagte sie sanft und heiter: „Ich möchte ein Kind."[7]

Dem Thema 'Nur ein Mädchen' hat Clara Viebig einen ganzen Roman gewidmet: Vom Müller Hannes; Eine Erzählung aus der Eifel. Wenn der Müller Hannes im Leben scheitert, hat er dafür nur eine Entschuldigung: Der Sohn fehlt. Für diesen würde er arbeiten, für diesen würde er die Mühle erhalten, für diesen würde er ein vorbildhaftes Leben führen.

Als die junge Müllersfrau Tina schwanger wird, ist es für Hannes selbstverständlich, daß ein Junge geboren wird. Er sieht seinen Sohn bereits in einem Traum: „Das war ein Jung! Schon im voraus war der Vater ordentlich stolz auf ihn. Da sagte Tina schüchtern: „Wann't äwer nur(!) e Mädche ist?!" Er sah sie an, als verstände er sie gar nicht und dann wurde er grob: „Maach! Onnerstieh Dech! Ech will en Jong haon, ech muß ein Jong haon. Hörste? Dän soll de Mühl' ärwen!"[8]

Das Kind ist ein Mädchen, die Fränz. Als dann auch weiterhin ein Sohn auf sich warten läßt, schiebt Hannes seiner Frau die Schuld zu. Folgende Gedanken schwirren ihm im Kopf: „Hübsch war die Tina auch nicht mehr, klapperdürr; und seit sie ein paarmal 'Malheur' gehabt, kränkelte sie. War's nicht eine Schande, nur einzig die Fränz im Haus und keinen Sohn?! „Verflixt!" Der starke Mann sah an sich herunter und steifte die kräftigen Lenden. Nein, an ihm lag es nicht, er hätte der Jungen in die Welt setzen können, wie weiland der Erzvater Jakob, zwölf an der Zahl, ein gewaltiges Geschlecht, das die Welt bevölkert. Ein Gefühl, das er bis jetzt noch nie so deutlich empfunden, erhob sich plötzlich in ihm. War es Enttäuschung, Zorn, Haß gegen die Schwache? Nein, nein, die Tina war ein kreuzbraves Weib, sie hatte keinen Willen und tat, wie er befahl. Aber Empörung war doch in ihm. Ja, Empörung. Warum gebar sie ihm keinen Sohn, einen gesunden, strammen, so einen, wie er selber war?! Die Fränz war hübsch und kräftig, ließ sich ganz gut an, aber was soll's mit einem Mädel, kann die einmal regieren? Einen Sohn, einen Sohn!“[9]

Tina sieht als 'kreuzbraves Weib' ihre 'Schuld' als Strafe Gottes und sucht Rat beim Pfarrer: „Was hatte sie getan, daß der liebe Gott sie so gestraft. Zweimal noch nach der Fränz hatte sie Mutter werden sollen, und zweimal hatte sie so leiden müssen und hatte dann doch kein Kleines in der Wiege gehabt. Und der Hannes wollte doch einen Sohn. Ach, wenn der Herr Pastor ihr doch nur sagen wollte, was sie Übles getan?!“[10]

Als Tina dann endlich einen Jungen zur Welt bringt, bezahlt sie diese Geburt mit ihrem Leben. Auch der Knabe stirbt. Hannes ist untröstlich: „Das Jüngelchen - ach ja das Jüngelchen! Mit einem tiefen Stöhnen warf Müller-Hannes beide Arme lang über den Tisch. Auf einen Sohn, auf einen Prinzen hatte er gehofft all die Jahre, und endlich war er gekommen, der Jung, er war

Bäckermeister Anton Wilden und Ehefrau Elisabeth aus Gemünd zeigten sich im Jahre 1912 recht stolz mit ihren acht Töchtern. Einige Jahre später kam Nesthäkchen Mathilde noch hinzu.

geboren worden, noch lebendig - die Hebamme hatte es ihm versichert -, aber kaum, daß ihn die Erdenluft berührt, hatte er auch schon zu atmen aufgehört. „Verflucht on vermaledeit! Dat Jüngelche, dat Jüngelche!" Es klang wie ein Aufschrei der Empörung, wie ein zorniges Fordern von der höchsten Gerechtigkeit. Müller Hannes ballte die Fäuste."[11]

Es ist ein langer Weg, bis Hannes schließlich den Wert seiner Tochter erkennt und anerkennt. Total verarmt, erblindet und hilflos findet er bei seiner Tochter einen festen Halt und neuen Lebensmut. Der Roman 'Vom Müller Hannes' endet mit einer zufälligen Begegnung zwischen Hannes und seinem einstigen Geschäftskonkurrenten, dem Laufeld. Um eines hat Hannes diesen Kontrahenten stets beneidet: Um den Sohn. Doch jetzt erkennt Hannes, daß der Laufeld keineswegs stolz auf seinen Sohn sein kann. Hannes hat zwar 'nur' eine Tochter, aber er kann stolz auf sie sein. Auch dem Laufeld wird das bewußt: „Dann fast schon im Fortgehen wies er (Laufeld) mit dem mageren Zeigefinger nach dem starken, braunen Mädchen hin, das aus klaren Augen entschlossen dreinsah. „Es die lao Eier?" „Jao", sagte Müller Hannes schnell und eine heimlich triumphierende Freude belebte seinen Ton. „Die es mein!" Er drehte den Kopf nach seiner Fränz und nickte ihr stolz und zufrieden zu: „Noren en Dochter! Aewer, Laufeld, ech saon Eich, wat forein!"[12]

Töchter wurden zum Verhängnis des Manderscheider-Grafengeschlechtes

Tragische Auswirkungen konnte es haben, wenn in großen Adelsgeschlechtern die Söhne ausblieben. Dem großen Adelsgeschlecht der Manderscheider Grafen wurde es regelrecht zum Verhängnis, daß viele Töchter geboren wurden.

In der Blankenheimer Linie hinterließ Graf Johann Wilhelm (1708-1772) zwar vier Töchter, aber trotz seiner drei Ehen keinen männlichen Nachkommen. „Um den Fortbestand des Geschlechtes der Manderscheider zu gewährleisten, bat der Bruder des Grafen, Franz Josef Georg (1713-1780), der bis dahin in Köln, Aachen und Straßburg in geistlichen Würden gestanden hatte, den Papst um die Erlaubnis, in den weltlichen Stand zurückkehren zu dürfen. Im Alter von 60 Jahren vermählte er sich mit Marie Carolina Gräfin Fugger-Dietenheim ... Die Ehe des Grafen blieb kinderlos. Er sollte das letzte männliche Erbe des einst so zahlreichen, blühenden Geschlechtes der Manderscheider Grafen sein."[13]

Die Schleidener Linie der Manderscheider war schon fast 200 Jahre früher ausgestorben. Die Ehe von Dietrich VI. (1538-1593) war kinderlos geblieben. Sein Bruder Joachim hatte sieben Kinder, sechs Töchter und einen Sohn. Dieser einzige Stammhalter starb im Alter von 18 Jahren. Katharina, die Schwester von Dietrich VI. und von Joachim, heiratete Philipp von der Marck,

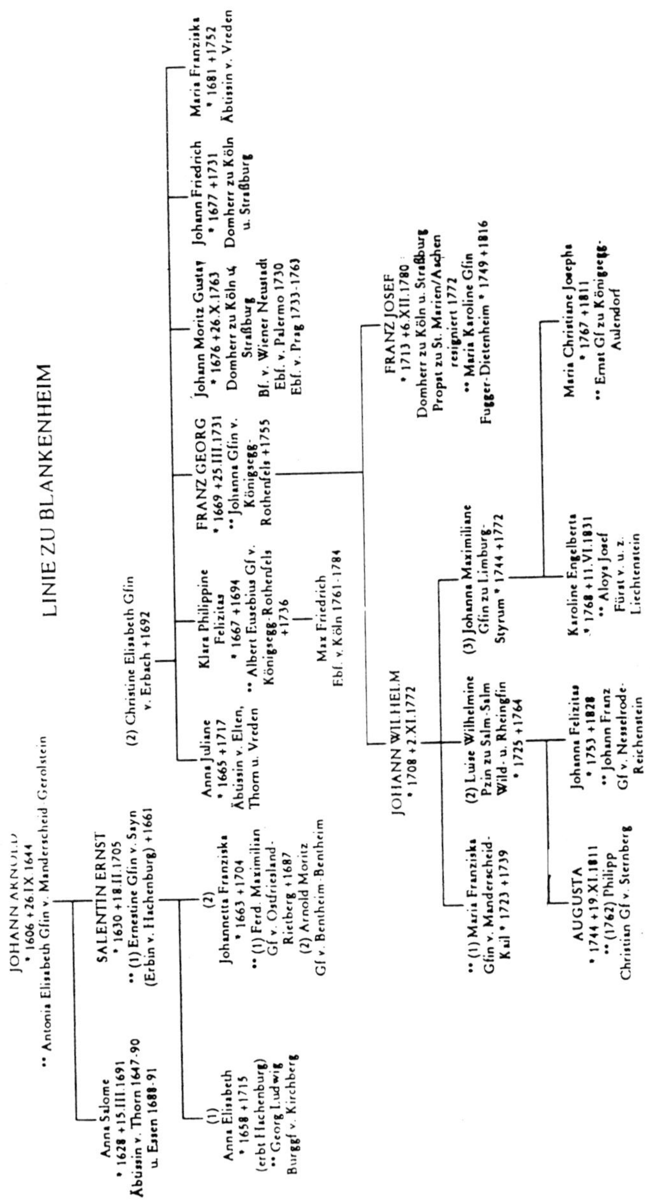

Dem Manderscheider Grafengeschlecht wurde es zum Verhängnis, daß viele Töchter geboren wurden.

dem später Schleiden gehörte. Für die Grafen von Manderscheid war Schleiden verloren. Hätte es einen männlichen Erben der Manderscheider zu Schleiden gegeben, so hätte die Schleidener Geschichte sicherlich einen anderen Verlauf genommen.

Die Töchter aus dem Manderscheider Adelsgeschlecht wurden, sofern sie nicht in ein Kloster eintraten, gut verheiratet. Den Namen und das Erbe ihrer Manderscheider Vorfahren konnten sie jedoch nicht erhalten.

Auch das kleine Herrschaftsgeschlecht Kronenburg starb aus. Ritter Peter von Kronenburg (1357-1414) hatte es geschafft, das verschuldete und herabgewirtschaftete Erbe der Edelherren wieder in die Höhe zu bringen. Doch da ihm „trotz dreier Ehen der männliche Erbe versagt blieb"[14] erlosch das Kronenburger Geschlecht.

Minderwertigkeit der Frau

In der Antike glaubte man, die menschliche Beseelung des männlichen Fetus erfolge vierzig Tage nach der Empfängnis, die des weiblichen jedoch erst neunzig Tage nach der Empfängnis. Die Seele war also eher etwas Männliches als etwas Weibliches.

Eine ähnliche Vorstellung über die Minderwertigkeit der Frau ist im Alten Testament zu finden. „Laut Leviticus 12, 1-5 ist die Frau nach der Geburt eines Sohnes vierzig Tage unrein, nach der Geburt einer Tochter achtzig Tage. Maria war nach der Geburt Jesu vierzig Tage unrein, nach der Geburt einer Tochter wäre sie es achtzig Tage lang gewesen."[15]

Quellenangaben

[1]Vgl. Edith Ennen: Frauen im Mittelalter, München 1987, Seite 223

[2]Vgl. J. Mayer: Kindstaufe in der Eifel, in: Eifelvereinsblatt Dezember 1910, Seite 319

[3]vgl. P.E.: Heiraten schwer gemacht, in: Zwischen Eifel und Ville, Juli 1951, Seite 25

[4]Vgl. Hervé Fillipetti & Janine Trotereau: Zauber, Riten und Symbole, Freiburg 1987, Seite 236

[5]Priscilla Robertson: Das Heim als Nest: Mittelschichten-Kindheit in Europa im neunzehnten Jahrhundert, in: Hört ihr die Kinder weinen, hrsg. Lloyd de Mause, Frankfurt 1977, Seite 568

[6]Josef Bauer: Die Eifelahne, Düren o.J., Seite 20

[7]Josef Ponten: Jungfräulichkeit, Stuttgart 1910, Seite 445

[8]Clara Viebig: Vom Müller Hannes, Eine Geschichte aus der Eifel, Berlin 1903, Seite 30

[9]a.a.O., Seite 61

[10]a.a.O., Seite 83

[11]a.a.O., Seite 213

[12]a.a.O., Seite 318

[13]Peter Neu: Die Grafen von Manderscheid - ein historischer Überblick, in: Die Manderscheider, Köln 1990, Seite 27

[14]Harald Herzog: Burgen und Schlösser, Köln 1989, Seite 343

[15]Uta Ranke-Heinemann: Eunuchen für das Himmelreich, Hamburg 1988, Seite 79

Patin: Geistige Mutter, Schutz-Matrone und Göttin

Der Brauch, daß ein Kind neben seinen Eltern auch Paten besitzt, hat eine lange Geschichte. Sie führt 8000 Jahre und mehr zurück in eine Zeit, in der an verschiedenen Plätzen der Erde die Menschen im Matriarchat zusammenlebten.

In dieser mütterrechtlichen Gesellschaftsform hatte die Frau das alleinige Recht über ihre Kinder. Die Person des Vaters gab es noch nicht, denn man sah über Jahrtausende hindurch keinen Zusammenhang zwischen Geschlechtsverkehr und Geburt. In ihrer mythischen Vorstellung glaubten die Menschen, daß die Frauen, wie die göttliche Mutter Erde, aus eigener schöpferischer Kraft Leben erzeugen könnten.

Wurde ein Knabe geboren, so wurde dieser bereits in frühen Kinderjahren in den getrennten Lebensbereich der Männer überführt, wo er kämpfen und jagen lernte und mit den erwachsenen Männern gemeinsam lebte.

Die Mädchen wuchsen bei ihren Müttern auf, lernten im unwegsamen Wald Kräuter zu sammeln, das Feuer zu hüten und das geheime Heilwissen zu verstehen. Lebten die Frauen vollkommen unabhängig von den Männern, so war ihnen auch das Jagen und Kämpfen nicht fremd. Auch dieses Können vermittelten sie ihren Töchtern.

Im Abri (steinzeitliche Wohnstätte) und in den späteren Hüttensiedlungen erfuhren die Mädchen Schutz durch die erwachsenen Frauen. Für jede Heranwachsende waren zwei Mütter verantwortlich: Die leibliche Mutter und die geistige Mutter. Die leibliche Mutter war körperliche Pflegerin, die geistige Mutter spirituelle Beraterin, Führerin, Schutzgeist, Göttin. Später wurde sie Patin genannt.

Die Wandlung vom Matriarchat zum Patriarchat entwickelte sich langsam, aber stetig. Zunächst änderte sich, daß neben der leiblichen und geistigen Mutter auch ein Mann ein Mitspracherecht über ein Kind bekam. Dieser männliche Beschützer war jedoch nicht der Vater, sondern der Bruder der Mutter. Auch als der Vater als Familienoberhaupt anerkannt war, hatte der Mutterbruder eine wichtige Stellung in der Familienhierarchie, so zum Beispiel bei den Germanen.[1] Später wurde der Bruder der Mutter der Taufpate eines ihrer Kinder und befestigte dadurch seine Zugehörigkeit.

Eine Erinnerung der Tochter-Mutter-Patin-Version ist in Weihestein-Abbildungen von Matronen-Göttinnen eingebettet. Auf einer Bank sitzen in einer Ädikula drei Frauen in langen ubischen Gewändern. Das junge Mädchen in der

Mitte wird von den gleichgestaltigen und gleichaltrigen Frauen eingerahmt; ein Steinmonument von Tochter-Mutter-Göttin (Patin).

Eine Verbindung zwischen Patin und Göttin wird besonders in der Volkssprache erkennbar. In weiten Teilen Deutschlands wird die Patin mit Jött, Goat, Gote oder Gode bezeichnet. Nach Sprachforschungen kommt dieses Wort aus dem Kelto-romanischen und bedeutet Göttin, bzw. Muttergöttin.[2]

Interessant ist in diesem Zusammenhang auch das Wort 'Godenapfel', in Monschau/Rohren auch als 'Göten' überliefert. Es bezeichnet eine Sorte kindfaust-kleiner Äpfel. Der Apfel als Symbol der Großen Göttin, des ewigen Werdens und der Erkenntnis wird hier sprachlich mit der Gode in Einklang gebracht. Der Baum der Godenäpfel wächst wild; in der Eifel ist er noch verschiedentlich zu finden.

'Et schlääch no senger Jött'

Die Benennung von zwei oder drei Schutzpersonen für jedes Kind hat sich in verschiedenen Formen zu allen Zeiten erhalten. In der christlichen Religion wurde die Patenschaft mit dem Taufsakrament gekoppelt. Mit zahlreichen, wechselnden Regulierungen wurde die Taufpatenschaft in das Kirchenrecht aufgenommen. Die Bezeichnung für die Paten ist aus dem 9. Jahrhundert mit 'mater genius' und 'pater genius' überliefert. 'Genius' kann sowohl 'schöpferi-

Wenn eine Frau Großmutter wurde, wurde sie früher gleichzeitig Gode (Patin).

scher Geist' bedeuten als auch 'Schutzgeist, der den Menschen durch das Leben begleitet'.

Das Wort 'mater genius' verschwand jedoch aus dem Sprachschatz der Kirche, wie auch andere frauenspezifische Ausdrücke ausradiert oder vermännlicht wurden. So wurde zum Beispiel die Ma-trone zur Pa-tronin und die 'mater genius' zur Pat-in. Im Volksmund blieb die Unterscheidung in Gote und Pate erhalten, die Patenkinder wurden Jötche und Pätche genannt. War ursprünglich die Gode die Göttin, so wurde in der Kirchengeschichte der männliche Pate der 'Gevatter', der 'Vater in Gott'.

Im christlichen Glauben obliegt den Paten die religiöse Erziehung des von ihnen aus der Taufe gehobenen Kindes. Bis in jüngster Zeit war es üblich, dem Neugeborenen den Vornamen seiner Gote oder seines Paten zu geben. Doch nicht nur gleiche Namen machten die patenschaftliche, geistige Beziehung nach außen sichtbar, sondern oftmals auch gleiche Eigenschaften oder Lebensausrichtungen. 'Et schlääch no senger Jött' oder 'dat Köngk köt op senge Pat', sagt man seit je in der Eifel und hält eine sympathetische 'Beeinflussung' der geistigen Eltern auf die Patenkinder für möglich und bedeutsam. Es kann natürlich nicht von einer 'Vererbung' gesprochen werden, wie folgender Textausschnitt fälschlich sagt: „Da man es als feststehend betrachtet, daß die Charaktereigenschaften des 'Pathen' oder der 'Gothe' sich auf den jungen

Bei der Erstkommunion ihres Patenkindes durfte die Patentante nicht fehlen. Hier beim Kreisspiel „Häschen in der Grube" um 1940

Weltbürger vererbten, so beobachtete man bei der Wahl dieser wichtigen Persönlichkeiten selbstverständlich die größte Vorsicht. Bei reichem Kindersegen indes war man genötigt, auch die weniger sympathischen Verwandten bei der Übertragung des Patenamtes zu berücksichtigen, da man es vermied, Nichtfamilienmitglieder zu einem solchen Amte heranzuziehen."[3]

Daß man bei der Patensuche in der Familie blieb, hatte seinen besonderen Grund: Die Patenschaft war als geistliche Verwandtschaft ein kirchliches Ehehindernis.

Durch das Patenamt entstand eine geistliche Verwandtschaft zwischen den Paten und den Patenkindern. Diese galt schon im Jahre 530 als Ehehindernis. Das Kirchengesetz besagte, daß zwischen den Paten und dem Täufling keine Ehe geschlossen werden durfte, auch wenn keine Blutsverwandtschaft bestand. An dieser Vorschrift ist zu ersehen, wie substantiell man die geistliche Führung, die einstens göttliche Funktion der Paten, bewertete.

Im 9. Jahrhundert erhielt das Gesetz des Ehehindernis wegen geistlicher Verwandtschaft die weiteste Ausdehnung. Die Bestimmungen waren so ausgetüftelt, daß sie kaum zu durchschauen waren. So heißt es etwa: „Wegen der 'paternitas spiritualis' war die Ehe verboten vor allem zwischen dem Getauften und dem Täufer und dann zwischen dem Täufling oder Firmling und dessen Paten, aber auch zwischen dem Gatten des Täufers oder des Firmlings ... und zwischen dem Täufling bzw. dem Firmling und den Kindern des Paten sowie des Täufers."[4]

Luther erklärte 1520 das Gesetz der geistlichen Verwandtschaft für null und nichtig und die 'Lügen' um Gevatterschaft, Mutterschaften, Brüderschaften, Schwesternschaften und Töchterschaften für erloschen. In der katholischen Kirche galt die geistliche Verwandtschaft des Patenamtes bis 1983 als Ehehindernis.

Von der spirituellen Führung zur materiellen Abfindung

Noch vor Jahren war es in ländlichen Gebieten üblich, daß man, sobald man Großmutter oder Großvater wurde, gleichzeitig auch Jött oder Patt wurde und sich mit dieser 'Ehrenbezeichnung' in der Familie ansprechen ließ. Das Patenamt kam einem sozialen Aufstieg gleich. Bei Festen der Kinder, zum Beispiel bei der Erstkommunion, nahmen die Paten einen Ehrenplatz ein.

Von Bedeutung war, und ist bis heute, die Beschenkung der Kinder durch Patentante und Patenonkel. Ursprünglich waren Geschenke Symbolgaben der spirituellen Verbindung und wurden in Form von Patentaler, Godenschalen oder ähnlichem überreicht. In christlichen Familien war es üblich (und ist es teilweise heute noch), daß die Paten das erste Gebetbuch, einen Rosenkranz, ein Kreuz oder andere religiös-ausgerichtete Gegenstände ihren Patenkindern schenkten. In vielen Gegenden, auch im Eifelgebiet, hat sich der Brauch des 'Neujährchens' erhalten. Paten beschenken ihre Patenkinder zu Beginn des neuen Jahres mit einem Weck, der in einer besonderen Form gebacken ist. Aber auch die Kleinen überreichen der Gote oder dem Paten eine Neujahrsgabe.

Heute sind sich nur noch wenige Menschen der spirituellen oder religiösen Verantwortung einer Patenschaft bewußt. Patengeschenke sind besonders zu Weihnachten üblich. Es sind jedoch teure, materielle Gaben. Häufig wird sogar den größeren Patenkindern ein Geldgeschenk überreicht. So bekommt die Beziehung von Gote und Pate zu Jötche und Pätche immer mehr eine finanzielle Abfindungs-Bewertung und verliert den ideellen Wert einer geistigen Verbindung.

Quellenangaben

[1]Gisela Bleibtreu-Ehrenberg: Vom Schmetterling zur Doppelaxt, Frankfurt 1990, Seite 99
[2]Georg Andreas Bachem: Kelto-romanisch im Gau Köln-Aachen, Köln 1968
[3]Hermann Rehm: Das Hochland der Eifel, Montjoie 1889-1891 zitiert bei: Leson Willy: So lebten sie in der Eifel, Köln 1979, Seite 54
[4]Uta Ranke-Heinemann, Eunuchen für das Himmelreich, Hamburg 1988, Seite 230

Erstkommunion im Jahre 1848

Die Unruhen der Berliner Märzrevolution im Jahre 1848 drangen bis in die Eifel. Auch in den Straßen der Eifeldörfer war der Ruf nach Freiheit und Gleichheit zu hören. Selbst die Kinder schnappten die Parolen auf. Als ein Eifelpastor 1848 im Kommunionunterricht fragte, was denn Sünde sei, antwortete ein Mädchen sehr überzeugt: Freiheit und Gleichheit!

Trotz aller neuen Freiheit wurde aber doch am Althergebrachten festgehalten. So hatte ein Eifelpastor sich die Worte des Apostels Paulus zu Herzen genommen, daß die Frauen bedeckten Hauptes das Gotteshaus betreten sollten, und daran hatten auch die Eifeler Frauen und Mädchen sich zu halten - und selbst die weiblichen Kommunionkinder.

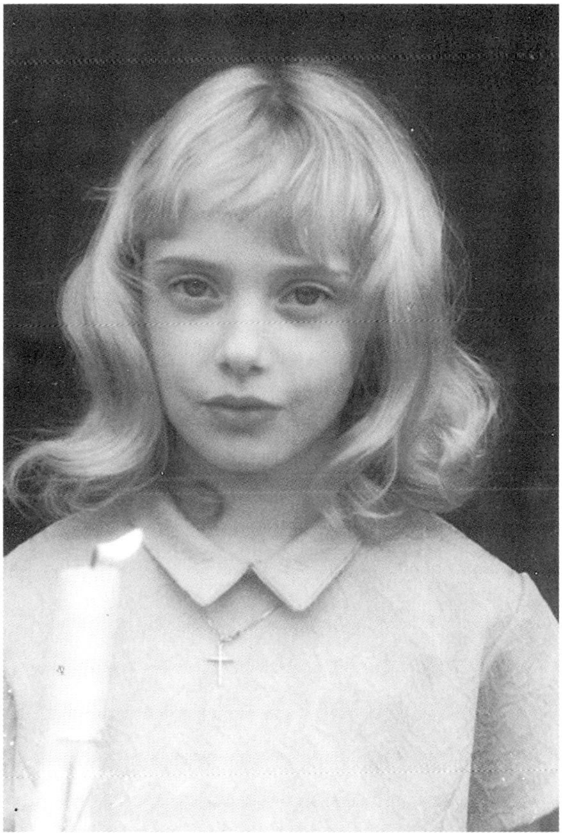

Der Tag der Erstkommunion war - und ist - für ein katholisches Mädchen ein großer Tag im Leben.

Eine Eiflerin hat in einem Brief sich rückblickend an ihre Erstkommunion im Jahre 1848 erinnert. Dieser Bericht ist 1914 veröffentlicht worden.[1]

Sehr genau hat die Briefschreiberin die damalige Festtagstracht beschrieben: „Also auf dem Kopf ein Häubchen. Aus der Kommode hatte ich mir ein blaues Band herausgesucht, das meine Tante schon 1820 in Düren, wo sie in einem Geschäft gewesen war, getragen hatte. Dieses setzte Marschalls Luis' mir in zwei Schleifen auf das frisch gewaschene Häubchen, zum binden nähte sie gezackte Schnur daran. Diese Zacken an der Schnur waren zu der Zeit schon ein Luxusartikel. Das Kleid, das ich trug, hatte auch meine ältere Schwester, die acht Jahre älter war als ich, getragen. Halstuch und Schürze bekamen alle Kinder von ihrer Mutter geliehen. Die Schürze wurde aufgenäht bis sie paßte. Mutters Schürze war lang und breit und, da ich erst im 11. Lebensjahr stand, mir viel zu groß. Ich bat Mutter, mir acht Groschen für eine neue zu geben. Aber erst, als ich 14 Tage geknatscht und geweint hatte, bekam ich sie. Glücklicher, glaube ich, ist nie ein Kind gewesen."

Andere Mädchen bekamen aus abgetragenen Kleidern der Erwachsenen ihr Erstkommunionkleid geschneidert. Wie kleine 'Großmütterchen' sahen die Kinder in ihrem Festtagsstaat aus.

Die kirchliche Feier hat die Eiflerin in dem Brief nur kurz erwähnt: „Die Feier in der Kirche war die nämliche wie heutzutage. Der Herr Pastor las uns lange aus seinem Predigtbuche vor, und die Alten beteten und weinten wie jetzt."

Genau beschrieben sind die Mahlzeiten des Erstkommuniontages: „Morgens gab es 'Zuckerei' (Zichorie-Kaffee) und Schwarzbrot-Butterbrote, denn Weck gab es damals nur zu Kirmes und zu den Patronatsfesten. Auf dem Mittagstisch stand am Weißen Sonntag geräuchertes Ochsenfleisch mit Kartoffeln und Sauerkraut, vorher eine Suppe aus der Fleischbrühe. Nachmittags stand noch eine Kaffeetafel bereit."

Der hohe Festtag, der der schönste Tag im Leben des Kindes sein sollte, war schnell vorbei: „Nach dem Kaffee versammelten wir Erstkommunikanten uns nochmals in der Kirche, um zu beten. So wollte es der Herr Pastor. Weitere Festlichkeiten kannte man an diesem Tage nicht. Nach dem erwähnten Kirchenbesuch ging's nach Hause und mit anbrechender Dunkelheit schon zu Bette."

Quellenangabe

[1] Eine Erstkommunion in der Eifel im Jahre 1848, mitgeteilt von Postinspektor Stahl in Worms, in: Eifelvereinsblatt März 1914, Seite 61

Wenn mein Liebchen Hochzeit hat ...

Hochzeits-Rügebräuche

Horch, was kommt von draußen rein?
Wird wohl mein Feinsliebchen sein.
Geht vorbei und schaut nicht rein?
Wird's wohl nicht gewesen sein.

Leute haben's oft gesagt,
was ich für ein Liebchen hab.
Laß sie reden, schweig fein still,
kann ja lieben, wen ich will.

Wenn mein Liebchen Hochzeit hat,
ist für mich ein Trauertag.
Geh dann in mein Kämmerlein,
trag den Schmerz für mich allein.

Wenn ich mal gestorben bin,
trägt man mich zum Friedhof hin.
Setzt mir einen Leichenstein,
Rosen und Vergißnichtmein.

Ob das Volkslied 'Horch, was kommt von draußen rein' das Ende einer lesbischen oder einer heterosexuellen Liebesbeziehung besingt, soll hier nicht untersucht werden. Es wird der 'Normalfall' angenommen: Das Liebchen ist ein 'Er', der sein Mädchen verlassen hat und eine andere heiratet. Der Hochzeitstag ist dann für die Verlassene wirklich ein Trauertag, wie es in dem Lied heißt. Und nicht nur das. Für sie wird auch das Sprichwort wahr: Wer den Schaden hat, braucht für den Spott nicht zu sorgen.

Eine Verspottung von auseinander gegangenen Paaren fand bis vor Jahrzehnten vorwiegend auf dem Lande seinen Niederschlag. Heute zählt man sie zu den einstigen Hochzeits-Rügebräuchen. Diese rauhen Sitten der Vergangenheit sollen hier aus der Sicht einer 'Betroffenen' beschrieben werden.

Nennen wir sie Annakathrin. Sie lebt in einem kleinen Eifeldorf; etwa um die Jahrhundertwende ist sie im heiratsfähigen Alter, das war damals ab etwa 20 Jahren.

Annakathrins Eltern sind Bauern, kleine Eifelbauern. Der geringe Landbesitz und der karge Boden geben wenig her, zu wenig zum Leben, zu viel zum Sterben. Schmalhans ist Küchenmeister, besonders da Kinder wie die Orgelpfeifen ihre hungrigen Mündchen aufreißen. Annakathrin ist als Älteste von klein an gewohnt, hart mitzuarbeiten: Geschwister versorgen, Hausarbeit, Stallarbeit, Feldarbeit. Die Schule kommt meistens zu kurz. Arbeiten ist wichtiger.

Schon früh versucht Annakathrin eine Kleinigkeit zu verdienen. Das ist gar nicht so einfach in einem Dorf, in dem jeder um den Lebensunterhalt zu kämpfen hat. Nur wenn bei einem der größeren Bauern Not am 'Mann' ist, kann Annakathrin schon mal einspringen. Nur selten kann sie die verdienten Groschen für sich behalten. Zu sehr wird jeder Pfennig im Elternhaus gebraucht.

Annakathrin ist hübsch. Noch! Noch hat die schwere Arbeit nicht ihre Spuren gezeichnet, noch läßt ein Lächeln um ihren Mund nichts von Verbitterung ahnen, noch strahlen die Augen zukunftsfroh. Annakathrin hat eine frische braune Hautfarbe, doch diese gilt durchaus nicht als attraktiv, macht sie doch die Herkunft von Land und die Arbeit auf dem Feld offensichtlich. Die blasse Farbe der feinen Damen, die in vornehmen Wohnungen an ihren Stickrahmen träumen, gilt als modern. Doch die Bauernburschen sehen das nicht so eng. Für sie ist ein kräftiges Mädchen mit roten Backen eine Augenweide, denn so eine 'Schöne' verspricht bereits durch ihr Aussehen, daß sie tüchtig arbeiten kann. Für ländliche Verhältnisse ist Annakathrin also durchaus anziehend.

Das findet auch Hannes. Irgendwann hat es zwischen den beiden gefunkt. Sie haben Gefallen aneinander gefunden. Eine Liebe hat sich entwickelt, eine heimliche. Kein Feuer, keine Kohle kann brennen so heiß...

In einem Dorf bleibt eine heimliche Liebe nicht lange geheim. Bald wissen es alle, oder vielmehr: fast alle. Ein ungeschriebenes Gesetz auf dem Lande lautet: Wer etwas Geheimes nicht erfahren soll, der erfährt es auch nicht. Die Eltern der beiden jungen Liebenden sollen von der Verbindung ihrer Kinder nichts wissen, und sie werden auch nicht informiert.

Auch die Eltern von Hannes sind Bauern, nicht ganz so ärmliche wie Annakathrins Eltern, doch reich sind sie auch nicht. Sie besitzen indes mehr Land und haben weniger Kinder. Hannes hat nur noch einen älteren Bruder. Beide jungen Männer sind im landwirtschaftlichen Familienbetrieb tätig.

Mit unseren heutigen Augen betrachtet, passen Annakathrin und Hannes bestens zueinander. Aber damals waren andere Kriterien entscheidend: Hannes besitzt nicht viel und Annakathrin noch weniger. Wovon soll so ein Paar einmal leben können? So bleibt die Liebe eine heimliche Liebe. Das Thema 'Zukunft' wird verdrängt.

Das Verhältnis währt schon eine ganze Weile, als sich eine Entscheidung anbahnt. Ganz nebenbei erzählt Hannes, daß sein Bruder, der Hoferbe, heiraten will. Die Braut ist aus einem Nachbardorf, ein Mädchen, das 'Schoh an de Föß' hat, das also etwas mitbringt in die Ehe. Da sie noch mehrere Geschwister hat, zieht sie zu ihrem Mann.

Was wird nun aus Hannes? Er zuckt die Schultern. Annakathrin träumt von einer Arbeit in der Stadt, für Hannes natürlich. Vielleicht kann er in einer Fabrik sein Geld verdienen. Hannes schweigt. In die Stadt? Er schüttelt sich schon bei der Vorstellung von einem Häusermeer und von stickigen Fabrikhallen. Ihm graust aber auch davor, als 'Ohm' im elterlichen Haus geduldet und als Arbeitstier ausgenutzt zu werden.

Die Eltern von Hannes zeigen den Ausweg: Auch der Hannes soll heiraten. Das ist in früheren bäuerlichen Familien die Norm: Die Hochzeit des Hoferben löst meist eine Kettenreaktion aus, und alle im Haus vermählen sich innerhalb kurzer Zeit.

Eifeler Brautpaar um die Jahrhundertwende

„Heiraten?" knurrt Hannes. „Ja, wen denn?" Die Eltern beschwichtigen ihn: „Laß uns mal machen." Und sobald die Hochzeitsfeierlichkeiten des Hoferben ihren Abschluß gefunden haben, 'machen' sie dann auch.

Schon bald ist die Richtige gefunden. In einem Nachbarort wartet eine einzige Tochter noch auf den Bauern. Wie für den Hannes geschaffen. Groß ist der Besitz zwar auch nicht, aber man kann davon leben. Und der Hannes kann Bauer bleiben und ein freier Mann dazu.

Hannes nickt zu allem, was seine Eltern planen. Es ist der beste - und einfachste - Weg für ihn. Und die Annakathrin? Hannes zuckt wieder die Schultern. Des einen Freud ist des andern Leid ...

Annakathrin bemerkt von alledem nichts. Sie spürt nur, daß der Hannes sich quält und ist besonders zärtlich. Sie will ihren Schatz nicht drängen; er wird schon einen Ausweg finden. So träumt sie von einer glücklichen Zukunft zu zweit, baut Luftschlösser und ist im siebenten Himmel der Liebe - bis sie recht unsanft aus ihren Träumen geweckt wird, aus allen Wolken fällt und mit einem harten Aufschlag auf der Erde landet.

Eine Freundin hat es ihr zugeflüstert: „Dein Hannes heiratet, er hängt schon im Kästchen." Annakathrin will es nicht glauben. Spät abends schleicht sie zu dem amtlichen Aushängekasten, in dem Bekanntmachungen und u.a. auch bevorstehende Eheschließungen veröffentlicht werden. Nun sieht Annakathrin es mit eigenen Augen: Ihr Hannes heiratet, eine andere. Wenn mein Liebchen Hochzeit hat ...

Annakathrin ist untröstlich. Sie bricht in hemmungsloses Weinen aus. Jetzt erzählt sie den Eltern alles, nun beichtet sie ihre heimliche Liebe. Der Vater schimpft: „Du dummes Ding, das konnte doch nicht gutgehen." Die Mutter jammert: „Die Schand', die Schand'." Sie weiß, was nun kommt. Auch das Mädchen weiß es.

Was zunächst durchgestanden werden muß, sind die kirchlichen Aufrufe. Seit dem Jahr 1215 sind diese Bekanntmachungen in der Kirche angeordnet, um die damals in Mode gekommenen heimlichen Ehen zu unterbinden.[1]

Die Anmeldung einer geplanten Trauung muß beim Dorfpfarrer vorgenommen werden. Sie geschieht meist „bei der Dunkelheit, damit die kommende Proklamation unbekannt bleibt."[2]

In Annakathrins Fall hat es sich dann aber im Dorf sehr schnell herumgesprochen: Am Sonntag wird der Hannes zum ersten Mal in der Kirche aufgerufen, dann folgt an den nächsten Sonntagen noch der Aufruf zum zweiten und zum dritten Mal. Das Brautpaar 'fliegt über die Bänk'[3], sagt man in der Eifel.

Schon früh am Sonntagmorgen tut sich etwas im Ort. Die Dorfjungen sind dabei, Kaaf oder Häksel zu streuen. Die Spur führt exakt von Annakathrins Haus zu dem Haus von Hannes Familie und macht die einstige Verbindung öffentlich bekannt. Von Hannes Haus aus zeigt eine weitere Streulinie, in welche Richtung es den Hannes nun hinzieht.

Kaafstreuen - ein Hochzeitsbrauch aus alter Zeit

Die Mutter von Annakathrin hat die ganze Nacht kein Auge zugemacht. Sie will in aller Herrgottsfrühe die heimlich gestreute Kaaf auch heimlich entfernen. Doch das Vorhaben mißlingt. Die Jungen bewachen ihr nächtliches Werk[4], denn am Sonntagmorgen soll das 'Beziehungsmuster' für die ganze Dorfbevölkerung sichtbar sein. Und so ist es dann auch. Beim Gang zur Frühmesse und zum Hochamt wird die Spur mit vielen Scherzworten bedacht. Es ist ein lustiger Brauch, das Kaafstreuen.

Nur nicht für die Betroffenen. Annakathrin weigert sich am Morgen, zur Kirche zu gehen. Doch ihre Eltern zwingen sie dazu. Der Vater faßt eisern ihre Hand. Die Mutter wischt sich die Tränen ab. Die Schand', die Schand'!

Als von der Kanzel verkündigt wird: „Es werden zum Heiligen Stande der Ehe verkündet zum ersten Mal..." treffen lauernde Blicke von allen Seiten das Mädchen. Annakathrin beißt fest auf die Lippen. Bloß nicht weinen, bloß nicht den anderen noch mehr Grund zur Schadenfreude geben.

Hannes ist übrigens nicht in der Kirche anwesend. Das Brautpaar braucht dem Aufruf nicht beizuwohnen.

Eine Woche später feiert Hannes Hillich. Eigentlich ist diese Verlobung bereits vor dem ersten Aufruf in der Kirche üblich.[5] Aber so genau nimmt man die Bräuche schon nicht mehr. Einen Tag vorher machen die Dorfjungen dem Hannes eine Katzenmusik, eine Schariwari. Doch Hannes bereitet dem Spektakel ein baldiges Ende, indem er mit einigen Flaschen Schnaps erscheint.

Auch bei der Hillichsfeier zeigt Hannes sich großzügig und freigebig. Sein 'Lösegeld' an die Dorfkameraden seiner Braut zahlt er mit einem großen Umtrunk, zu dem auch die Junggesellen seines Heimatortes eingeladen sind. Beim fröhlichen Zechen sind sich alle einig: Der Hannes ist in Ordnung. Die Sache mit der Annakathrin ist vergessen, beim Hannes und auch bei der Dorfbevölkerung.

Nur bei der kirchlichen Hochzeit wird nochmals der Annakathrin gedacht. Sie bekommt als 'Altschatz' einen Strohmann aufs Dach gesetzt: Als Ersatz, als Trost, als Verspottung. Die Schand', die Schand'!

Dabei muß Annakathrin noch froh sein, daß ein anderer Brauch bereits der Vergangenheit angehört, das Körben: „Mitte des vorigen Jh. kam es noch vor, daß man nach dem Hillich den früheren, verlassenen Schatz, die frühere Geliebte körbte. Dem verlassenen Burschen stülpen die Mädchen, dem enttäuschten Mädchen die Jungen einen bodenlosen Korb über den Kopf; die Ärmsten mußten ganz durch den Korb durch, bis unten hin und wurden nicht eher losgelassen, bis sie eine Spende gaben. War die erfolgt, wurden sie mit Besen abgekehrt."[6]

Während Hannes sich durch freizügiges Spendieren in Form von Bier und Schnaps sein Ansehen im Dorf wieder erkaufen kann, erhält Annakathrin überhaupt keine Chance, sich irgendwie zu wehren oder zu behaupten. Sie muß das Los der Frauen tragen und ertragen: Passiv bleiben, dulden und erdulden; demütig, gedemütigt.

Natürlich konnte es im umgekehrten Falle auch einen jungen Mann treffen, daß er von einem Mädchen wegen eines anderen Freiers verlassen wurde. Ihm drohte die gleiche Verspottung wie einem Mädchen. Der junge Mann konnte jedoch aktiv in das Geschehen eingreifen. Spendierte er der Dorfjugend einige Runden Hochprozentiges, so konnte er dadurch oftmals das Kaafstreuen verhindern. Der 'Betroffene' hatte in der Regel recht bald wieder ein Mädchen gefunden, und die alte Liebschaft war vergessen.

Einem Mädchen blieb die Sache jedoch noch lange anhängen. Mit ernsten Absichten ging kaum ein Junge des Dorfes auf eine verlassene Geliebte zu. Das Mädchen mußte die zugefügte Schmach und Schande wie ein selbst begangenes Unrecht sühnen.

Unserer Annakathrin wird nichts anderes übrigbleiben, als das Dorf zu verlassen, in der Stadt eine Stelle als Dienstmädchen zu suchen und auf ein neues 'Glück' zu hoffen.

Quellenangaben

[1]vgl. Edith Ennen: Frauen im Mittelalter, München 1987, Seite 101

[2]zitiert bei: Willy Leson: So lebten sie in der Eifel, Köln 1979, Seite 58, aus: Geschichte der Pfarreien der Erzdiözese Köln, 1893

[3]Stud. Assessor Krings, Wittlich: Eifeler Hilich und Hochzeit in alter Zeit, in: Eifelkalender 1926

[4]vgl. Karl Guthausen: Hillich und Polterabend, Dreiteilige Serie über Eifeler Hochzeitsbräuche, in: Köln. Rundschau, Eifelland, Juli 1988

[5]Prof. Matthias Weber: Eifeler Bräuche, in: Die Eifel 1888-1988, Seite 682

[6]Adam Wrede: Eifeler Volkskunde, Bonn 1960, Seite 230

Anstandsbesuch vor der Eheschließung

Die Geschichte von einem 'zimperlichen' Mädchen und einem forschen Freier

Bevor ein Mädchen und ein junger Bursche heirateten, machten früher die Eltern einen gegenseitigen Besuch, damit die Familien sich kennenlernten. Bei dieser Gelegenheit wurde das neue Heim des Kindes prüfend gemustert. Daß die zukünftige Wohnstätte für diese Besichtigung auf Hochglanz poliert wurde, erzählt eine 'Volkserzählung aus der Eifel'. Die heruntergewirtschaftete Mühle soll den Eindruck eines soliden Unternehmens machen. Die verliebte Braut hat kaum ein Auge für die Mißstände, ihr Vater schon eher:

„Der alte Oswald Mertes ließ es sich trotz seiner zweiundsiebzig Jahre nicht nehmen, das voraussichtlich neue Heim seiner jüngsten Tochter persönlich anzusehen. Beide gingen in Alflen nach der Frühmesse weg und langten in der Mittagsstunde auf der Klosenmühle an. Sie waren von der dreistündigen Reise durch die zehrende Höhenluft hungrig geworden, so daß ihnen das Mittagessen ausgezeichnet schmeckte.

Nach Tisch besichtigte der alte Mertes die Mühle. Vieles schien dem scharfen Blick des erfahrenen Schreinermeisters in Unstand. Aber der schöne

Fliederbusch im Garten, die sauber gestrichene Stube und vor allem die Unmenge Säcke mit Korn und Weizen, die auf eine große Kundschaft schließen ließen, versöhnten ihn einigermaßen.

Auch Marianne war zufrieden: „Nur säh' ich an den Fenstern gern ein paar Blumen", meinte sie.

„Nun", bemerkte Wendel, „dann hast du ja auch gleich schon eine Aufgabe, wenn du herkommst. Aber wenn du selbst zum Fenster herausguckst, ist ja schließlich schon vollster Ersatz für die Blumen da."

Marianne gab ihm durch eine saure Miene zu verstehen, daß sich in Gegenwart ihres Vaters solches Geschäker nicht passe.

Im übrigen spielte Wendel heute den emsig tätigen, besorgten Mühlenbesitzer. Er sprang immer wieder zur Bekundung seines Geschäftseifers aus der Stube, um dies und das zu erledigen. Dadurch waren Marianne und ihr Vater oft mit Wendels Mutter allein. Und das war gut, man brauchte dann kein Blatt vor den Mund zu nehmen.

„Der Jung gefällt mir soweit", begann der Alte. „Es ist schön, wie er so geschmeidig seinen Posten versieht, aber an mancherlei hab ich mich doch gestoßen. - Als er am Sonntag nach Alflen kam, hat ihn ein Bursch das Martertal heraufreiten sehen, und da hätt' er in einem fort dem Pferd die Sporen in die Seiten gerannt. Und ich glaub' es, denn das Tier hat arg geschäumt, als er ankam. Und wer es zudeckte, daß es kein' Erkältung bekam, das war nicht er, sondern unser Bertus, den die Sache eigentlich ja gar nichts anzugehen brauchte. - Und die letzt Woch - Marjan geh mal in den Garten ein paar Blumen für dein' Mutter holen! " Marianne ging.

„Und die letzt Woch' bekam mein Mädchen einen Brief von ihm, es hat ihn uns harmlos vorgelesen, aber auf einmal ist es rot geworden. Ich hab mir gedacht, was es war und daß ein ordentlicher Jung so etwas nicht schreiben sollt!"

„Nun ja", entschuldigte die Mutter, „die Mädchen sind oft zimperlich, und er war in Berlin." Aber der Alte meinte, der Berliner Herrgott sei derselbe wie der Wirfuser, von dem die zehn Gebote stammten.

„Und dann", fuhr er fort, „diese ganze Art! das Schnurrbartdrehen, die Sporen, der Schnitt der Kleider! Nun ja, die Welt schreitet vorwärts, aber man darf es nicht zu auffällig machen." ...

Der alte Mann gerät ins Philosophieren, wobei er besonders das vergangene Jahr, das Revolutionsjahr 1848, reflektiert. Erst beim Abschied kommt man wieder auf den Grund des Besuches zu sprechen.

„Gegen sechs Uhr verabschiedeten sich die Gäste. „Wie ist es denn jetzt?" frug Wendels Mutter. Das Mädchen gefiel ihr sehr und sie wollte zu einem Ende kommen.

„Ja, wie ist es?" erwiderte der alte Oswald, „wir kamen heute mal schauen. Abmachen wollten wir gerade noch nichts. Ihr seid Mutter, Bas Bärbel, und so wißt ihr, daß auch die Mutter gehört sein will. Ich werde also meiner Frau alles erzählen und hören, was sie meint. Und wenn es ihr recht ist, steht der Sach' nichts im Weg'."

Das war etwas diplomatisch gesprochen; denn es war kaum noch nötig, die Mutter in Alflen zu befragen. Die hatte schon im voraus Ja und Amen zum ganzen Plan gesagt und ihrem Mann sogar heut in der Früh aufgetragen, die Sache, wenn einigermaßen möglich, fertig zu machen. „Sieben Mädchen zu versorgen", band sie ihm auf die Seele, „ist kein klein Stück. Da darf man keine Gelegenheit entgehen lassen. Wenn auch dies und das an den Burschen nicht gefällt, unserem Lutz in Kelberg seiner war auch ein richtiger Luftikus, aber wie er Frau und Kinder hatte, ist er ganz prächtig in der Spur geblieben."

Der alte Schreiner dachte an die Mahnung seiner Frau und mußte ihr recht geben. Sieben Mädchen mit der Arbeit seiner alten Hände zu ernähren und versorgen, war wahrhaftig kein Kinderspiel. Aber er konnte seine Bedenken im Augenblick nicht überwinden. In solcher Lebendigkeit traten sie vor seine Seele, daß er mindestens acht Tage brauchte, um sich mit ihnen gewissenhaft auseinanderzusetzen. Und so verfiel er denn auf seine Ausrede, daß der Frau, wenn auch nicht in der Staats-, so doch in der Hauspolitik das Stimmrecht zukomme ..."

Es ist wohl klar, daß trotz aller Bedenken Marianne und Wendel in der 'Volkserzählung aus der Eifel' den Bund fürs Leben schließen. Klar wird aus der geschilderten Begegnung, daß die Sache nicht gut gehen kann. Aber das ist eine andere Geschichte.

Quellenangabe

Bernard Michael Steinmetz: Lieb und Leid der Marianne Mertes, Eine Volkserzählung aus der Eifel, Paderborn 1919, Seite 16 und Seite 19

Handfeste Kraftprobe vor der Ehe

Unter der Überschrift 'Liebesexamen' wird 1930 folgende Begebenheit berichtet:

„Ein probates Mittel, die Liebe seiner Braut auszuprobieren, hat vor vielen Jahren ein heiratslustiger Junggeselle angewandt. Als er mit seiner Braut zum Standesamt ging, um mit ihr den Bund fürs Leben zu schließen, fragte er sie im Vorhof zum Standesamt: „Zillig", so nannte er seine Cäcilia kurzweg, „hast dou mich och gär?", worauf die Zillig, ohne sich zu bedenken, antwortete: „Jou, Pitter, ech hann dich gär."

Kaum gesagt, langte der Pitter der Zillig ein paar deftige Ohrfeigen, daß es in der ganzen Nachbarschaft nur so widerhallte. Darauf fragte der Pitter seine Braut zum zweiten Male: „Zillig, hast dou mich noch gär?", worauf die Zilig, ohne eine Miene zu verziehen, antwortete: „Jou, Pitter, ech hann dich noch gär."

Damit hatte die Zillig ihr Liebesexamen glänzend bestanden, denn der Pitter sagte darauf zu ihr: „Alleweil glauben ech, daß dou mich gär hast, und dat soll denn och dein erst und letzt Ohrfeig geweß sein."

Der Pitter und die Zillig schlossen den Bund fürs Leben und lebten glücklich und zufrieden, und niemals ist es dem Pitter eingefallen, nochmals die Liebe seiner Zillig auf die Probe zu stellen."

Daß die Ehe glücklich wurde, ist nicht verwunderlich, war doch bereits 'mit einem Schlage' vorher die Rangordnung festgelegt worden. Auch hatte Zillig deutlich gemacht, was sie unter Liebe verstand: Duldsam alles hinnehmen, egal was der Herr des Hauses ihr antat.

Quellenangabe

*Eifelvereinsblatt, Mai 1930, Seite 72

Eheschließung in einer Statistik

Eine statistische Darstellung des Kreises Schleiden für die Jahre 1859/61 sagt etwas über die damaligen Eheschließungen. Diese Statistik ist mit Erklärungen angereichert. Veröffentlicht ist sie im Heimatkalender Schleiden 1961. Dort heißt es:

„Zu den Eheschließungen bemerkt die Statistik, daß 'namentlich bei der geringeren Klasse' der Mann oft bedeutend jünger ist als die Frau, 'was wohl darin zu suchen ist, daß der Landmann nicht so sehr auf Jugend und körperliche Schönheit, als auf Erfahrung und Tüchtigkeit der Ehefrau Werth legt.'"

Mit 'Erfahrung und Tüchtigkeit' dürfte wohl nur die Arbeit in Haus und Hof gemeint sein, denn die Ehefrau war vorwiegend als Arbeitskraft 'begehrt'.

Doch weiter im Text: „Ferner habe die Erfahrung gezeigt, daß nach guten Ernten mehr Ehen geschlossen würden als nach Mißernten, 'was den Beweis liefern möchte, daß der gewöhnliche Mann nur für die Gegenwart, nicht aber für die Zukunft bedacht nimmt.'"

Hier könnte 'man' herauslesen, daß nur der Mann Verantwortung für die Zukunft übernahm. Die Frau wird nur als Objekt gesehen und nicht als gleichwertiger Partner.

Die letzte statistische Erklärung spricht für sich: „Selten heiratete der Landmann vor dem 30. Lebensjahr, vielmehr meist erst dann, 'wenn die Familienverhältnisse eine weibliche Vermehrung in der elterlichen Haushaltung wünschenswert machen.'"

Quellenangabe

Wilhelm Günther: Eine alte Kreisstatistik erzählt, in Heimatkalender Schleiden 1961, Seite 79

Hochzeit -
Happening hier und heute

Hans und Grete, beide Eifler durch und durch, feierten Hochzeit. Tanten und Onkel mit Kind und Kegel, Vettern und Cousinen von nah und fern, Groß und Klein, Jung und Alt, Hinz und Kunz waren gekommen: Durch Eis und Schnee, durch Wind und Wetter, durch Nacht und Nebel.

Wie es so gang und gäbe ist, wurde in Saus und Braus, mit Sang und Klang, mit Pauken und Trompeten gefeiert. Bei Speis' und Trank, die seit eh und je Leib und Seele zusammenhalten, erklangen große Worte: Freud' und Leid, ein und alles, immer und ewig, nie und nimmer, Mein und Dein, Hab und Gut, Haus und Hof, Treu' und Glaube ... Kurz und gut, es ging um dies und das, was so hin und wieder geschieht, wenn Mann und Frau ein Herz und eine Seele sind und mit Lust und Liebe durch dick und dünn bei Tag und Nacht zusammengehen wollen.

Bei allem Hin und Her mit dem ganzen Drum und Dran bemerkte niemand, daß Hans und Grete plötzlich sang- und klanglos ganz und gar verschwunden waren. Nach einigem Für und Wider, Wenn und Aber, sprach nichts und niemand dagegen, daß man auch ohne Brautpaar Küch' und Keller zu Nutz und Frommen zusprechen könne. So war bald alles außer Rand und Band, es ging über Tisch und Bänke. Kurz und gut, es war ein tolles Hochzeit - Happening.

Geschichte der matrolokalen Wohnverhältnisse in den Dörfern

„Wo wollen wir nach unserer Hochzeit wohnen?" Diese Frage stellen sich heutige Paare, diese Entscheidung überlegten sich auch unsere Vorfahren.

In Urzeiten war es in mutterrechtlich-ausgerichteten Stämmen selbstverständlich, daß der Mann zu der Sippe der Frau zog. Bei vielen Naturvölkern ist das heute noch so. Die Indianer z.B. sind 'matrolokal' ausgerichtet: Die Männer gehören nach der Eheschließung zu dem Clan der Frau.

Mit der Änderung des Matriarchats zum Patriarchat wurde es allgemein üblich, daß die Frau ihrem Ehemann in dessen Haus zu folgen hatte, und dieses 'folgen' wurde gleichgesetzt mit gehorchen.

In Bauerndörfern waren die Richtlinien klar abgesteckt: Der älteste Sohn übernahm Haus und Hof und suchte sich eine Frau, die zu ihm übersiedelte. Die Schwestern mußten zu ihren Ehemännern ziehen. Jüngere Brüder waren am besten bedient, wenn sie eine Bauerntochter, die einziges Kind war, wählten, in deren elterlichen Betrieb sie einheiraten konnten.

Heiratete ein Bauer matrolokal, so hatte er oft große Schwierigkeiten, als 'Herr im Haus' seiner Frau anerkannt zu werden. Nur zu gern ließ man ihm spüren, daß er ein 'Eingeheirateter' war. Von vielen Dorfbewohnern wurde er zwar beneidet, weil er sich in ein gemachtes Nest niedergelassen hatte, doch brachte dieser 'Neid' ihm auch Mißgunst und Hänselei.

Auch eine eingeheiratete Bäuerin hatte es schwer, sich in der Familie ihres Mannes durchzusetzen. Die junge Frau wurde oftmals wie eine Magd gehalten und erst nach dem Tod der Altbäuerin als Haus-Herrin anerkannt.

Bis in kürzerer Vergangenheit blieb es die Regel, daß die Frau zu ihrem Mann zog. Eine umgekehrte, matrolokale Wohnungsnahme blieb die Ausnahme und war meist mit einem Nutzen für den Ehemann verbunden: Einheirat in einen Bauernhof, Übernahme eines Handwerkbetriebes, Teilhaben an einem Geschäftsbetrieb u.a.

Die Wohnzugehörigkeit schließt auf dem Land aber nicht nur die vier Wände ein, sondern auch die Dorfgemeinschaft. Früher wurden viele Ehen innerhalb eines Dorfes geschlossen, und dann war es selbstverständlich, daß man im Dorf wohnen blieb. Man zog in das elterliche Haus des Mannes oder der Mann sorgte für eine Wohnung. War der Partner jedoch aus einem anderen Dorf, ergaben sich Schwierigkeiten.

Weigerte sich das Mädchen, ihren eigenen Heimatort zu verlassen und auf die Ortsnähe ihrer Familie zu verzichten, so konnte es zum Bruch vor dem endgültigen Jawort kommen - und das war gar nicht so selten der Fall.

Auf dem Land ist es auch heute noch von Bedeutung, in welchem Dorf man wohnt. Hat ein junger Mensch sehr tiefe Wurzeln in seinem Geburtsort, so trennt er sich nicht gerne vom Dorf, auch nicht seinem Partner zuliebe. Als Kompromiß sucht man heute zu Beginn einer Wohn- oder Ehegemeinschaft zunächst einen zentralen Ort für das Aneinandergewöhnen: In der Nähe des Arbeitsplatzes oder dort, wo man günstig eine Wohnung mieten kann. Hat sich die Verbindung stabilisiert, sind Kinder geboren, und die wirtschaftlich-finanzielle Zukunft gesichert, so zieht man wieder gerne zurück ins Heimatdorf und

Eine eingeheiratete Bäuerin hatte es schwer, sich im neuen Heim durchzusetzen.

erwägt den Bau eines Eigenheimes. Spätestens dann kommt wieder die Frage auf den Tisch: Wohin? Ins Heimatdorf der Frau, ins Heimatdorf des Mannes?

Die Entscheidung wird von Fall zu Fall durch private Gegebenheiten herbeigeführt. Auffallend ist jedoch, daß die matrolokale Wohnzugehörigkeit steigende Tendenz zeigt: Immer öfter wird der Heimatort der Frau zur gemeinsamen Heimat, immer öfter 'folgt' der Mann seiner Frau, auch ohne persönlichen Nutzen für ihn. Was früher einmal die Ausnahme war, ist inzwischen zur Regel geworden.

In dieser matrolokalen Entwicklung zeigt sich das Mitentscheidungsrecht der Frau, aber auch ihre Bereitschaft, für ihren Mann und ihre Kinder Mitverantwortung zu übernehmen.

* * *

Daß der Mann nach dem Gesetz den Wohnsitz bestimmen konnte, erzählt folgendes Kapitel aus einem Roman. Wenn das 'Frauchen' sich auch wacker schlägt, so muß sie doch dem Gesetz und ihrem Mann folgen. Die lockere, amüsante Erzählweise täuscht darüber weg, daß hier eine Frau in einem Kesseltreiben regelrecht kleingemacht wird.

Wer hat in der Ehe zu sagen?

(Aus 'Ein Landnotar', Roman von Dr. Heinrich Krautwig, Schleiden, in: Heimatkalender Kreis Schleiden, 1951, Seite 41)

Der Bürovorsteher kam herein und berichtete: „Die junge Frau Blansch ist da. Wenn der Herr Justizrat sich noch erinnern, da war doch vor drei Wochen ein junger Mann aus Schwermel beim Herrn Justizrat. Er hatte gerade geheiratet, aber seine Frau wollte nicht zu ihm ziehen. Diese Frau ist jetzt da und will unbedingt den Herrn Justizrat persönlich sprechen."

Der alte Herr schmunzelte: „Ja, lassen Sie die mal ruhig kommen! Aber erst wenn ich klingele. Ich will erst dem Herrn Referendar die Geschichte erzählen."

Der Bürovorsteher zog sich zurück, und der alte Herr erzählte: „Da kommt vor drei Wochen ein netter, schmächtiger junger Mann hier in meine Amtsstube und fragt mich: Herr Justizrat, darf ich Sie mal was fragen, was aber eigentlich nicht direkt notarisch ist?"
Ich sage: „Ja."
Er fragte. „Herr Justizrat, wer hat in der Ehe zu sagen?"
Ich antwortete: „Das kommt darauf an; in manchen Dingen der Mann, in den meisten die Frau."
„Nein, ich meine nicht praktisch, sondern juristisch", formulierte er ganz geschickt. „Juristisch hat der Mann zu sagen", erklärte ich ihm.

„Auch wo die Eheleute wohnen?" bohrte er weiter.
„Ja."
„Steht das auch im Gesetz geschrieben?" Er will es also schwarz auf weiß haben, er will ganz sicher gehen.
„Ja," sage ich lakonisch.
„Können Sie mir das zeigen?"

Ich schlage das Bürgerliche Gesetzbuch auf und zeige ihm den § 1354, wonach der Ehemann derjenige ist, der über Wohnung und Wohnort zu bestimmen hat. Der junge Mann macht ein erstauntes Gesicht und meint: „Das ist aber doch eigentlich nicht ganz gerecht, daß die Frau nichts dabei zu sagen hat."

Ich gebe ihm zu bedenken: „Für den Fall der Meinungsverschiedenheit zwischen zwei Personen muß doch einer derjenige sein, der entscheidet, und

Wo ein junges Paar Wohnsitz nahm, entschied in der Vergangenheit der Ehemann

dazu hat nun einmal der Gesetzgeber in der Ehe den Mann bestimmt. Aber nun sagen Sie einmal: Warum kommen Sie mit dieser Frage zu mir?"

„Ja, Herr Justizrat," fängt er verlegen an zu stottern, „ja, ja, ich habe vor zwei Wochen geheiratet. Ich bin Anstreicher und habe ein kleines Häuschen und drei Morgen Land. Wir könnten ganz nett davon leben. Meine Frau ist aber von einem Hof mit etwa fünfzig Morgen. Da ist natürlich alles etwas größer als bei mir. Sie will nun haben, wir sollten den Hof übernehmen und ihre Eltern schrauben die Abfindungen so hoch, daß es ungerecht gegen mich ist. Die kann ich niemals abtragen. Und nun erklärt meine Frau, sie zieht nicht zu mir in das kleine Häuschen, und ich erkläre ihr, ich ziehe nicht zu ihren Eltern. Ich wohne allein in meinem Häuschen, und sie wohnt bei ihren Eltern. Ab und zu treffen wir uns mal auf der Straße, dann fragt sie: 'Kommst du?' Dann sage ich: 'Du hast zu kommen.' Und dann gehen wir wieder auseinander. Dabei erwartet sie ein Kind von mir. Was soll ich nun tun, Herr Justizrat?"

„Schreiben Sie Ihrer Frau", rate ich ihm, „sie soll nicht riskieren, noch jemals Ihre Schwelle zu betreten; Sie würden Ihr alle Knochen kaputtschlagen und sie hinauswerfen. Wenn Sie das schreiben, kommt sie sofort."

Der junge Mann ist entsetzt. „Nein, Herr Justizrat!" wehrt er ab und schüttelt die Hände. „Nein, das schreibe ich nicht. Dann ist alles aus. Sie kennen meine Frau nicht!"

„Gut", empfehle ich, „dann gehen Sie zu einem Rechtsanwalt und lassen Ihrer Frau einen Brief schreiben: wenn sie nicht binnen 24 Stunden zu Ihnen gezogen wäre, würden Sie die Scheidungsklage einreichen. Wahrscheinlich kommt sie dann schon, vielleicht wartet sie aber auch ab, ob Sie ernst machen und die Scheidungsklage wirklich einreichen. Oder will Ihre Frau vielleicht wirklich geschieden werden?"

„Nein, das glaube ich nicht. Wir haben uns ganz gern. Sie will nur ihren Kopf durchsetzen. Wenn sie sieht, daß ich ernst mache und juristisch im Recht bin, dann gibt sie nach. Sie will sich nicht scheiden lassen. Aber 24 Stunden, das ist zu kurz, Herr Justizrat! Sagen wir eine Woche."

„Also, mein lieber Herr Blansch, schreiben Sie, was Sie wollen! Aber je kürzer die Frist, um so kräftiger der Schrecken und um so flotter die Wirkung. Und im übrigen gebe ich Ihnen ganz allgemein den guten Rat: Seien Sie Ihrem jungen Frauchen gegenüber etwas weniger zaghaft!"

„So ungefähr war die Unterhaltung, die ich vor drei Wochen mit dem jungen Ehemann hatte. Und nun wollen wir das Frauchen mal kommen lassen!" Er drückte auf den Klingelknopf am Schreibtisch. Kurz darauf klopfte es, und der Herr Justizrat rief: „Herein!" Ein schmuckes, zierliches Frauchen tänzelte ins Zimmer, städtisch angezogen, mit Seidenstrümpfen, kurzem Mäntelchen und schickem Hütchen, mit einem rotledernen Handtäschchen und ebensolchen

Handschuhen. Sie war recht nett und hatte rasche und selbstbewußte Bewegungen. Sie sagte mit einem koketten Lächeln: „Ich bin Frau Blansch aus Schwermel und möchte Sie um eine Auskunft bitten, Herr Justizrat." Der Justizrat wies auf einen Stuhl. „Bitte, nehmen Sie Platz!" Sie setzte sich, öffnete mit etwas hastigen Händen das rotlederne Handtäschchen, zog ein Papier heraus, faltete es auseinander und reichte es dem Justizrat. Das Papier zitterte in ihrer Hand. Dabei sagte sie mit einer erregten Stimme: „Können Sie das begreifen, Herr Justizrat?"

Der Justizrat las das Schreiben. Es war der Brief eines Rechtsanwaltes an die junge Frau. Er lautete:

Im Auftrage Ihres Mannes ersuche ich Sie, binnen drei Tagen ab Zustellung dieses Schreibens zu ihm zu ziehen, widrigenfalls ich Auftrag habe, Klage gegen Sie einzureichen.

Der Justizrat hob den Kopf und sah die junge Frau an: „Nein, das kann ich wirklich nicht begreifen!"

Sie nickte entzückt mehrere Male heftig mit dem Kopf und sprudelte los: „Sehen Sie! Sehen Sie! Das habe ich auch gesagt. Das ist eine Unverschämtheit!"

„Nein, Frau Blansch, ich meine das umgekehrt. Sie wohnen offenbar nicht bei Ihrem Mann, und was ich nicht begreifen kann, das ist, daß Ihr Mann Sie noch auffordert, zu ihm zu kommen. Wenn ich Ihr Mann wäre, dann sollten Sie nur ja nicht mehr riskieren, meine Schwelle zu betreten, ich schlüge Ihnen alle Knochen kaputt."

Das Gesicht des Frauchens hatte während dieser Worte mehr und mehr den Ausdruck des Entzückens verloren und starrte nun den Justizrat völlig überrascht und fassungslos an. Ein paarmal öffnete sie den Mund, um etwas zu sagen. Schließlich brachte sie heraus: „Ah, so einer seid Ihr!"

Der Justizrat schmunzelte: „Ja, Frau Blansch, wissen Sie denn nicht, was in der Bibel steht?"

Die junge Frau fragte: „Habt Ihr es denn auch mit der Bibel?" Der Justizrat lachte: „Na, wenn die Bibel bei Ihnen nicht zieht, dann will ich Ihnen mal das Bürgerliche Gesetzbuch zeigen." Er schlug dann den § 1354 auf, reichte der Frau das Buch und zeigte mit dem Finger auf die Stelle: „Lesen Sie sich das mal durch!" Sie las und las und hob schließlich kopfschüttelnd das Gesicht: „Das kann ich nicht begreifen! Warum soll der Mann denn mehr zu sagen haben als die Frau?"

„Das ist es ja gerade, was Sie nicht begreifen können! Aber es ist doch klar: Wenn zwei Menschen eine Gemeinschaft bilden und sie sind in einer Frage verschiedener Meinung, dann muß doch einer bestimmt werden, der den Ausschlag gibt, und es ist doch klar, daß das in der Ehe der Mann ist."

„Wieso? Das sehe ich nicht ein", versetzte die junge Frau spitz und rückte mit den Schultern.

„Dann müssen Sie das eben lernen. Jedenfalls ist das vom Gesetz so bestimmt. Es ist nur schade, daß Sie schon fünf Wochen verheiratet sind und Ihr Mann geht jetzt erst dazu über, Ihnen das beizubringen! Vor drei Wochen war er auch hier, und da habe ich ihm denselben Paragraphen gezeigt."

Die Augen der jungen Frau sprühten auf: „Ah, dann seid Ihr es, der meinen Mann so frech gemacht hat!"

Der Justizrat schmunzelte mit dem ganzen Gesicht: „Ihr Mann ist viel zu gutmütig für Sie. Den muß man etwas aufpumpen. Also, Frau Blansch, nun machen Sie keine längeren Geschichten und ziehen sofort zu Ihrem Mann hin!"

„Aber nicht nach drei Tagen! Das soll er nicht erleben! Er hat mir keine Fristen zu setzen! Nicht nach drei Tagen! Ich tue, was mir paßt! Ich gehe erst am vierten hin - oder am fünften oder noch später."

Der Justizrat nickte gelassen: „Wie Sie wollen! Aber seien Sie sich darüber klar: Wenn Sie bis zum Abend des dritten Tages nicht bei Ihrem Mann sind, dann reicht der Rechtsanwalt am Morgen des vierten Tages seine Klage ein, und dadurch entstehen Ihnen und Ihrem Mann so viele Kosten, daß dafür bestimmt der Verdienst eines ganzen Monats draufgeht. Wenn Sie, um Ihren eigensinnigen Kopf zu zeigen, einen ganzen Monat mit Ihrem Mann umsonst arbeiten wollen: das müssen Sie ja wissen. Dem Rechtsanwalt machen Sie jedenfalls eine Freude." Er reicht ihr den Brief des Rechtsanwalts zurück.

Die junge Frau stand auf und steckte den Brief mit aufgeregten Händen und ein wenig verwirrt in ihr Handtäschchen. Sie fragte: „Was ist meine Schuldigkeit, Herr Justizrat?" „Das kostet nichts. Schicken Sie mir die Geburtsanzeige von Ihrem ersten Kindchen! Und seien Sie vernünftig und gehen sofort zu Ihrem Mann! Sie können ihm auch einen Gruß von mir bestellen und ihm erzählen, Sie wären auch hier gewesen."

„Nein, das sage ich nicht. Und ich gehe auch nicht sofort zu ihm! Erst übermorgen! Genau nach drei Tagen! Und erst am Abend! So lange soll er wenigstens noch zappeln. Und recht vielen Dank, Herr Justizrat, für die Auskunft. Aber richtig ist es nicht, daß wir Frauen nichts zu sagen haben."

Wenn die Volksjustiz einschritt

Tierjagen in der Eifel

„Mir jaagen dat Dier, mir jaagen dat Dier!" Das Eifeldorf, das ruhig in der Dämmerung liegt, wird durch diesen Ruf aufgeschreckt. Aus allen Häusern kommen Menschen. „Wemm jaagt ihr dann dat Dier?" fragen sie. „Dem Mattes zum Plaisir", ist die Antwort.

Die Dorfbewohner schließen sich dem Zug an. Einige Burschen haben scheppernde Dosen an einer Schubkarre befestigt, andere halten Sensen an rollende Räder, wieder andere haben einen Rommelspott bei sich; Frauen schlagen Topfdeckel gegeneinander. Wer kein Lärminstrument gefunden hat, trägt durch Johlen zu dem Höllenlärm bei.

Schließlich erreicht der Trupp das entsprechende Haus. Das Frage- und Antwortspiel wird fortgesetzt: „Wat hat hä dann gedoon?" wird gefragt. Die wenig aufschlußreiche Antwort lautet: „Dat darf man keenem soon (sagen)." Man braucht das Vergehen nicht beim Namen zu nennen, da sowieso jeder im Dorf weiß, worum es geht.

Vom 'gejagten Tier', dem oder der 'Entgleisten', ist nichts zu sehen. Türen und Fenster sind fest verschlossen. Das Heidenspektakel dauert eine Weile. Dann wird man der Sache müde und geht wieder nach Hause oder in die Dorfkneipe. Der Spuk ist vorbei, der Volkssitte ist Genüge getan. -

So oder in ähnlicher Form wurde noch vor 50 bis 60 Jahren in Eifeldörfern Volksjustiz beim Tierjagen praktiziert. Dieser Volksbrauch soll sich in der Eifel bis ins 12. Jahrhundert zurückverfolgen lassen. Er erlaubte 'die Auslieferung eines moralisch Gefallenen an die Volksjustiz'.

Das Wort 'Tierjagen' wird wie folgt gedeutet: „Unter dem 'Dier' dürfte der böse Geist, der Teufel, gemeint sein, den man - wie die bösen Wintergeister zu Fastnacht - mit Lärm austreiben wollte."[1] Das Tierjagen wäre also fast mit einer 'Teufelaustreibung' zu vergleichen.

In einem anderen Bericht findet man im Begriff 'Tierjagen' eine Parallele zum nordischen Gott Tyr, dem die strafende Gerechtigkeit und der Schutz der Frau oblagen.[2]

Mit dem Tierjagen, auch Haberfeldtreiben oder Schariwari genannt, wurden verschiedene moralisch-sittliche Verfehlungen geahndet: Verstöße gegen die eheliche Treue, Mißhandlung der Frau, unsolider Lebenswandel, aber auch Streit mit Nachbarn oder Mißachtung der dörflichen Gepflogenheiten.

In einem Schriftstück von 1733 wird den Junggesellen von Lendersdorf bei Düren offiziell die Rügegewalt erteilt, da „einige Eingesessene sich beständig voll saufen und alsdann ihre Weiber mit schlagen übel zurichten und selbige mit Haaren durch das Haus schleifen."[3] Diesen 'Weiberschändern' sollte das Tier gejagt werden.

1898 wurde in Müzenich bei Monschau einem Ackerer wegen seines angeblich nicht einwandfreien Lebenswandels von 200 bis 300 Personen das Tier gejagt. Neun Personen mußten sich deswegen vor der Aachener Strafkammer verantworten. Die Anklage lautete auf Landfriedensbruch. Wegen Mangel an Beweisen wurden die Müzenicher freigesprochen. „In unseren modernen Polizeistaaten mit ihren streng rechtlich geordneten Verhältnissen sind solche alten Volksbräuche nicht mehr am Platz",[4] wurde dieser Prozess 1898 kommentiert.

Die Moralkontrolle durch das Volk öffnete Vorurteilen und Mißbräuchen Tür und Tor. Auch wurde dem Angeklagten jede Art von Rechtfertigung unmöglich gemacht. Ein männlicher Gejagter konnte zwar durch Spendieren von Alkohol das Spektakel beenden, aber der Makel haftete ihm doch weiter an. Oftmals wurde er aus der Dorfgemeinschaft ausgeschlossen oder aus dem Dorf gejagt.

Besonders hart traf die Volksjustiz die Frauen oder Mädchen. Sie konnten sich in keinster Weise wehren und sich auch nicht mit Alkohol freikaufen.

Harte Arbeit und frauenfeindliche Sitten nahmen den Eifeler Frauen jede Lebensfreude

'Moralischer Fehltritt' lautete meist die Dorfanklage gegen Frauen. Eine uneheliche Schwangerschaft konnte zum Beispiel das Tierjagen auslösen. Ohne Nachprüfung wurde die Schuld dem 'gefallenen' Mädchen angelastet. „Teile der Bräuche erinnern sehr stark an die Zeit der Hexenverfolgung"[5] so wird die Volksjustiz heute beurteilt.

Zu einer Verhandlung wegen Tierjagens kam es 1926 in Rheinbach. In einem nicht genannten Dorf der Eifel hatte eine mehrere hundert Mann starke Menge, mehr als das Dorf überhaupt Einwohner hatte, einem Mädchen das Tier gejagt. Am Nachbarhaus hielt gleichzeitig die Feuerwehr eine Nachtübung ab, bei der Steine in den Hof des 'Tierhauses' geworfen wurden. Das Haus wurde unter Wasser gehalten. Drei Nächte wurde das Spektakel durchgeführt, obwohl das angeprangerte Mädchen längst das Dorf verlassen hatte.

32 Männer wurden deswegen vor Gericht geladen. Zunächst lautete die Anklage auf Landfriedensbruch, wurde aber dann in eine solche wegen groben Unfugs umgewandelt. Alle Angeklagten beteuerten, daß sie sich nicht an dem Treiben beteiligt hätten; sie hätten lediglich zugeschaut, bzw. an der Feuerwehrübung teilgenommen. Das Gericht kam zu der Ansicht, daß die Feuerwehrübung nur zur Unterstützung des Tierjagens abgehalten worden sei und verurteilte 17 Feuerwehrleute zu je drei Reichsmark Geldstrafe; die übrigen Angeklagten wurden freigesprochen.

Der Gemeinderat des Ortes hatte gegenüber dem Amtsgericht die Meinung vertreten, daß es „Ehrensache jedes anständigen Dorfbewohners"[6] sei, sich an einem Tierjagen zu beteiligen. Das 'Vergehen', durch das das Mädchen sich den Unmut der Dorfbevölkerung zugezogen hatte, ist mit keinem Wort in einem Bericht über den Prozeß erwähnt.

Junggesellen sahen im Tierjagen ein Recht, ordnend einzugreifen, sollte es in einer Ehe zu Meinungsverschiedenheiten kommen. Schon bei der Hochzeit eines Paares stellten sie Überlegungen in diese Richtung an: „Ob sich der Toni und die Traut vertragen? Wir glauben wohl. Doch sollt' es anders sein, dann haben wir ein Mittel, den Frieden wieder herzustellen: Wir jagen ihnen das Tier! An einem schönen Abend versammeln wir uns unter unserer breiten Linde. Der eine hat die Peitsche bei sich, der andere eine Kette, und wieder andere tragen alte Töpfe. Dann ruft der Führer:

Wat maahd ihr Jungen, hä?

Und wir antworten.

Wir jaage dem ... dat Dier!
Wat hät hä dann jedonn?
Hä hät sing Frou jekraatz,
jebessen on jeschlohn.

Und nun beginnt die 'Musik' vor dem Hause dieser Unverträglichen. Und niemals ward's gehört, daß wir zum zweiten Male hingemußt."[7]

Quellenangaben

[1]Karl Guthausen: Dahlem/Eifel, Heimatbuch, Dahlem 1978, Seite 201
[2]Vgl. Wilhelm Heck: Kirchheim, in: Heimatkalender Euskirchen 1958, Seite 78
[3]Rheinische Geschichtsblätter, 4. Band, Bonn 1899, Seite 284
[4]Rheinische Geschichtsblätter, Bonn 1899, Seite 153
[5]Manfred Huppertz: Volksjustiz, in: Das Monschauer Land Jahrbuch 1991, Seite 151
[6]Haberfeldtreiben in der Eifel, in: Eifelkalender 1928, Seite 55
[7]Robert Legrand: Bauernhochzeit in der Eifel, in: Eifel-Kalender für das Jahr 1938, Seite 129

Määdcher, die flööte ...

Bild und Stellung von Frau und Mädchen in Eifeler Redensarten

Jrues on schlank hät keene Stand; kleen on dek hät ke Gescheck, metteljrues ziert de Stroos. So zeichnete der Volksmund das ideale Frauenbild der Vergangenheit. Da die 'Geschmäcker' aber schon immer verschieden waren, deklarierte man auch: Kleen, dek on jedronge, dat sen de Mäddche för de Jonge.

Mädchen, die um ihr Aussehen besorgt waren, seufzten: Mr moos jät us sich maache, denn: Wat net zammelt (Bänder trägt), dat juffert net. Negatives sollte kaschiert werden: En Frau met Plattföös föngk ene foosfreie Rock jemein. Das Selbstwertgefühl konnte durch die Kleidung verbessert werden: Kleen Fraue droon jeär huu Hööt.

Der Mann als Schöpfer der Redensarten und 'Träger der primitiven Gemeinschaftsdichtung' legte bei der Wahl seiner Partnerin auf Schönheit nicht den größten Wert: Wäer vel vüer dem Speejel steit, jäng dr Baach eraf geit. (nach und nach vor die Hunde gehen) Andere 'Werte' waren wichtiger. Een Kööflat hät Späk, en Ruseblatt hät Dräk, umschrieben die Burschen die Erfahrung, daß ein Bauernmädchen Besitzgüter mit in die Ehe brachte, eine Stadtschöne jedoch 'nüüs an de Föös' hatte.

Die Männer wußten: Weär nüüs erhiirood on nüüs erärvt, deär bliift ne ärme Düüvel bes heär stärvt. Sie mußten sich mächtig ins Zeug legen, um eine gute Partie zu machen, denn reicher Leute Töchter und armer Leute Kälber sind rasch fort. Die betuchten Mädchen wußten um ihren Wert; so waren sie - oder vielmehr die Eltern - darauf bedacht, daß Geld zu Geld und Landbesitz zu Landbesitz kamen.

Redensarten spiegelten die ehemalige Stellung der Frau in der Vorstellung des Volkes wider. So meinten die Männer es als 'zarte Huldigung', wenn sie sagten: Dat sen de baiste Vraue, wo et wenichste van jesprauche wied. Bloß keine Außenseiterin oder Intellektuelle! Wenn de Frau su jeliirt es, dat se us dr Daachdröp eren geht, dann kan se jenooch, ist als Lebensweisheit in der Voreifel überliefert. Allgemein war man der Meinung: Et es anjenehm för en Frau, 'ne berömbte Mann ze hann, äver net för ene Mann, en berömbte Frau ze hann.

Das Mädchen sollte das frauliche Idealbild anstreben. Erlaubte eine Frau sich, männerspezifische Tätigkeiten auszuüben, so wurde sie im Volksmund abgeurteilt: Mädcher, die flööte, un Hohner, die krähe, dene soll mr mot Zit dr

Hals erömdrähe. Sparsamkeit und Bescheidenheit waren Tugenden, die die Männer bei Frauen schätzten: Wenn de Vrau net haust, on de Katz net maust, on der Hongk net bellt, dann es alles verspellt. Im Euskirchener Raum war man zu der Erkenntnis gekommen: En Vrau kann möm Schötsel mii erusdraare, wi ene Man möt de Peätskaa eren viet. Ein Putzteufel sollte das liebe Eheweib nicht sein: Die Vrau, die dr jantse Daag putzt, putzt dr Man am Huus erus.

Wo fanden Pärchen in der diskolosen Zeit zusammen? Nicht unbedingt auf der Kirmes, denn en Koo söökt mr sech em Stall, äver ke Määdche op'm Ball. Doch warum in die Ferne schweifen, wenn das Gute liegt so nah. So gaben die Eltern ihren Sprößlingen den Rat: Mr soll sech net wigger en Frau sööke, als mr de Kerchejloke lugge hüert. Oder noch prägnanter ausgedrückt: Hiirood över de Mest, do weeßt de, wo de best. Daß diese guten Ratschläge befolgt

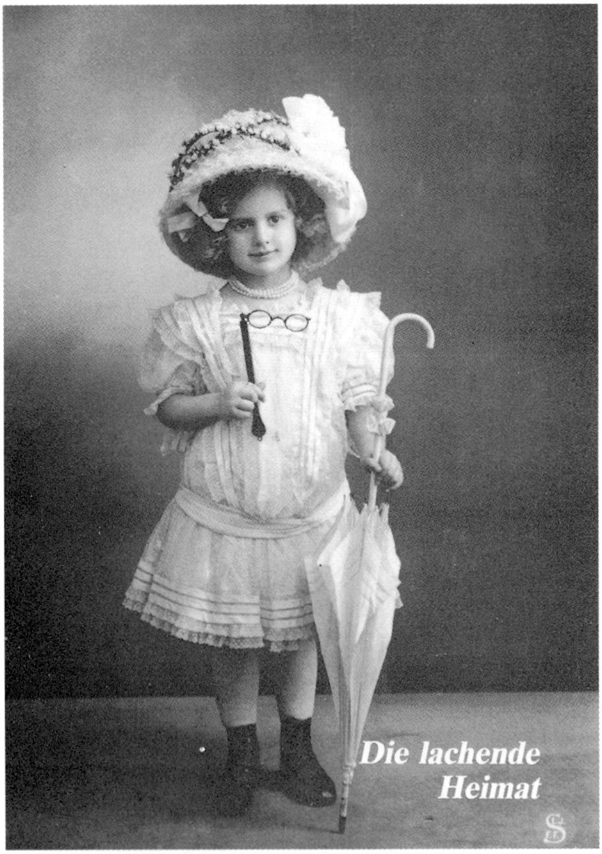

Mr moos jät us sich maache

wurden, ist heute noch erkennbar, wenn in einem Eifeldorf fast jeder mit jedem irgendwie verwandt ist.

Der erste Annäherungsversuch seitens eines Burschen führte in der alten Zeit über die Mutter der Auserkorenen: Wellste de Dooter hann, dann moos due de Mooder freie. Die Mutter warnte ihre Töchter: Vüjelcher, die ze fröh flööte, on Määdcher, die zu fröh freie, kritt de Katz. Mit dem Sprichwort 'Jung gefreit, hat nie gereut' hatte man in der Eifel anscheinend keine guten Erfahrungen gemacht. Doch zu lange sollten die Heiratswilligen auch nicht warten: Bässer junk bestot on dra jesprungen, als wi alt dorzu gezwungen.

Die Kavaliere mußten jedoch nicht unbedingt ein junges Mädchen als Ehegesponst anvisieren: En Wetvrau ohne Köngk, dat es e lekker Deng. Auch das Mädchen konnte sich auf den Ehestand 'freuen'. Man sang der Maid voller Sarkasmus vor der Hochzeit: Marei, Marei, Viulekraut, övermorje geste Braut; dann kreegste ene ahle böse Man, däe schleet dich half krom on lahm.

Den Nutzen einer stets sorgenden Frau hat der Volksmund wie folgt überliefert: Ene ale Mann un en al Perd, die sen kene Kreuzer wert; en al Frau und en al Kuh, die sorgen immerzu. Ein wohlgemeintes Kompliment der Volksmeinung sagt: Der Mann ist das Haupt der Familie, aber die Frau ist die Krone darauf. Da die Männer sich als Herren der Schöpfung bewundern, könnten die Frauen sich folgerichtig als die Krone der Schöpfung sehen.

Määdcher, die flööte - hier auf Flöten, die nach Vorlagen aus der „guten", alten Zeit geschnitzt wurden.

Quellenangaben

Die Schreibweise des Dialektes entspricht der jeweiligen Quelle.

1.) Rheinisches Wörterbuch, 1931 und 1964-1971
2.) Adam Wrede: Eifeler Volkskunde, Frankfurt 1983 (Erstauflage 1924)
3.) Aachener Sprichwörter und Redensarten, Aachener Geschichtsverein, Aachen 1880
4.) Peter Berchem: Spien, Köln 1923
5.) Redewendungen und Reimsprüche, Eifelheimatbuch 1924/25
6.) Mathias Grimbach: Sprichwörter aus der Westeifel, in: Eifel-Kalender 1927
7.) Karl Stollenwerk: Volksgut in Sprichwörtern, Eremit im Venn 1928
8.) Der Eifelbauer, in: Eifelgut, Heft 6, 1931
9.) Hans Bongard: MaagerLüüs bieße schärp, in: Heimatkalender Kreis Monschau 1954
10.) Toni Redagne: O Eitelkeit der Eitelkeiten, in: Eifeljahrbuch 1958
11.) Peter Zimmers: Eine kurze, weise Klugred, in: Jahrbuch Kreis Schleiden 1972
12.) Hermann Josef Kesternich: Liif on Siel, Euskirchen 1989

'Perlen der Eifel' in städtischen Haushalten

Stark und tüchtig, still und brav

Um die Jahrhundertwende bildeten Dienstmädchen die größte weibliche Beschäftigungsgruppe. Fast ein Drittel aller Frauen, die außerhalb der eigenen Familien arbeiteten, waren in Haushalten des mittleren bis gehobenen Bürgertums beschäftigt. Hatten bis zur Industrialisierung männliche Diener eine dominierende Rolle gespielt, so wurde dieser Arbeitsbereich im Laufe des 19. Jahrhunderts immer mehr von Mädchen und Frauen übernommen. 1895 waren 98 Prozent aller Hausangestellten weiblich.

Städtische Bürgerfamilien stellten über Jahrhunderte hindurch nur Dienstboten aus der Stadt ein. Ab dem 19. Jahrhundert wurden jedoch Mädchen, die 'frisch vom Lande' kamen, immer mehr zum Inbegriff für arbeitsames, rechtschaffenes und insbesondere für fügsames Personal. Selbstbewußte Stadtmädchen zeigten kaum noch Ambitionen, sich als Dienende in einem Haushalt unterzuordnen.

Seit Mitte des 19. Jahrhunders strömten alljährlich Massen junger Mädchen aus den Dörfern in die Städte. 1882 stammten drei Viertel aller städtischen Dienstboten aus 'ärmeren, dienenden Volksklassen ländlicher Gemeinden'. 62 Prozent von ihnen waren bäuerlicher Herkunft. 1896 klagte man darüber, daß das „platte Land sich immer mehr entvölkert, so daß das Land Mangel an Arbeitskräften leidet, während sich die Zahl der städtischen Arbeitslosen ständig erhöht."[1] Auch Mädchen aus den Eifelorten, die bis jetzt im bäuerlichen Familienbetrieb gearbeitet oder sich als Mägde verdingt hatten, zog es in städtische Haushalte.

Im Interesse der Bauern versuchte man, die weibliche Landflucht zu stoppen. Lehrer, Pfarrer, aber auch Frauenvereine, warnten immer wieder vor dem 'unbesonnenen Zuzug' in die Großstadt. Doch der Wunsch, in der Stadt in Stellung zu gehen, ließ sich nicht mehr aufhalten, selbst dann nicht, als die Mädchen die schlechten Arbeitsbedingungen des städtischen Gesindes erkannten.

Neben den Nachteilen für die Landwirtschaft sorgte man sich auch um das 'sittliche Wohl und Wehe' der Mädchen. Ein Pfarrer charakterisierte die neue Mobilität kurz als Wandertrieb: „Mehr Putz, mehr Tanz, mehr Geld treibt die jungen Mädchen in die Stadt und meist auch ins Elend."[2] Oder man seufzte, daß eben der 'Geist der Moderne' nun auch in diese Kreise gedrungen sei.

Was zog die weibliche Landjugend nun wirklich in die Städte? Die Beweggründe für das Verlassen der Heimat erweisen sich als mannigfaltig, doch lassen sie sich mit einem Wort zusammenfassen: Hoffnung! Die Mädchen erhofften sich in den Stadthaushalten bessere Arbeitsbedingungen, leichtere Arbeit als in der Landwirtschaft und Kennenlernen des feinen Haushaltes. Sie träumten von hohen Löhnen, von guter Kost und Logis und von Loslösung aus der ländlichen Armut. Sie ersehnten soziales Ansehen und die Teilhabe am städtischen Leben. Die meisten dieser Hoffnungen stellten sich jedoch als unerfüllbare Wunschträume heraus.

Der Weg des Dienens außerhalb der Landwirtschaft begann für viele Dorfmädchen zunächst in den benachbarten Kleinstädten. In Haushalten von Gewerbetreibenden, Beamten oder Unternehmern arbeiteten sie meist als Alleinmädchen. Bessere Verkehrsbedingungen durch den Ausbau des Eisenbahnnetzes begünstigten in der zweiten Hälfte des 19. Jahrhunderts eine stärkere Mobilität und die Bereitschaft, in entfernter gelegenen Städten Arbeit

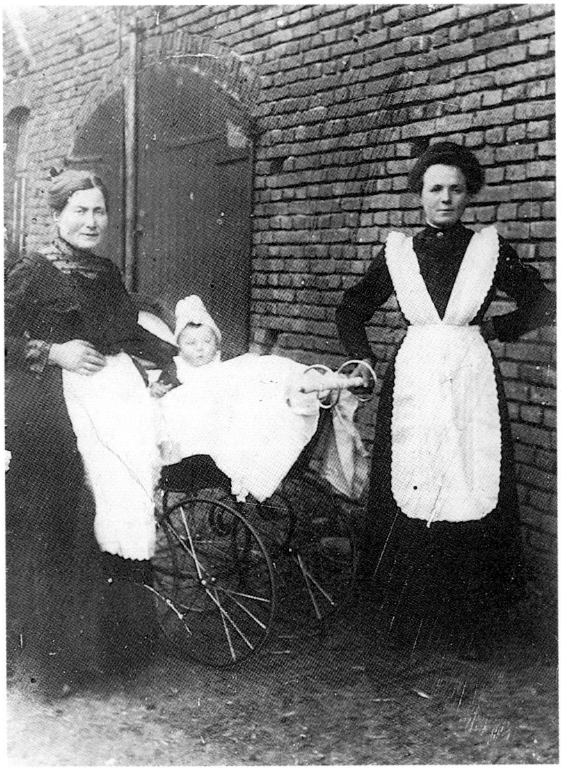

Recht selbstbewußt schaut dieses Hausmädchen (re.) 1913 in die Kamera

zu suchen. Um 1900 begannen immer mehr Mädchen aus der Eifel ihr Berufsleben in den Städten, zum Beispiel in Aachen, Bonn, Düren, Köln, Trier und Koblenz.

Vermittlung von Dienstboten

Die Vermittlung der städtischen Arbeitsplätze geschah entweder durch persönliche Empfehlungen, durch Inserate in Zeitungen und Zeitschriften, durch Gesindevermittler oder auf Gesindemärkten. Die persönliche Vermittlung kam meist durch Verwandte zustande. Sie war noch am ehesten Garant für eine gute Stelle.

Inserate wurden in der Regel von den Arbeitgebern aufgegeben. Aus diesen Annoncen können wir heute die Anforderungen an die jungen Mädchen von damals erkennen. Die Arbeiten selbst schienen eine untergeordnete Rolle zu spielen, denn sie waren nur kurz angedeutet: waschen, putzen, nähen, kochen; des öfteren wurde auch ganz allgemein 'alle Hausarbeiten' verlangt, denn ein ungelerntes 'Mädchen für alles' sollte alle anfallenden Hausarbeiten ausführen können.

Großen Wert legte man auf die Charaktereigenschaften der 'Dienerinnen'. Folgende Tugendvorstellungen waren in den Inseraten zu finden: brav, fromm, sittlich, bescheiden, treu, ehrlich, proper, reinlich, ordentlich, taktvoll, fleißig,

Es wird in einem anständigen Hause gegen hohen Lohn eine **Köchin** gesucht, die nicht zu jung ist und eine gute bürgerliche Küche und Haushaltung zu führen versteht. Nur solche wolle sich melden, die über ihre Frömmigkeit und Sittlichkeit die besten Zeugnisse beibringen kann. Die Expedition d. Bl. sagt wo.

Ein braves Mädchen,

welches eine Haushaltung zu führen versteht und im Nähen erfahren ist, wird gesucht. Wo, sagt die Expedition d. Blts.

Non plus ultra!

Jemand sucht eine Haushälterin. Derjenige, welcher ihm eine besorgt, erhält zur Belohnung einen kupfernen Kessel. Gemund.

Anzeigen aus dem Gemündener Wochenblatt 1851/1852/1853

Ein braves kath.

Mädchen

für alle Hausarbeit bei Familienanschluß gesucht.

Wo sagt die Exped.

Ein tüchtiges

Zweitmädchen,

welches waschen kann, zu Lichtmeß gesucht.

Frau **Alb. Reinshagen.**

Viele Alleinmädchen, schon gedient, Köchinnen, Knechte suchen Stellung. **Centralblatt. Heiligenstadt** (Eichsfeld). Rückporto.

Zum 1. April

Mädchen

für alle Hausarbeit in kleine Familie nach **Schleiden** gesucht.

Auskunft:

Frau Rechnungsrat **Weck.**

Zu Lichtmeß gesucht ein in selbständiger Führung der Küche erfahrenes

Mädchen,

welches auch Hausarbeit mit übernimmt.

Kindermädchen vorhanden.

Frau Dr. Marock,
Schleiden, Eifel.

Annoncen um die Jahrhundertwende

gewandt, zuverlässig, tüchtig, stark und kräftig. Kurzum, es wurde ein 'gutmütiges Arbeitstier' gesucht.

Von Bedeutung war auch die Konfessionszugehörigkeit. So wurde in Inseraten angegeben, ob man eine katholische oder eine evangelische Stütze bevorzugte. Möglichst aus 'anständigem' Hause wurden Mädchen ab 15 Jahren oder auch 'Mädchen gesetzten Alters' gewünscht.

Durch Annoncen boten auch Gesindevermittler ihre Dienste an. Das 'Hauptplazierungsbureau der Eifel' in Baasem inserierte 1896: „50 Dienstboten, männlich und weiblich, welche gute Zeugnisse besitzen oder gute Empfehlungen von Ortsgeistlichen oder Ortsbehörden erlangen, können bis Lichtmeß noch Stellen bei kathol. Herrschaften durch mich angewiesen haben."[3]

Vereinzelt übernahmen Privatpersonen, Restaurationsbetriebe oder Geschäftsleute die Vermittlung von Dienstpersonal. Die Eifeldichterin Clara Viebig (1860-1952), die sich wiederholt mit der Dienstmädchen-Problematik auseinandergesetzt hat, läßt eine Berliner Privat-Vermittlerin bei der Anpreisung eines Dienstmädchens sagen: „Stark wie ein Ochs un sanft wie ein Engel, un arbeitsam."[4]

In den Großstädten wurde in großen Vermittlungsagenturen eine direkte Kontaktaufnahme von Dienstherrschaft und Dienstpersonal ermöglicht. Diese unmittelbare Gegenüberstellung schuf man in ländlichen Gegenden auf den ortsüblichen Märkten. Vor dem Ersten Weltkrieg gab es in der Südeifel eine Anzahl von Gesindemärkten, die meist um die Weihnachtszeit stattfanden, und auf denen Mägde und Knechte zu Lichtmeß, dem allgemeinen 'Ziehtag' , vermittelt wurden. Bekannt waren unter anderem die Gesinde- und Dingmärkte in Adenau, Ahrweiler, Bitburg, Cochem, Mayen, Münstermaifeld, Neuerburg, Prüm, Wittlich und Wetteldorf bei Schönecken. In der Nordeifel und im Gebiet

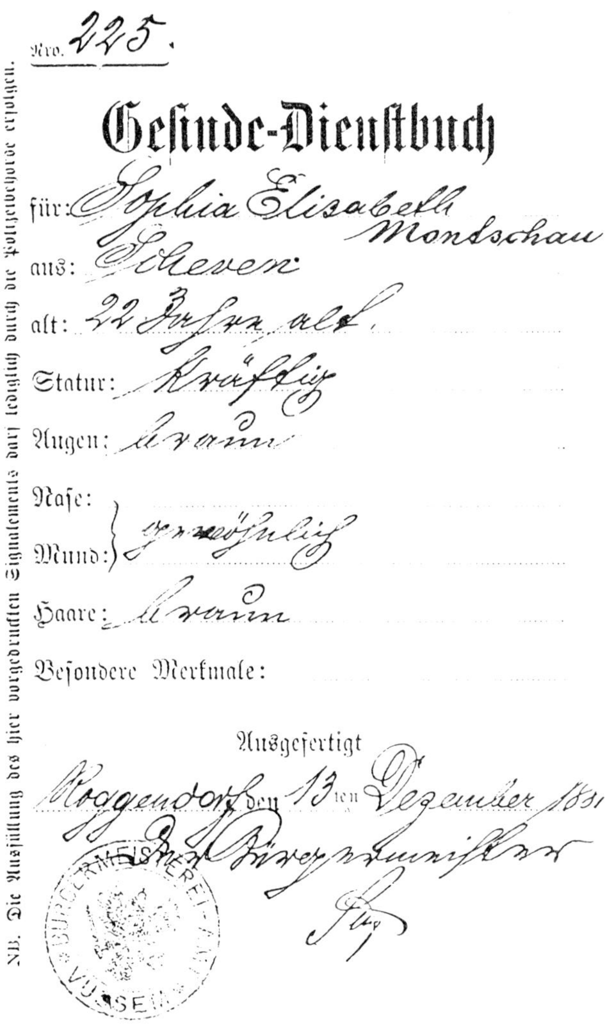
Nro. 225.

Gesinde-Dienstbuch

für: Sophia Elisabeth

aus: Scheven Mondschau

alt: 22 Jahre alt

Statur: kräftig

Augen: braun

Nase: } gewöhnlich

Mund: }

Haare: braun

Besondere Merkmale:

Ausgefertigt

Roggendorf den 13ten Dezember 1881

Der Bürgermeister

Bürgermeisterei-Amt Vussem

NB. Die Ausfüllung des hier vorgedruckten Signalements darf lediglich durch die Polizeibehörde erfolgen.

Gesinde-Dienstbuch

des heutigen Kreises Euskirchen gab es aus nicht ersichtlichen Gründen keine Gesindemärkte.

Auf den Gesindemärkten mußten sich Mädchen und Burschen kritische Musterungen, peinliche Fragen und dreiste körperliche Berührungen gefallen lassen. „Es ging zu wie beim Viehhandel."[5] Festtagstreiben und Marktrummel nahmen indes der öffentlichen Zur-Schau-Stellung die größte Schärfe. Positiv wurde der 'Menschenmarkt' aber nur von den personalsuchenden Herrschaften und Bauern gesehen.

Nach dem Ersten Weltkrieg verschwanden die Gesindemärkte, tauchten jedoch um 1930 wieder auf. In einem Bericht von 1934 heißt es: „Sie sind wieder da, die Eifeler Gesindemärkte, die einst in Verkennung ihrer Herkunft verpönt oder als 'Sklavenmärkte' verschrieen waren ... Nun stehen sie alle, Mädchen und Jungen, Kinder der Eifel, auf dem Jahrmarkt des kleinen, traulichen Städtchens und warten, daß sie jemand dinge."[6] Bis 1954 fanden in Neuerburg an den Montagen nach den Adventssonntagen Gesindemärkte statt. Dann verschwanden sie endgültig.

Von Wichtigkeit bei jeder Vermittlung war das Gesindebuch, das 1846 in Preußen die losen Zeugnisse, die 'fliegenden Atteste', ablöste. Dieser polizeilich ausgestellte Ausweis diente zur Legitimation und zur Auskunft über Leistung und Verhalten. Bei den Dienstboten war dieser Nachweis nicht sonderlich beliebt, und die Drohung der Arbeitgeber mit einer ungünstigen Beurteilung wurde als Disziplinierungsmittel empfunden. Ein schlechtes Zeugnis führte unweigerlich in Not und Elend. So ist es nicht verwunderlich, daß viele Gesindebücher 'verloren' gingen. Nach einer Statistik wurden in Berlin zwischen 1884 und 1890 jährlich etwa 1.000 Dienstbücher vernichtet. Wenn überhaupt, so sind vorwiegend Gesindebücher mit 'guten' Beurteilungen erhalten. Die Bewertung ist meist kurz und allgemein abgefaßt; zum Beispiel: „Sittliche Führung gut. Fleißig unverdrossen bei der Arbeit. Die Leistung ihrem Alter entsprechend wohl befriedigend."[7] Wenn die Mädchen ihre Stellung kündigten, wurde der Grund mit 'veränderungshalber' angegeben, was sowohl Dienststellen- oder Berufswechsel als auch Verheiratung bedeuten konnte.

Arbeit Tag für Tag

Dorfmädchen mußten von Kind an in den elterlichen landwirtschaftlichen Klein- und Nebenbetrieben mithelfen. Ihre Tätigkeiten erstreckten sich sowohl auf Kinderverwahren und Viehhüten als auch auf Feld-, Stall- und grobe Hausarbeiten. Seit Ende des 19. Jahrhunderts zeigte die weibliche Landjugend immer weniger Neigung, sich mit landwirtschaftlichen Arbeiten zu beschäftigen. Bauerntöchter waren auch nicht mehr gewillt, nach der Heirat des Bruders eine untergeordnete Position auf dem elterlichen Hof einzunehmen. So schien eine Anstellung als städtische Hausgehilfin für sie wie geschaffen.

Die Arbeit in den mehr oder weniger herrschaftlichen Häusern war aber nicht leicht. Den Anforderungen eines Stadthaushaltes standen die Mädchen völlig unvorbereitet und hilflos gegenüber, und so empfanden sie die ungewohnte Tätigkeit als zermürbend und aufreibend. Auch waren weder Arbeitszeit noch Arbeitsumfang gesetzlich geregelt. Die preußische Gesindeordnung von 1844 sagt über die 'unbedingten Pflichten des Gesindes' nur ganz allgemein: „Das Gesinde muß sich allen seiner Leibesbeschaffenheit und seinen Kräften angemessenen hauswirtschaftlichen Verrichtungen nach Anordnung der Herrschaft unterziehen."[8]

Mädchen aus der Eifel erhofften sich in den Stadthaushalten leichtere Arbeit als auf dem Land

Ein Arbeitstag eines 'Mädchens für alles' umfaßte in der Regel 14 bis 15 Stunden; aber auch 17 bis 19 Arbeitsstunden standen manchmal an. Einen freien Nachmittag gab es jeden zweiten Sonntag; zusätzlich bekamen die Mädchen Freistunden, damit sie den Gottesdienst besuchen konnten. Der Tagesplan wurde jeweils von der Hausfrau schriftlich fixiert.

Das nachfolgend aufgeführte Beispiel zeigt, daß den Dienstmädchen jede Eigenverantwortung abgesprochen wurde. Auch ist ein 'pädagogischer Zynismus' deutlich herauszulesen.

Tagesplan:

5.30 Uhr	aufstehen, waschen, Haar machen, kleiden, Bett machen
5.45 Uhr	Milch für die Kleinen machen
6.00 Uhr	die Milch geben sowie das Kind besorgen, Zimmer säubern, lüften usw.
6.30 Uhr	Kaffee bereiten, Brot abnehmen
6.45 Uhr	Kaffee auf den Tisch stellen, Post holen
7.00 Uhr	Kaffee trinken, Schlafzimmer richten
7.30 Uhr	Badezimmer richten
8.00 Uhr	Herren- und Kinderzimmer richten, Abort säubern
8.30 Uhr	sonstige Säuberungen vornehmen
9.00 Uhr	in der Küche vorrichten und evtl. Gänge besorgen; bis Mittag am Herd schaffen und aufpassen, daß nichts anbrennt, die Gedanken beisammenhalten, daß alles richtig gewürzt ist usw.
12.00 Uhr	Tisch decken
12.30 Uhr	Tisch abdecken, essen, abwaschen, Küche saubermachen
14.00 Uhr	Kaffee auf den Tisch setzen
14.30 Uhr	mit allen Küchenarbeiten fertig sein, Gänge besorgen, Zimmer reinigen, Kleinen warten
18.00 Uhr	Abendessen herrichten
19.00 Uhr	Tisch decken, Bier holen usw.
19.30 Uhr	abdecken, aufräumen, Schuhe, Kleider putzen
21.00 bis 22.00 Uhr	mit allen Arbeiten fertig sein und überlegen, was morgen früh zu tun ist sowie vornehmen, morgen alles besser zu machen. Zu Bette gehen und mit dem lieben Gott unterhalten."[9]

Zu dem Tagespensum kamen noch zusätzliche Aufgaben an den einzelnen Wochentagen. Ein Wochenplan legte fest, wann große oder kleine Wäsche stattfand, die Teppiche geklopft, Silber, Türdrücker, Ofentüren und Fenster geputzt, Waschgeschirre geseift, Lampen gereinigt, Betten geklopft und bezogen und die einzelnen Zimmer gründlich gesäubert wurden. Dazu kamen Einkäufe, Botengänge und Kinderbetreuung. All diese Hausarbeiten erinnern daran, wie umfangreich und mühsam die Haushaltsführung war, ehe die Technisierung in Haus und Küche einzog. So klagten die Dienstmädchen, daß es ihnen kaum möglich wäre, mit allem fertig zu werden.

War in einem Haushalt nur ein Alleinmädchen eingestellt, so mußte auch die Hausfrau tüchtig anpacken. Die Frauen aus den gehobenen Schichten überließen indes seit dem 19. Jahrhundert die 'unstandesgemäße' Hausarbeit immer mehr ihrem Personal: Hausmädchen, Küchenhilfe, Köchin, Waschfrau und Kindermädchen. Die 'Arbeit' der Gnädigen bestand meist aus beaufsichtigen, kommandieren, kritisieren, und tyrannisieren.

Zu den Entscheidungsgründen für eine Stellung im städtischen Haushalt gehörte auch die Hoffnung, dort die feine Küche zu erlernen. So kaschierten die Eltern das frühe In-Stellung-gehen ihrer Töchter gern mit dem Argument, daß die Mädchen in der Stadt eine Ausbildung und Vorbereitung auf das Hausfrauendasein erfuhren. Befürworter der ländlichen Haushaltungsschulen kritisierten diese Eltern-Entscheidung: „Die aus der Volksschule entlassenen Mädchen werden von den Eltern vielfach sobald als möglich nach den großen Städten in den Dienst gebracht, in dem sie alles andere, nur nicht die Leitung eines häuslichen Hauswesens lernen."[10]

Den 'Mädchen für alles' wurde in den Städten kaum ein fundiertes Wissen der Hauswirtschaft vermittelt, aber sie lernten doch manches bei ihrer täglichen Arbeit und sahen vieles der Hausfrau oder anderen Hausangestellten ab. So brachten die Dienstmädchen bei der Rückkehr in die Heimat verfeinerte Haushaltspraktiken, moderne Wohnungseinrichtungs-Ideen und städtische Manieren in die Eifeldörfer.

Jahreslöhne

Die Mädchen erhofften sich in der Stadt auch eine Loslösung aus der ländlichen Verarmung und höhere Löhne als auf dem Land. Doch diese Hoffnung erfüllte sich längt nicht immer. In der Gesindeordnung von 1810 heißt es: „Der Lohn, Kostgeld oder die Beköstigung des städtischen und ländlichen Gesindes ohne Ausnahme hängt bloß von freier Übereinkunft bei der Vermietung ab."[11]

Auch in der Gesindeordnung von 1844, die 1900 dem Bürgerlichen Gesetzbuch angeglichen wurde, änderte sich nichts an der freien Lohnvereinbarung. So wurde die Bezahlung recht willkürlich gehandhabt. In der Eifel bekamen Mägde in der Landwirtschaft neben freier Kost und Logis im Durchschnitt pro Jahr folgende Löhne ausgezahlt:

1850-1860 65 Mark
1860-1870 75 Mark
1870-1880 125 Mark
1880-1890 131 Mark
1890-1900 155 Mark
1900-1910 216 Mark
nach 1910 275 Mark[12]

Da die Barlohnzahlung sich auch nach der wirtschaftlichen Lage der Dienstherren richtete, waren Notjahre der Bauernschaft stets auch schlechte Zeiten für das bäuerliche Gesinde.

Die Löhne in der Stadt waren jedoch auch nicht wesentlich höher als auf dem Land. Um 1900 bekamen die 'Mädchen für alles' einen Durchschnitts-Jahreslohn von 150 bis 200 Mark. Zu diesem Barlohn gab es ebenfalls freie Kost und Logis. Das beim Bauern übliche Paar Schuhe pro Jahr sowie Naturalien fielen in der Stadt weg. Das verdiente Geld mußte in den meisten Fällen von den Eifelmädchen nach Hause geschickt werden. Ansonsten entschied bei den sehr jungen Mädchen auch die Dienstherrschaft, wofür ihre Angestellten das Geld ausgaben. Immer wieder wurden sie zum Sparen angehalten.

Obwohl die Dienstmädchen aus der Eifel beliebt und gefragt waren und es nach 1900 stets zu wenig weibliches Hausgesinde gab, schafften die Frauen es nicht, aus dieser Knappheit auf dem Arbeitsmarkt Lohnsteigerungen zu erwirken. Die Löhne blieben niedrig.

Gesetzlich krankenversichert waren Dienstmädchen erst ab 1914. Vorher konnten sie lediglich freiwillig in Landeskassen eintreten. Im Krankheitsfall waren die Dienstherrschaften verpflichtet, für die erkrankten Dienstboten zu sorgen. Wurde eine Hausangestellte jedoch ernstlich krank, entledigte man sich der Versorgungspflicht gern mit der fristlosen Kündigung. So war manchmal eine Krankheit der Auslöser für die Rückkehr in das Heimatdorf.

Kost und Logis

Die freie Kost zählte ebenfalls zu den Entscheidungsgründen für den Diensteintritt in einen städtischen Haushalt. Wirtschaftliche Schwierigkeiten zwangen die Kleinbauern dazu, ihre Töchter manchmal schon mit zwölf Jahren gegen ein Taschengeld und freie Kost in die Stadt in Stellung zu geben, nur damit man zu Hause einen Esser weniger hatte.

Doch die Beköstigung der Stadt-Dienstboten war mehr als mangelhaft. In einer Dienstordnung, die neben den Arbeitsplänen das Verhalten der Mädchen reglementierte, heißt es: „Mit Speisen niemals verschwenderisch umgehen; alles, was genießbar ist, muß aufgegessen werden."[13] Je herrschaftlicher das Haus, das heißt je größer der Standesunterschied war, desto geringer war der Nährwert der Dienstpersonal-Speisen. Reste oder minderwertige Nahrungsmittel waren gut genug für die Dienstboten. So gab es zum Beispiel spezielle Dienstbotenbutter und Dienstbotenkaffee; die Herrschaft dagegen bekam 'gute' Butter und 'guten' Kaffee. Diese Ausdrücke haben sich bis heute in unserem Sprachgebrauch erhalten.

Die schlechte Kost wurde besonders schmerzlich und erniedrigend vom Küchenpersonal empfunden, da es für die Herrschaften die besten Mahlzeiten zubereiten mußte. Strenge Kontrollen verhinderten, daß Mädchen heimlich Nahrungsmittel für sich abzweigten. Wurden sie beim 'Naschen' erwischt, so

Dienstmädchen um 1908: Sauber und adrett

wurde ihnen das als 'Diebstahl' angekreidet. Die Folge der Unterernährung war eine häufige 'Bleichsucht' der dienenden Mädchen. Diese Berufskrankheit wurde von der Herrschaft jedoch ignoriert oder als Folge von 'Klatschsucht' angesehen.

Die Mädchen aus der Eifel stellten in bezug auf ihre Unterbringung nur geringe Ansprüche. Von Haus aus waren sie gewohnt, zu mehreren Geschwistern im gleichen Raum und oft auch im gleichen Bett zu schlafen. Hatten sie vorher in der Landwirtschaft gedient, so kannten sie von dort primitivste Unterkünfte. Die Schlafgelegenheiten in der Stadt waren jedoch noch schlechter als die bescheidenen Wohnverhältnisse im dörflichen Milieu. In den großen Mietshäusern waren die Dienstboten zunächst außerhalb der Etagenwohnungen in unbeheizte Mansardenzimmer ausquartiert. Da man jedoch eine moralische Gefährdung und einen 'Überfluß an Intimität unterm Dach' befürchtete, holte man nach 1900 die Mädchen in die Etagenwohnungen, die jedoch in keinster Weise auf Personal ausgerichtet waren. So mußten die Mädchen vorliebnehmen mit kleinsten Abstellkammern oder Hängeböden, die weder den hygienischen noch den gesundheitlichen Anforderungen genügten.

Wie Hängeböden aussahen sagt folgende Beschreibung: „Die Hängeböden sind in der Küche, mitunter dicht am Herd. Und nun steigt man auf eine Leiter, und wenn man müde ist, kann man auch runterfallen. Aber meistens geht es. Und man macht die Tür auf und schiebt sich in das Loch hinein, ganz so wie in einen Backofen. Das ist, was sie 'ne Schlafgelegenheit nennen. Und ich kann Ihnen nur sagen: auf einem Heuboden ist es besser, auch wenn Mäuse da sind."[14]

Das Schlafen in diesen stickig-feuchten Verschlägen verursachte viele Krankheiten wie zum Beispiel Rheuma und ständige Erschöpfungszustände. 1897 wurden Hängeböden, die nicht belüftet werden konnten, als Schlafstätten verboten. Die Wohnsituation besserte sich jedoch erst, als die Nachfrage nach Dienstpersonal erheblich größer war als das Angebot. Mädchen schauten sich vor der Einstellung 'ihre' Schlafkammer an. Wurde jedoch vom Dorf aus ein Arbeitsverhältnis geschlossen, so war eine vorherige Prüfung der Wohnverhältnisse kaum möglich. Die böse Überraschung kam dann am ersten Arbeitstag.

Enttäuschte Hoffnungen

Ihre Jungmädchenträume, in der Stadt mit leichter Arbeit in kurzer Zeit viel Geld zu verdienen, hatten Eifelmädchen schnell ausgeträumt. Doch auch die realisierbar scheinenden Hoffnungen mußten sie begraben. Mehr als die harten Arbeitsbedingungen, die schlechte Kost und die menschenunwürdigen Unterkünfte zermürbten fehlende Anerkennung, ständige Bevormundung und das 'Herrschaftsgebaren' der Arbeitgeber.

Besonders in einem Haushalt, in dem die Mädchen in allen Lebensbereichen einer umfassenden Abhängigkeit, Verfügungsgewalt und Kontrolle unterlagen, fühlten sie sich geknechtet und entwürdigt. Da die Arbeitgeber erwarteten, daß das Hauspersonal alles Denken auf ihre Herrschaften ausrichtete, mußten die Mädchen weitgehend ihre Identität und ihr Privatleben aufgeben. Selbst ihre Freistunden unterlagen der Autorität der 'Gnädigen'; ohne Erlaubnis durften viele Dienstmädchen auch in ihrer Freizeit nicht ausgehen. Kontakte nach draußen wurden stellenweise rigoros verboten. Eifelmädchen, die in einem großen Familienverband und in einer intakten Dorfgemeinschaft aufgewachsen waren, gerieten so in Isolation und Vereinsamung und litten unter schwersten Depressionen.

Bei ihrem Antritt der Haushaltsstelle in der Stadt hatten die Mädchen sich soziales Ansehen erhofft. Ein Mädchen, das in der Stadt in Stellung war, galt zwar etwas im Dorf, doch in der Stadt erfuhr es soziale Ächtung. „Wir wurden wie Menschen zweiter Klasse behandelt", sagen ehemalige Dienstmädchen noch von ihren Dienstjahren vor dem Zweiten Weltkrieg. So hatten die Mädchen oft schon nach kurzer Zeit den Wunsch: „Nicht mehr dienen! Sich einmal nicht mehr schinden, sich nicht hin- und herjagen lassen, sich nicht mehr ducken um das bißchen täglich Brot!"[15]

Und doch trieb die Hoffnung sie weiter. In einer anderen Stellung erhofften sie, bessere Bedingungen anzutreffen. Manchmal erfüllten sich diese Wünsche, meistens brachte eine neue Arbeitsstelle jedoch auch keine Verbesserung, oftmals sogar eine Verschlechterung. Ein ständiges Kündigen und 'Sich-verändern' waren die Folge der enttäuschten Hoffnungen.

Die meisten Dienstmädchen hielten es nicht lange aus in der Stadt. Nach ein paar Jahren, spätestens bei der Verheiratung, waren sie wieder im heimatlichen Dorf. Nur die wenigsten blieben als 'Perlen der Eifel' in Stellung und wurden wegen ihrer langjährigen Dienste wohlwollend geehrt.

Den Eifelmädchen machte auch das Heimweh schwer zu schaffen. Von W. Brandt aus Harperscheid wurde diese Sehnsucht 1912 in Verse gefaßt:

Eifelmädchen in der Fremde

Ach, wie fühl ich mich verlassen
in der Stadt, die fremd und kalt,
sehn' mich im Gewühl der Gassen
doppelt schmerzlich nach dem Wald.
Hier rennt alles ohne Pause,
niemand spricht mich freundlich an,
während sich bei uns zu Hause
herzlich grüßet jedermann.

Mein Geschick hat mich getrieben
aus dem stillen Eifelland,
wo die Hütten meiner Lieben
und einst meine Wiege stand.
Froh durchstrich ich Täler, Hügel
meiner heimatlichen Flur,
und ich darf auf Sehnsuchtsflügeln
hier die Heimat schauen nur.

Unsrer Kirche frühe Glocken
weckten mich dort Tag und Nacht,
und der Vöglein Ruf und Locken
folgte ich zum nahen Hag.

Bei der Herde frei im Freien
fühlte ich mich wonnig süß;
unten Moos und oben Maien,
war mein Sitz, mein Paradies.

Kerker sind mir die Paläste,
wo ich diene reichen Herrn,
schöner als die schönsten Feste
dünken mir Sonn', Mond und Stern,
lieber ist mir unsre Hütte,
denn ich fand darin mein Glück,
täglich heißer wird die Bitte:
Laßt zur Eifel mich zurück![16]

Quellenangaben

[1]Unterhaltungsblatt und Anzeiger für den Kreis Schleiden und Umgegend, 18.1.1896

[2]Karin Walser: Dienstmädchen, Frauenarbeit und Weiblichkeitsbilder um 1900, Frankfurt 1986, Seite 19

[3]Unterhaltungsblatt, 25.1.1896

[4]Clara Viebig, Das tägliche Brot, Berlin 1900, Seite 44

[5]Pejo Weiß: Sklavenmarkt und verschenkte Kinder, in: Eifeljahrbuch 1976, Seite 23

[6]Heinrich Ruland: Gesindemärkte in der Eifel, in: Eifelkalender 1934, Seite 104

[7]Heidi Müller: Dienstbare Geister, Berlin 1985, Seite 86

[8]F.H. Hagenkötter: Herrschaft und Gesinde, Bonn 1896, Seite 10

[9]Vgl. Dorothee Wirling: Mädchen für alles, Bonn 1987, Seite 114

[10]Unterhaltungsblatt, 28.3.1896

[11]Ute Gerhard: Verhältnisse und Verhinderungen, Frauenarbeit, Familie und Rechte der Frauen im 19. Jahrhundert, Frankfurt 1987, Seite 264

[12]Theodor Brinkmann: Aus dem Wirtschaftsleben der Eifelbauern, in: Eifelfestschrift zur 25-jährigen Jubelfeier des Eifelvereins, 1888-1913, Bonn 1913, Seite 352

[13]Walser, a.a.O., Seite 45

[14]Theodor Fontane: Der Stechlin, München 1948, Seite 152

[15]Viebig, a.a.O., Seite 367

[16]Eifelvereinsblatt, Juni 1912, Seite 131

Dienstmädchen:
Zynisches und Heiteres

Dienstmädchen wurden nicht nur schlecht behandelt, sie wurden auch noch bespöttelt. Durch ihre Naivität lieferten sie jedoch auch manche 'Stöckelche', die uns heute schmunzeln lassen.

Zynismus

Formular zu einem Dienstschein für die jetzigen Dienstmägde

Anna Clementine Aurelia Großmund hat ein Jahr - weniger elf Monate bei mir im Dienst gestanden und sich in dieser Zeit
fleißig- an der Hausthüre,
genügsam- in der Arbeit,
sorgsam- für sich selbst,
gescheidt- in Ausreden,
freundlich- gegen Mannspersonen,
treu- ihrem Liebhaber und
ehrlich- wenn Alles verschlossen war,
gezeigt.

Wochenblatt und Anzeiger für den Kreis Schleiden, 17.9.1847

Radelnde Dienstmädchen

Eine Familie in Delmenhorst, welche sich auf dem Wege der Annonce ein Dienstmädchen suchte, mußte erfahren, daß das Radeln auch schon in diese Kreise gedrungen ist. Ein Mädchen, welches sich um die Stelle bewerben wollte, kam stolz auf einem - Zweirade vorgefahren.

Unterhaltungsblatt und Anzeiger für den Kreis Schleiden und Umgegend, 9.9.1896

Ureifeler Laute

Ein Mädchen vom Lande war ein Jahr lang in der Stadt in Stellung gewesen. Als sie danach wieder in das heimatliche Dörfchen zurückkehrte, war sie, wie so viele, stolz und eingebildet geworden und glaubte, ihre platte Eifeler Mundsprache nicht mehr sprechen zu können.

So stolzierte sie eines schönen Morgens um das Bauernhaus, begleitet von den mißbilligenden Blicken der arbeitenden Mägde und Knechte, und bestaunte hier einen Pflug und da eine Egge. Da sah sie vor sich an der Wand gelehnt eine der bekannten Eifeler Kartoffelhacken, den Zweizahn, den man hier allgemein als 'Kaasch' bezeichnet. Das Mädchen deutete auf die Harke und fragte hochmütig einen in der Nähe arbeitenden Knecht: „Was ist das für ein Ding da?" Dabei trat sie unversehens mit aller Gewalt auf die beiden nach vorn stehenden Zinken, so daß das 'Ding' ihr mit voller Wucht gegen den Kopf schlug, worauf zu allgemeiner Befriedigung ringsumher die kräftigen ureifeler Laute ihrem Munde entflohen: „Ha, du Loder von enem Kaasch!"

Fritz Koenn: Der Kaasch, in: Eifel-Kalender 1954, Seite 52
(Der Vorwurf von Mundartsprechern, daß die aus den Städten heimkehrenden Dienstmädchen das Eifeler Dialekt verfälscht hätten, mag eine gewisse Berechtigung haben.)

Wer putzt den Dom?

Die Perle: Ihr Jubel kannte keine Grenze, als sie eines Tages mit uns nach Köln fuhr. Mit ungläubigen Augen sah sie alles an. Das Umsteigen auf der Bahn war für sie besonders feierlich. Dort, wo die Lokalbahn aufhörte, fing für sie die große, große Welt an. In Köln war sie stumm. Die Eindrücke stürmten mit riesengroßer Gewalt auf sie ein. Alles wirbelte an ihr vorüber. Ihren scharfen Augen entging aber nichts; ihren Augen, die in und an der Natur geschärft waren. Später erst kramte sie mit hundertlei Einzelheiten und Kleinigkeiten aus, die an und für sich belanglos, für sie aber von Wichtigkeit waren. Als wir den Dom verlassen hatten, fragte sie bescheiden, wie er wohl geputzt würde und wer das täte. Die Frage hat mir sehr imponiert.

Dr. Josef Janssen: Eifeler Humor, Schleiden 1929, Seite 38

Heimatklänge

Ein Mädchen vom Lande, aus der Südeifel, hatte vor etlichen Jahren, als das Guldenfieber viele ergriffen, eine Stelle in Haarlem in Holland bekommen. Montags abend kam es dort an. Von der holländischen Sprache verstand es nichts, und seine Herrschaft sehr wenig deutsch. So verging die erste Woche, in der unsere Deutsche sich mehr im Schweigen übte als bisher in Jahren. Am Sonntag durfte sie die katholische Kirche besuchen. Viel verstand sie auch hier nicht; aber die gottesdienstliche Handlung war dieselbe wie zu Hause, und das heimelte an.

Nachmittags schrieb sie ihren Eltern den ersten Brief. Darin sagte sie: „Ich bin glücklich hier angekommen. Meine Hausfrau hat mich am Bahnhof abgeholt. Sie ist sehr gut gegen mich, kann aber nicht viel deutsch, daß ich manchmal lachen muß. Heute morgen war ich im Dom in der Messe. Ist der aber groß und schön! Aber am meisten habe ich mich gefreut, daß der Herr Pastor deutsch sang. Wie ich das 'Dominus vobiscum' hörte, da meinte ich, ich wäre daheim."

Eifelvereinsblatt 4/1932, Seite 55

Von ihrem Hauptziel, unter die Haube zu kommen

Oft verdrängt der Gedanke ans Heiraten alles andere. Es gilt als Lebensglück, als Versorgung. „Wer hat dich erlöst?" fragte der Pfarrer im Brautexamen die Braut. Die Antwort war: „Der Bergbauernhans." - Oft steht die leiseste Aussicht aufs Heiraten höher als aller jungfräulicher Stolz. Eine Dienstmagd in einem ländlichen Pfarrhof wollte nicht mehr bleiben. Sie wurde gefragt, ob es ihr nicht mehr gefalle. Da sagte sie, eine ganz ordentliche Person: „Ich bliebe gern im Pfarrhof, aber dann krieg' ich keinen Mann."

Joseph Weigert: Religiöse Volkskunde, 11. Heft, Freiburg 1925, Seite 88

Da jö!

Mit dem Ausdruck 'Da jö!' spornen sich die Eifeler zum frohen Schaffen an. Soll eine Arbeit begonnen werden, wird in die Hände gespuckt und mit einem 'Da jö!' geht es los. Auch das neue Jahr beginnt für echte Eifeler mit dem Schlachtruf 'Da jö!' Es soll auch einst einen Eifeler Tanzlehrer gegeben haben, der folgenden Tanzstart zählte: „Eins, zwei, da jö!"

Ein Eifeler Dienstmädchen soll das Dajö sogar in besseren Kreisen bekannt gemacht haben. Die bei einer städtischen Familie angestellte 'Perle' durfte erstmals bei einem Festmenue die Speisen auftragen. Als die dampfenden Schüsseln auf dem Tisch standen, erwartete die Tisch-Gesellschaft ein 'Gesegnete Mahlzeit'. Der Eifeler Schönen waren solche feinen Herrschafts-Sitten jedoch fremd; so stützte sie nach Bäuerinnen Art die Hände in die starken Hüften und mit einem resoluten 'Da jö' forderte sie zum Essen auf.

Mündliche Überlieferung
siehe auch: „Hüüü und hott" in Kreis Euskirchen Jahrbuch 1990, Seite 109

Echt stark!

Ein Eifelbauer hatte eine neue Magd eingestellt. Sie schien ihm geraten, starkknochig und kräftig gebaut und auch nicht auf den Mund gefallen. Gleich am ersten Abend erkundigte er sich nach ihren bisherigen Stellen und Arbeiten, ob sie melken, den Garten einpflanzen, vielleicht sogar mähen und mit Ochsen umgehen könne. Ja, das konnte sie alles. Ob sie auch etwas vom Dreschen verstehe?

„Un ob!" sagte sie da. „Auf meiner letzten Stell' hab ich bei der Tanzmusik sechs an einem Abend verdroschen."

Peter Kremer: Das lachende Eifeldorf, Aachen 1990, Seite 62, Erstauflage 1949

Verraten

Hausfrau (morgens in die Küche tretend): Wissen Sie vielleicht, wann der Herr, mein Mann, nach Hause gekommen ist?"
Dienstmädchen: „Nein, Madame, aber um sieben Uhr waren seine Stiefel noch warm."

Unterhaltungsblatt, 22.1.1890

Die ungnädige Gnädige

... Die Pauke, worauf eine solche Lucretia herumtrommelt, sind meistens die Dienstleute in ihrem Hause. Stube, Küche und Keller sind die Lustregionen eines solchen fliegenden Drachen, der auch oft in spindeldürrer Gestalt sichtbar. Habichtnase, Gänsehals und dürre Finger sind Hauptsymptome. Er liebt vorzüglich wöchentlich zweimal Stubenscheuern und sitzt den Hausleuten stets auf dem Dache. Er fliegt auf, wenn ein Topf, eine Tasse oder eine Fensterscheibe zerbricht; macht ein großes Geschrei und stürzt sich auf das arme Gänschen von Hausmädchen, welches einen Schlupfwinkel sucht, da bei solchen Gelegenheiten sehr oft eine Schwalbe angeflogen kommt.

Nur eines ist gewöhnlich in einem solchen Hause zu loben, wo so ein Haustyrann herrscht; man findet Reinlichkeit, es sieht Alles so geleckt, so proper aus. Leider werden aber nur zu oft die Dienstmädchen in Hitze, Frost und Kälte wahrhaft sclavisch dazu angehalten, um ihnen nicht einen Augenblick Ruhe zu gönnen. Deshalb der stete Wechsel mit den Dienstleuten. Aber: „Es beharrt im Wechsel ein ruhiger Geist", und dieser ruhige Geist ist der Ehemann, der vielleicht auch gern abzöge. Er ist aber gekettet auf Lebenszeit, während die Trabanten der Küche und die kleinen Wandelsterne des Kehrbesens alle vier Wochen aus ihrer Knotenbahn treten; denn sich länger mit einem solchen Haustyrannen zu befassen, ist ihnen nicht möglich.

Der männliche und der weibliche Haustyrann, in: Gemünder Wochenblatt, 21.7.1853

Ein heißes, schwärzliches Getränk

Wie Frauen zu 'Kaffeetanten' wurden

Unsere Vorfahren tranken längst nicht so viel wie wir. Getränke beim Essen waren in der Eifel allgemein nicht üblich. Zum Frühstück gab es den obligatorischen Haferbrei, der sowohl den Hunger stillen als auch den Durst löschen sollte. „Morgens Brei und nix dabei", wurde das tägliche Frühstückseinerlei charakterisiert.

Wenn man sich einen kleinen Morgentrunk genehmigte, so bestand dieser aus warmem Bier oder aus Wein; in der Eifel auch aus Branntwein, der sogar den Kindern eingegossen wurde. So forderte man noch 1840, daß man den Kleinen doch besser Wein anstelle von Branntwein geben möge. „Bei uns verkrüppeln Geist und Körper durch den von unverständigen Aeltern den zarten Kindern eingefüllten Branntwein ..."[1] Ein neues Volksgetränk war daher dringend vonnöten, denn auch bei den Erwachsenen beeinflußten die alkoholischen Getränke den 'geistigen und sittlichen Zustand' des Volkes.

Ein 'heißes, schwärzliches Getränk' hatte ein Augsburger Arzt bei einer Reise in den Nahen und Mittleren Osten gegen Ende des 16. Jahrhunderts entdeckt. Mit 'kleinen Trinklein' wurde dort diese heiße Flüssigkeit genüßlich geschlürft. In der arabischen Kultur hatte der Kaffee bereits eine lange Geschichte. Schon im 10. Jahrhundert wurden die Früchte des Kaffeebaumes

Zum Kaffeekochen gehörten früher viele Vorbereitungen

als Medikament benutzt. Ab dem 15. Jahrhundert wurde die Kaffeebohne geröstet, pulverisiert und als Volksgetränk genutzt. Mohammed soll der Legende nach durch Kaffee von einer krankhaften Schlafsucht kuriert worden sein. Die belebende Eigenschaft des Coffeins hatte man also schon sehr früh im Morgenland erkannt.

Um 1700 fand der Kaffee gemeinsam mit dem Schokoladen-Trunk, dem Tee und dem Tabak vom Osten nach Europa. Der Kaffee kam in Mode, zunächst nur in der höfisch-aristokratischen Gesellschaft, dann allmählich in allen Volksschichten. Er wurde als Allheilmittel gepriesen, das fast alle Wehwehchen vertreiben konnte: Blähungen, Leber- und Gallenbeschwerden, Wassersucht, Magenleiden, Appetitlosigkeit und vor allem die Müdigkeit.

Der Kaffee war ein nicht alkoholisches, nicht berauschendes und daher ein 'nüchternes' Getränk und wurde als der große 'Ernüchterer' gefeiert. Der frühere gelegentliche Morgentrunk in Form von Ale, Wein oder Biersuppe wurde jetzt mit Rausch, Unfähigkeit, Trägheit und Faulheit assoziiert. Der Kaffee machte den dumpfen Kopf klar und den Menschen bereit zur beschwingten Arbeit. „Die in alkoholischer Benebelung dahindämmernde Menschheit wird mit Hilfe des Kaffees zu bürgerlicher Vernunft und Geschäftigkeit erweckt."[2]

Die Eifeler wurden um 1800 aus der 'alkoholischen Benebelung' herausgerissen. Der Kaffee wurde beliebt. „Wiewohl unverständlich, so hat doch der Eifeler Bauer sein weniges Geld für das neue Genußmittel in reichlichem Maße hergegeben, während die Wohlhabenden sich schon vorher an dem wohlschmeckenden Getränk ergötzten und damit wohl den Landbewohnern das Beispiel gegeben haben. Allerdings soll bei letzteren der fertige Kaffee kaum nach edlen Bohnen geschmeckt haben, da die Bauern die Mengen des aufzuschüttenden Wassers allzu reichlich bemessen hatten."[3]

Die einrückenden französischen Truppen haben wahrscheinlich zur Verbreitung der Kaffeebohnen beigetragen. So war der Kaffee bei wohlhabenden Eifelern auch wegen 'seiner französischen Herkunft' geschätzt.

Wie wichtig auch den Arbeitern der Kaffee, und besonders der heiße Kaffee, war, wird aus einem Gerichtsurteil der Strafkammer Aachen vom 8. November 1889 deutlich. Zwei Männer, beide Ackerer und Tagelöhner aus Wollseifen, hatten in einem in der Bürgermeisterei Gemünd gelegenen Walddistrikt beim Holzkleinmachen einen Waldbrand verursacht: „Behufs der Zubereitung ihres Kaffees hatten sie vom Förster die Erlaubnis erhalten, im Fahrweg daselbst Feuer anzuzünden; statt jedoch letzteres im Fahrweg zu thun, hatten sie das Feuer an ihrer Arbeitsstelle mitten im Walde angezündet, wodurch der in Rede stehende Waldbrand entstanden."[4] Es wurde ein teurer Kaffee, da der Brandschaden auf 2000 bis 3000 Mark geschätzt wurde. Die beiden Holzarbeiter erhielten je einen Monat Gefängnisstrafe.

Internat. Nahrungsmittel-Ausstellung
Internat. Kochkunst-Ausstellung } Cöln 1889.

Einzig höchste Auszeichnungen für d. Branche:

2 Goldene Medaillen.

Inhoffens gebrannter Java-Kaffee

(6 goldene und silberne Medaillen etc. als erste und höchste Preise.)

zu Mark **1,66, 1,70, 1,80,** u. **1,90** per Pfund,
zu haben in:

Schleiden: **Carl Noster.**
Blankenheim: **J. H. Bollenrath, Math. Schneider, J. J. Wassong.**
Blumenthal: **Franz Schiffer.**
Call: **Pet. Goerres, Sal. Ruhr, H. & J. Stemmler.**
Dahlem: **J. Meyer, G. H. Schumacher.**
Dollendorf: **Bernh. Nelles.**
Dreiborn: Geschwister **Büsch.**
Gemünd: **Jos. Breidenbenden, Jos. Doppelfeld, Emil Herbrand.**
Hellenthal: **Wilh. Klinkhammer.**
Marmagen: **Nic. Schmidt.**
Mechernich: **Chr. Gœrgen, J. Holzheim, Pet. Vogel,**
Nettersheim: **Hub. Wollenweber. Herm. Jos. Zinken.**
Olef: **W. Sauerbier.**
Reifferscheid: **A. Pomp** Wwe., **Ulr. Jos. Steffens.**
Soetenich: **Ww. Deuster.**
Stadtkyll: **J. M. Dyck.**
Urft: **Emil Schwecht.**

P. H. Inhoffen in Bonn,

Hoflieferant

Ihrer Majestät der Kaiserin u. Königin Friedrich.
Nachweislich grösste Dampf-Kaffeebrennerei mit Maschinenbetrieb in Bonn. ☞ Man achte auf meine Firma und hüte sich vor in **schwindelhafter** Weise angepriesener Waare, welche **geringwerthiger** und **theuer** ist. ☜

Kaffeepreise im Jahre 1890

Kaffeehaus und Kaffeekränzchen

Zunächst wurde der Kaffee vorwiegend von Männern getrunken. In England vertraten die Frauen zu Ende des 17. Jahrhunderts die Meinung, daß der Kaffee ein anti-erotisches Getränk sei, das den im Zölibat lebenden Geistlichen zu empfehlen sei.

Die Frauen liefen Sturm gegen den potenzschwächenden Trank. 1647 erschien in London eine Flugschrift mit dem Titel: „Petition der Frauen gegen den Kaffee, worin öffentlich zu bedenken gegeben wird, welche Unannehmlichkeiten ihrem Geschlecht erwachsen aufgrund des übermäßigen Gebrauchs dieses austrocknenden und schwächenden Getränkes, ... das die Männer so unfruchtbar macht wie die Wüsteneien, aus denen diese unglückselige Frucht kommt."[5]

Hinter dieser bemerkenswerten Fehde der ansonsten recht puritanischen Engländerinnen stand wohl auch der Widerstand gegen die damaligen Kaffeehäuser, in denen Männer sich emsig trafen. Frauen waren rigoros ausgeschlossen. Das englische Kaffeehaus war männlicher Intellektuellen-Treffpunkt, Diskussions- und Kommunikations-Zentrum, Börse und alkoholfreies Geschäftslokal, das mit späteren Konditorei-Cafés nur das Kaffeetrinken gemeinsam hatte.

Auch in Deutschland war der Kaffee zunächst ein öffentliches Getränk, das erst nach 1800 in die Privatsphäre einzog. Während der Frühstückskaffee den Beginn des neuen Tages markierte, war der Nachmittagskaffee mehr auf ein geselliges Beisammensein ausgerichtet. Frauen schufen das 'Kaffeekränzchen' und trafen sich wöchentlich einmal zu einer gemütlichen Stunde in einer der Wohnungen der Kaffeeschwestern. Sie fanden ihr häuslich-weibliches Gegenstück zum öffentlich-männlichen Kaffeehaus. Beim gemeinsamen Kaffeetrinken konnten sie Neuigkeiten austauschen, sich die Sorgen vom Leibe reden und Lösungen für Konflikte erörtern.

Die weibliche Eigenart, im Frauenkreis lieber über Persönliches als über Sachliches zu sprechen, wurde ihnen jedoch schon bald zum Verhängnis: Das Kaffeekränzchen wurde als 'Kaffeeklatsch' abgewertet. Während die Männer beim Kaffeetrinken ihre Geschäfte abschlossen und sich über Politik 'unterhielten', unterstellte man den 'Kaffeetanten', daß sie sich nur trafen, um über andere zu 'tratschen'.

Eine Karikatur auf das Kaffeekränzchen aus dem 19. Jahrhundert zeigt am runden Kaffeetisch ältere Frauen, die bösen Märchenhexen gleichen. Katzen auf den Schultern der Frauen bestärken noch die Hexen-Vorstellung.

Kaufet Breidenbachs Kaffee.

Melange und candirt in 1/4 Kilo-Packeten
zu 50, 55, 60, 65, 70, 75, 80, 85, 90 Pfg.

Jos. Holzheim, Mechernich.
Jac. Ley, Holzheim.
J. Bongartz, Commern.
Peter Kolvenbach, Lessenich.
Johann Didi, Obergartzem.
Wwe. Hermann Karbig, Sötenich.
Louise Weckmann, Urft.
Rudolf Krewinkel, Schleiden.
P. J. Stoff, Harperscheid.
Anton Marold, Mechernich.
Franz Schiffer, Blumenthal.
H. Wollenweber, Nettersheim.
Gustav Schmidt, Marmagen.
J. Schumacher, Reifferscheid.
Anton Andrees, Rescheid.
Kirch, May u. Cie., Wollseiffen.
Wilh. Saurbier, Olef
J. Schmitz, Antweiler.
Jakob Theissen, Schmidtheim.
Fischer u. Rütt in Bürvenich.
P. Körfgen in Heimbach.
Wwe. Schmitz in Bürvenich.
Frau P. J. Zimmer, Oberhausen.
F. H. Weimbs, Herhahn.

Kaufet Breidenbachs Kaffee.

P. Halsig, Iversheim.
Jos. Kessel, Münstereifel.
Wwe. Kahn, Kirspenich.
Frau Flatten, Arloff.
Joh. Müller in Blens.
H. J. Laugen in Abenden.
Joh. Nolden in Broich.
Alex Daniels in Drove.
N. Läufer, Lammersdorf.
J. Legros, Conzen.
J, Hauseur, Imgenbroich.
M. Genten, Wirtzfeld.
D. Gillet, Bullingen.
J, Reichertz, Elsenborn.
J. C. Wollenweber, Zingsheim.
Jean Stüsser, Hellenthal.
J. Doppelfeld, Gemünd.
J Müller, Nideggen.
H. Braun, Strauch.
Hugo Jansen, Steckenborn.
Fr. Clara Diefenbach, Sistig.
Chr. Honnef, Wollersheim.
Werner Heim, Pissenheim.
H. A. Himmelreich, Ahremberg.

Kaufet Breidenbachs Kaffee.

Werner Küpper, Embken.
Steph. Kühl, Hergarten.
H. Mauth, Eppenich.
Nassheuer u. Comp., Weyer.
A. Lückerath, Breitenbenden.
Wilh. Schweitzer, Mechernich.
Joh. Schöller, Bleibuir.
Jacob Birter, Dorsel.
H. J. Weber, Wershofen.
J. H. Gier, Cronenburgerhütte.
J. Hoffmann, Baasem.
Joh. Schumacher, Rocherath.
J. Schodelle, Strempt.
H. Mooringen, Roggendorf.
Schauff, Bäcker, Roggendorf.
Ant. Koll, Roggendorf.
H. Trauer, Hostel.
Geschw. Kurth, Keldenich.
J. Klein, Jünkerath.
A. Thomas, Trillingen.
A. Thomée, Lommersdorf.
Herm. Schlemmer, Stadtkyll.
Jos. Meyer, Dahlem.
P. J. Conrad-Detree Heimbach.

Breidenbach's Kaffee-Gross-Rösterei, Mülheim a. Rh.
errichtet überall Niederlagen.
Tägliche Leistungsfähigkeit 50 Zentner.

An die vielen kleinen 'Tante-Emma-Läden' erinnert diese Annonce

Man mißtraute mal wieder den Frauen, wenn diese unter sich waren und der männlichen Aufsicht für eine Stunde entflohen. Männer hatten immer wieder erfahren, daß Frauen sich stark fühlten und auch stark auftraten, wenn sie in Gemeinschaft mit anderen Frauen Kraft aufgetankt hatten. Männer fürchteten diese Stärke, Frauen nutzten sie nur wenig und gaben der Solidarität von Frauen einen nur geringen Stellenwert.

Das Kaffeehaus der Männer verschwand im Laufe des 19. Jahrhunderts; das Kaffeekränzchen hat sich indes bis heute gehalten. Der Kaffee wurde zu einem Symbol des Familienlebens und der häuslichen Beschaulichkeit - und er wurde mehr zum Frauengetränk. Heute schaffen Frauen ein Quentchen mehr Kaffee als die Männer.

Bohnenkaffee und Muckefuck

Das 'deutsche Verhältnis zum Kaffee' wurde mit der Zeit zu einem Politikum und zu einem Merkantilismus-Problem. Für die Kolonialmächte England, Holland und Frankreich stellte die Versorgung kein Problem dar. Als nach 1800 offensichtlich wurde, daß der Kaffee nicht nur eine Modeerscheinung war, sondern zum Alltagsgetränk avancierte, pflanzten Holländer und Franzosen auf ihren östlichen Besitzungen ihre eigenen Kaffeeplantagen an. (Die Engländer stiegen auf Tee um.)

Deutschland, das über keine Kolonien verfügte, war ganz auf die Einfuhr des Genußmittels angewiesen, zum Teil aus Holland und Frankreich. So flossen immense Geldsummen außer Landes, was den Landesherren durchaus nicht gefiel. Es begann eine Kampagne gegen das fremde, teure Genußmittel.

Schon nach 1750 wurden erste staatliche Maßnahmen zur Einschränkung des Kaffeeverbrauches ergriffen: Höhere Steuern auf Kaffee, staatliche Verkaufs- und Röstmonopole und regelrechte Kaffee-Verbote. Der Kaffee wurde zum undeutschen Getränk erklärt, da er das gute deutsche Bier verdränge.

Friedrich der Große (1712-1786), vom Volk der 'Alte Fritz' genannt, hat zwar versucht, seinen Untertanen den Kaffee auszureden, er selbst verzichtete jedoch nicht auf den Bohnentrank, den er mit Champagner und einer Prise Pfeffer würzte.

Eine Verordnung von 1800 bestimmte: „Eure Väter, deutsche Männer, tranken Branntwein und wurden bei Bier wie Friedrich der Große aufgezogen, waren fröhlich und guten Mutes. Dies wollen wir auch. Ihr sollt den reichen Holländern Holz und Wein, aber kein Geld mehr für Kaffee schicken. Alle Töpfe, vornehmlich Tassen und gemeine Schälchen, Mühlen, Brennmaschinen, kurz alles, zu welchem das Beiwort Kaffee zugesetzt werden kann, soll zerstört und zertrümmert werden."[6]

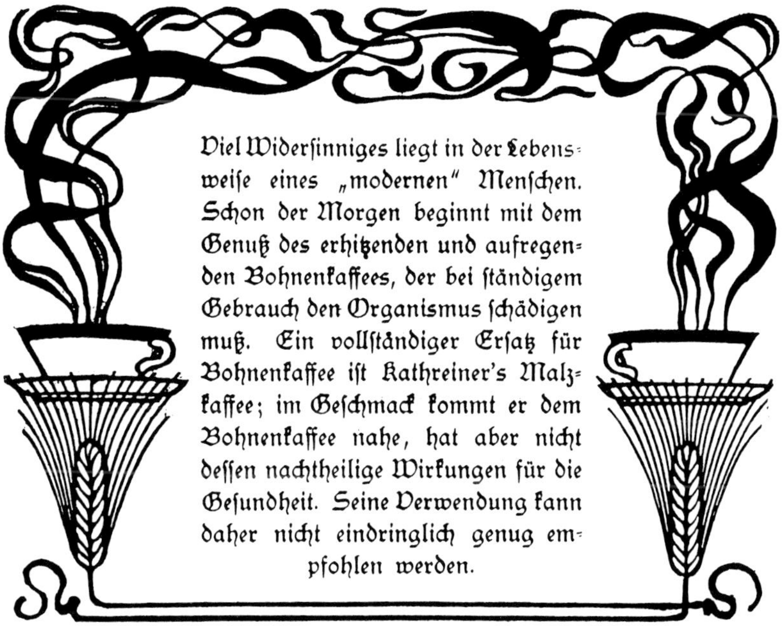

Werbung für den Malzkaffee im Jahre 1899

Zur Lösung des Devisenproblems verhalf schließlich ein Kaffee-Ersatz, der spezifisch-deutschen Kaffeegeschmack versprach. Gewonnen wurde dieser Ersatz aus der gerösteten und pulverisierten Wurzel der Zichorie. Jetzt hatte auch Deutschland seinen eigenen Kaffee, der jedoch ein Ersatz blieb.

Den echten Kaffee nannte man nun Bohnenkaffee, den Ersatzkaffee dagegen abwertend Muckefuck. Wer es sich leisten konnte, trank Bohnenkaffee, wer nicht, mußte sich mit Ersatz zufrieden geben. In vielen Eifelhäusern gab es nur einmal im Jahr echten Bohnenkaffee, und zwar zur Kirmes: „Das Jahr über wurde meist Malz- oder Kornkaffee getrunken, in den sich einige Kaffeebohnen verirrt hatten."[7]

Neben der Zichorie wurde zusätzlich die Gerste zur Kaffeegewinnung genutzt. In der Eifel sollen die ganz Armen sogar aus gerösteten Möhren Kaffee gezaubert haben.

Schließlich fand der Malzkaffee neben dem Bohnenkaffee seinen Platz. Um 1900 zeigten Annoncen den harten Wettbewerb zwischen dem ausländischen und dem einheimischen Kaffee. Es wurde argumentiert: „Dieser Malzkaffee ist kein vorübergehender Modeartikel, sondern ein dauernder Volksfreund! Er bekommt ausgezeichnet und schmeckt wie Bohnenkaffee, ohne wie dieser der Gesundheit zu schaden."

Die Hinweise auf gesundheitliche Schädigungen durch das Aufputschmittel Kaffee verstummten nicht. Ein viel gesungener Kanon warnte schon vor über hundert Jahren:

C - a - f - f - e - e -,
trink nicht so viel Kaffee.
Nicht für Kinder ist der Türkentrank,
schwächt die Nerven,
macht dich blaß und krank.
Sei doch kein Muselmann,
der es nicht lassen kann.

So einfach und schnell wie heute mit modernen Kaffeemaschinen ging das Kaffeekochen in der Vergangenheit nicht. Zunächst mußten die Bohnen per Hand in der Kaffeemühle gemahlen werden. Das Kaffeepulver wurde nicht gefiltert, sondern einfach in die Kaffeekanne gefüllt, mit kochendem Wasser überbrüht und der Kaffeegrund mittels eines Siebchens beim Abgießen aufgefangen. Wenn man das Kaffeemehl zum zweitenmal überbrühte, so nannte man das in der Nordeifel 'ene op et Looder schödde'.

1990 trank der statistische Bundesbürger jährlich 190 Liter Kaffee, wofür der Staat 1,7 Milliarden Mark Kaffeesteuer einstrich. Ohne das 'heiße, schwärzliche Getränk' läuft nichts mehr.

Quellenangaben

[1]Gemeinnützige Vorschläge, in: Unterhaltungsblatt und Anzeiger für den Kreis Schleiden und Umgegend, 18.9.1840

[2]Wolfgang Schivelbusch: Das Paradies, der Geschmack und die Vernunft, Frankfurt 1990, Seite 45

[3]F. Koenn: Von Brei, Kartoffeln und Bohnenkaffee, in: Zwischen Eifel und Ville, Dezember 1955, Seite 48

[4]Unterhaltungsblatt ..., 20.11.1889

[5]Schivelbusch, a.a.O., Seite 47

[6]Schivelbusch, a.a.O., Seite 87

[7]Karl Guthausen: Bohnenkaffee zur Kirmes, in: Kölnische Rundschau, Eifelland, 16.10.1986

Eigener Herd ist Goldes wert

Das Kochen war stets Frauendomäne. In Urzeiten erprobten die Frauen, was die Mutter Erde und die Mutter Natur an Nahrhaftem und Heilendem boten, während die Männer dafür sorgten, daß Fleisch auf den Tisch kam. Waren die Männer auf Jagd, hüteten die Frauen das Feuer, das schon in ältesten Zeiten von den Menschen entdeckt worden war.

Wie alle Naturelemente war das Feuer den Menschen heilig. Die Flammenkraft konnte verwandeln: Ungenießbares in Eßbares, Kälte in Wärme, Dunkel in Helligkeit, Böses in Gutes. In der Symbolik stand das Feuer für Sonne, Süden, Energie, Willensstärke, Zentralisierung und Transformation. Zum Feuer gehörte der Zauberstab, der die Energie kanalisierte und die Flammen in Grenzen hielt, damit diese nicht zum alles vernichtenden Ungeheuer wurden.

Die Feuergrube war stets Mittelpunkt eines Siedlungsplatzes. Hier bereiteten die Frauen die Speisen zu, hier kamen alle zur Mahlzeit zusammen, hier war allgemeiner Versammlungsort, hier fanden Kulthandlungen statt.

Bei den alt-religiösen Riten und den Opferungs-Praktiken war das Feuer unentbehrlich. Ebenfalls spielte der Kessel, schon als Lehmkessel zu Kochzwecken genutzt, eine magische Rolle. Dieses Gefäß war Sinnbild für den kosmischen Körper der Großen Mutter, für den Schoß der Erde und den Mutterschoß. Es war ein weibliches Symbol.

Der berühmte Gundestrupkessel, ein Zeremoniengefäß aus der Eisenzeit, zeigt in seinen zeichnerischen Darstellungen eine Verbindung von Kessel und Opfer. Im Kultkessel wurden Opfergaben, von Heilkräutern bis zum Menschenblut, aufgelöst, verwandelt und wieder neu zusammengesetzt. So wurde die zyklische Wiederkehr und Wiedergeburt demonstriert.

Der heilige Kessel der Urreligionen wurde im christlichen Glauben verbannt. Indes erinnern in den Meß'opfern' die Opferschale, der eucharistische Kelch und die Konsekration von Brot und Wein in Jesu Leib und Blut an die einstigen Glaubensvorstellungen.

Die Suche nach dem Gral, der Abendmahlschüssel, in der Joseph von Arimathea das Blut des gekreuzigten Jesu aufgefangen haben soll, beschäftigte jahrhundertelang die Menschen. Diese Opferschale wurde nie gefunden und hat es vermutlich auch nie gegeben. Es ging bei der Gralsuche vorwiegend um „einen Kampf auf symbolischer Ebene",[1] um das Gefäß der Großen Göttin und den Kelch des großen Gottes, um eine Auseinandersetzung zwischen Heidentum und Christentum.

Trotz der Heiden'bekehrung' war der heilbringende Kessel der weiblichen Weisheit aber nicht ganz vergessen. Konnten Frauen noch immer mittels

Feuer und Kessel Verwandlungen vornehmen? Der Aberglaube mutmaßte, daß böse Frauen aus geheimnisvollen Kräutern, Tieren und Säften schreckliche Unwetter 'kochten' oder todbringende Gifte 'brauten'. Daß die beschuldigten Frauen während der Hexenverfolgung in 'Teufels Küche' gerieten, liegt auf der Hand. Die Tatsache, daß die Verurteilten im Feuer verbrannt wurden, spricht ebenfalls für sich.

Doch zurück zur Herdstelle. Die Siedlungen wurden immer größer, und die Menschen zogen sich immer mehr in ihre eigenen vier Wände zurück. Die Gemeinschafts-Feuerstelle wurde aufgegeben; jede Familie wollte ihre eigene Kochgelegenheit besitzen.

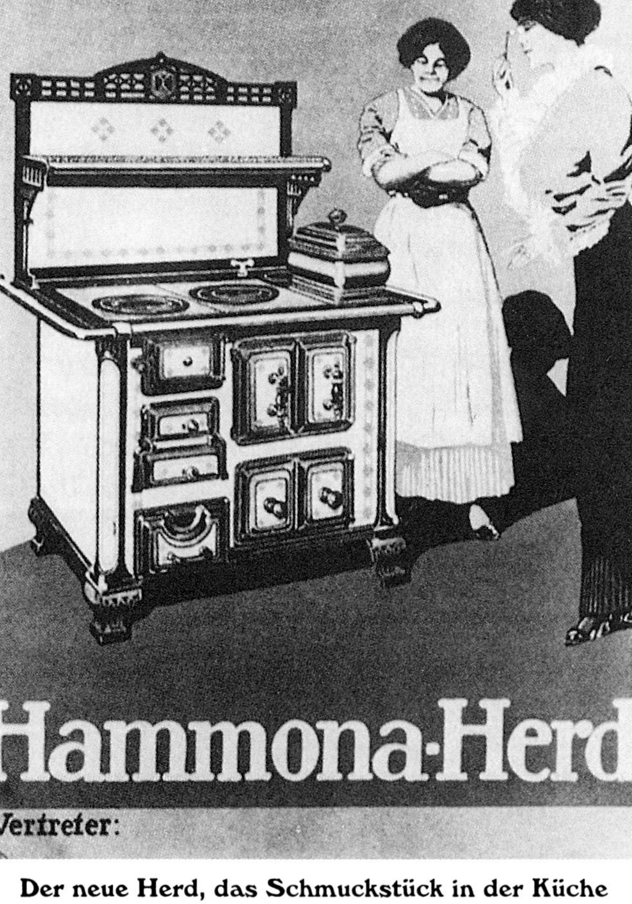

Der neue Herd, das Schmuckstück in der Küche

Bis ins 18. Jh. und in bäuerlichen Haushalten bis ins 19. Jh. war das offene Feuer im größten Raum des Hauses üblich. Das Feuer lag entweder in einer Vertiefung oder direkt auf dem Boden. Die Kaminwände wurden durch gußeiserne Platten vor allzu großer Hitze geschützt. Diese Takenplatten, beredte Stücke Eifler Geschichte, waren mit mythologischen oder religiösen Szenen reich geziert. Die Eisenplatten dienten oftmals auch zum Beheizen des Nebenraumes.

Ende des 19. Jh. setzte sich dann endgültig der geschlossene Eisenofen durch. Das Wort 'Herd' entstand. Der Kochherd mit Nickel- und Emailverzierung wurde das Prachtstück der Küchen und der Stolz der Frauen. „Eigener Herd ist Goldes wert" prangte auf einem blankgeputzten Messingschild.

Vielerorts wurde die Küche auch 'et Huus' oder 'et Hauis' genannt. Aus diesen Dialektausdrücken wird die Vorrangstellung des Kochraumes erkennbar. In der Küche „wurde das Essen bereitet, hier aß man, hier trafen sich Familie und Gesinde zur abendlichen gemeinsamen Arbeit, so z.B. zum Spinnen ..."[2] Oft kamen auch Nachbarn hinzu, und es wurde Neues berichtet und Altes erzählt. Wer aus der Gemeinschaft ausgeschlossen war, sprach wohl auch abfällig von einer 'Gerüchteküche'.

Noch nach dem Zweiten Weltkrieg fanden vereinzelt in den Eifeldörfern diese nachbarschaftlichen Treffen reihum in einer Küche statt. Man sparte so nicht nur Brennmaterial, sondern pflegte auch die Nachbarschaft und die Gemeinschaft beim gemütlichen Beisammensein.

Neben diesen Ausnahmen verlor die Küche jedoch seit der Jahrhundertwende immer mehr ihre urtümliche Dominanz. Bis dahin hatte sich über Jahrtausende hindurch nichts Wesentliches verändert: Die Kochstelle war Bereich und Reich der Frau und gleichzeitig Treffpunkt der Familie geblieben, wenn auch das Lagerfeuer in der freien Natur durch das Herdfeuer im Haus ersetzt worden war. Doch die Technisierung des Haushaltes brachte dann die absolute Wende.

Dabei fing es ganz harmlos an. Die Modernisierung der Wohnungen und besonders der alten Bauernhäuser war ein erstrebenswertes Ziel. Die Pläne sahen um 1920 folgendermaßen aus: „Man ist bedacht, wie im ganzen Bauernhaus, so besonders in der Küche, bessere Wirtschaftlichkeit und Behaglichkeit einzurichten, Geräte in Wandschränken und Geschirr in Wandkästen unterzubringen, durch geschickte Verteilung der Küchenmöbel den Küchenraum in einen eigentlichen Arbeitsteil und in einen behaglichen Aufenthalts- und Eßraum zu trennen ..."[3]

Die Frauen waren begeistert. Beratung und Schulung über Zweckmäßigkeit in der Küche kamen durch 'Wanderberatung' bis ins kleinste Eifeldorf. Noch steckte die Technisierung des Haushaltes in den Kinderschuhen, doch brachten die neuen Einrichtungen bereits erhebliche Arbeitserleichterungen, - die jedoch teuer erkauft werden mußten. Wie sooft in der Frauengeschichte registrierten die Frauen zunächst gar nicht, daß sie sich ihr eigenes Grab schaufelten. Durch die Modernisierung gaben sie den Kochraum als zentralen Kommunikationsraum auf und degradierten ihn zur reinen, abgetrennten Arbeitsstätte. In einer zweckmäßig eingerichteten Kochnische hatten sie ihr Reich für sich, konnten 'erleichtert' arbeiten, doch abgekapselt von der Familie und losgelöst vom Teilhaben und Teilnehmen der Mitbewohner. Kein Wunder, daß die Frauen sich nicht mehr wohl fühlten am häuslichen Herd. Die Küchenarbeit wurde zur Zwangsarbeit. Wer es sich leisten konnte, stellte Dienstmädchen für alle Hausarbeiten ein. Das einst hoch und heilig gehaltene Frauenwirken wurde zur (schlecht-)bezahlten und minderbewerteten Arbeit.

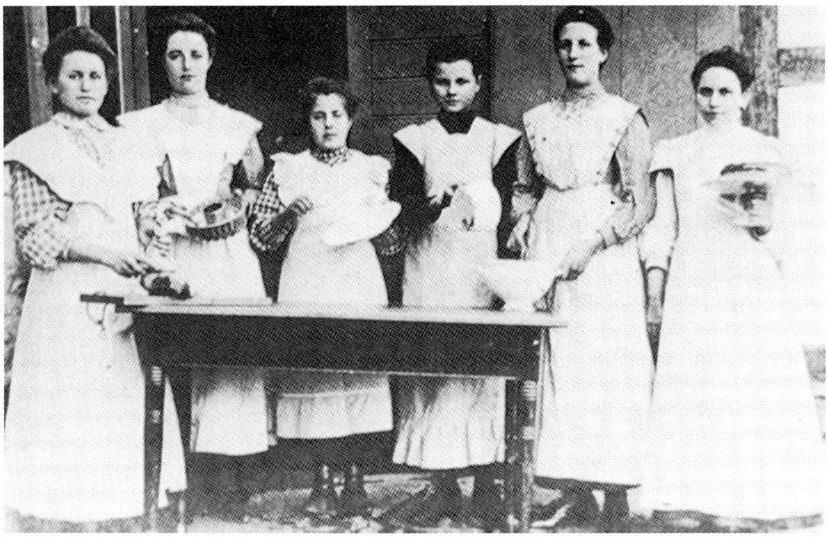

In Kursen konnten Mädchen um 1900 das Kochen erlernen hier: Haushaltslehrlinge im Simmerather Altenheim 1910

Die drei K's (Küche, Kinder, Kirche), die vielen Frauen bis dahin als Lebensaufgabe genügt hatten, befriedigten nun nicht mehr. Frauen drängten nach Aufgaben außerhalb des Hauses und in eine vorwiegend männliche Berufswelt. Doch damit gruben sie sich als Hausfrau selbst das Wasser ab. Das sah auch die Frauenbewegung durchaus realistisch: „Der tiefste und dauernde Grund des Unterschiedes zwischen männlicher und weiblicher Berufsarbeit, die Thätigkeit der Frau in der Familie, bedürfte kaum einer Erörterung, wenn nicht durch die Frauenbewegung, die mit Recht für die Frauenberufsarbeit eintritt und daher diese in den Vordergrund rückt, die

Gefahr entstanden wäre, daß die Arbeit der Gattin, Mutter und Hausfrau in ihrem volkswirtschaftlichen Wert unterschätzt wird."[4] Der Teufelskreis trieb mal wieder sein berüchtigtes Spiel: Die 'unproduktive' Hausarbeit wurde abgewertet, Frauen strebten in die Berufswelt und dadurch wurde die Hausarbeit noch stärker abqualifiziert. Hausfrau war kein Beruf und ist als solcher bis heute nicht anerkannt.

Heute bestimmen Gefriertruhe und Mikrowelle unsere Eß- und Lebensgewohnheiten. Bei einer Fast-Food-Mahlzeit träumt manche berufstätige Frau von alten Zeiten: Von einer Feuerstelle, die Energie noch sichtbar und die Wandlung von Lebensmitteln in Speisen noch erlebbar macht; von einer Küche, die Frauendomäne ist innerhalb einer großen Hausgemeinschaft und von einer anerkannten Hausarbeit.

Erinnerungen an einstige Feuerstellenerlebnisse wecken heute das knisternde Feuer im offenen Kamin, das Grillen im Freien und das Lagerfeuer. Individualisten verwirklichen sich den Traum von der Vergangenheit mit der Einrichtung einer Bauernküche nach altem Muster. Besonders in liebevoll restaurierten alten Bauernhäusern ist die geräumige Küche als Koch-, Eß- und Kommunikationsraum wieder zu finden. Oft prangt dann über einem musealen Herd ein altes Schildchen: Eigener Herd ist Goldes wert.

Quellenangaben

[1]Barbara G. Walker: Die Weise Alte, München 1986, Seite 120

[2]Dieter Pesch: Volkskunst am Niederrhein, Köln 1980, Seite 20

[3]Adam Wrede: Eifeler Volkskunde, Frankfurt 1983, Seite 91

[4]Helene Lange, Gertrud Bäumer: Handbuch der Frauenbewegung IV. Teil: Die deutsche Frau im Beruf, Berlin 1902, Seite 56

Waffeln

Waffeln sind seit 'unvordenklichen Zeiten' bekannt. Aus dem 7. Jahrhundert hat man in einem skandinavischen Frauengrab eine Art Waffeleisen gefunden. Nach Deutschland kam die Waffel von den Niederlanden her wie die holländische Herkunft des Wortes sagt: 'Waf' heißt Wabe und deutet auf die rautenartigen Vertiefungen des Kuchengebäcks hin.

In die offene Feuerstelle hielt man im 18. Jahrhundert ein Zangenwaffeleisen. Das gußeiserne Wendewaffeleisen setzte sich durch, als nach 1800 die offenen Feuerstätten immer mehr durch Küchenöfen ersetzt wurden: „Die alten Herde hatten über der Feuerung einzelne Ringe zum Abnehmen. Auf das offene Feuer wurde das gußeiserne Waffeleisen gesetzt. Es besaß eine Vorrichtung zum Wenden, so daß beide Seiten der Waffeln gebacken werden konnten."[1]

Die herzförmigen oder viereckigen Waffeleisen gehörten zu jedem Haushalt. Da vor 1850 Weizenmehl noch weithin unbekannt war, nahm man für die Waffeln Hafermehl: „Waffeln bestanden ursprünglich meist aus Hafermehl mit Wasser oder Milch und Zucker oder einem anderen Süßmittel wie Kraut oder Honig. Hin und wieder wurden diese Waffeln auch mit Eiern und Zimt verfeinert."[2]

Später wurden Waffeln aus Weizenmehl, Backpulver und Fett hergestellt. 'Nasse Waffeln' buk man aus einem Hefeteig. Durch andere Backzutaten, wie Rum, Vanille oder auch Buttermilch, brachten die Hausfrauen Abwechslung ins Waffelbacken. Eine Delikatesse unserer Zeit sind heiße Kirschen mit Schlagsahne, die über die fertigen Waffeln gegeben werden.

Eingerieben wurde das Waffeleisen nicht mit Butter, sondern mittels einer Speckschwarte, die der Waffel einen besonders herzhaften Geschmack verlieh.

Hatte die Hausfrau einmal das Waffeleisen herausgeholt, so wurde ein ganzer Stapel Waffeln gebacken. Am besten schmeckten diese zwar frisch und warm, aber auch kalt wurden sie noch gerne gegessen. Der Rest des Teigs ergab oftmals nur eine kleine Waffel: „Das letzte kleine Waffelstück, der Rest, heißt Temmeschen (zu Thomas, ironisch Tömmesje?)"[3]

Inzwischen hat das elektrische Waffeleisen das gußeiserne Eisen abgelöst. Es geht schneller mit dem modernen Eisen, aber - so behaupten ältere Frauen - die Waffeln haben den herben 'Feuergeschmack' verloren.

Quellenangaben

[1]Trude und Veronika Stein: Das Kochbuch aus der Eifel, Münster 1981, Seite 107
[2]Willi Münch: Die Bergische Kaffeetafel, Köln 1990, Seite 19
[3]Adam Wrede: Eifeler Volkskunde, Frankfurt 1983 (Erstauflage 1924), Seite 276

Von Eifler Dorfschönen

Im Eifelvereinsblatt von 1932 ist folgendes zu lesen: „Die Eifler Dorfschönen verstehen sich durchzusetzen. In einem Eifeldorfe der Dauner Gegend erbaten sich die Jungfrauen von der Kreisverwaltung die Abhaltung eines Kochkurses zum Frühjahr, der wohlwollend zugesagt wurde. Auch der Gemeinderat war damit einverstanden, aber die nahrhafte und nützliche Unterweisung sollte erst im Herbst einsetzen, da die Mädchen doch im Frühjahr die Gärten umspaten müßten. Doch da kam die Dorfbehörde schön an, haushoch schlugen die Wogen der Entrüstung.

In löblicher Einigkeit legten die künftigen Hausfrauen ihren Standpunkt klar; der Gemeinderat sei nicht befugt, ausgerechnet für die Kursusteilnehmerinnen das Frühjahrsspaten festzusetzen, im Kriege hätten die Mädchen und Frauen diese und noch andere Männerarbeit besorgen müssen, zudem herrsche jetzt unter der Männerwelt so große Arbeitslosigkeit, daß diese die Gärten umspaten könnten, ohne ihre Ehre zu kränken. Die Beweiskraft erschlug den Gemeinderat, schleunigst zog er seinen Antrag zurück und bat die übergeordnete Amtsstelle um baldige Einrichtung des so siegreich verteidigten Kursus."[1]

Die Eifler Dorfschönen hatten sich also durchgesetzt. Wer jedoch letztendlich die Gärten in jenem Frühjahr umgespatet hat, bleibt offen.

Quellenangabe

[1]Eifelvereinsblatt März 1932, Seite 44

Auch Eifeler Frauen rauchten Pfeife

„Das Tabakrauchen ist hier selbst unter den Frauen Sitte", schrieb der Eifelforscher und Landrat von Prüm Georg Bärsch (1778-1866). Der Bonner Volkskundler Adam Wrede bestätigte dies. In seiner 'Eifeler Volkskunde' (1924) erzählte er von einer alten Eiflerin in Büscheich bei Gerolstein, die schwarzen Strangtabak jedem anderen Tabak vorzog: „Sie schmauchte Päckelches (Tabak aus kleinen Packungen) nur dann, wenn der andere nicht vorrätig war."[1]

Im Gegensatz zu dem gebrauchsfertigen Päckelches-Tabak mußten die zu einer festen Rolle gepreßten Tabakblätter des Strangtabaks zunächst geschnitten und klein gerieben werden. Anschließend wurde der Tabak in einer getrockneten Schweinsblase, dem Söös-Büggel, aufbewahrt. In diesem Beutel wurde dann die Pfeife gestopft. Bekannt und beliebt war in den Eifeldörfern unter anderem der Trierer Strangtabak.

Im Wittlicher Land hatten der Tabakanbau und die Tabakverarbeitung große Bedeutung. Die Frauen wurden bei der Arbeit mit eingespannt: „Ist die

Arbeit im Tabakfeld

Die Tabakblätter werden eingefädelt, Wittlicher Land

sorgsam angebaute und gehegte Pflanze endlich in den vorgeschriebenen Abständen bis auf die Staude eingeheimst worden, so beginnt die meist frauliche Arbeit des Einfädelns oder Einreihens der Tabakblätter auf Schnüre zum Trocknen in den luftigen, mit Klappen versehenen Tabakschuppen. Heute wie früher geschieht das Einreihen durchweg abends gemeinsam in der Bauernstube mit Zuschauern aus der Nachbarschaft oft bis Mitternacht, bei Lied und Scherz, zuletzt auch mit Viez und einem Obstschnäpschen oder Kaffee zum Abschluß."[2]

Eine Zigarrenfabrik, in der viele Eifeler Mädchen beschäftigt waren, gab es zu Anfang dieses Jahrhunderts in Manderscheid.

Die Eifeler Männer rauchten viel und gerne und hatten oft den ganzen Tag die Pfeife im Mund. „De Piif, de Frau un de Kenger, dat send drei leeve Denger", setzt der Volksmund die Pfeife im Leben des Mannes an die erste Stelle.

Die Kunst der Männer, die kurze Pfeife zum 'Hänschen' zu schwärzen, verstanden die Frauen indes nicht: „Frauen war es schwer, eine Mutzpfeife zum 'Hänschen' zu rauchen; sie rauchten zu ungleichmäßig und nicht sorgfältig genug, besonders den Kopf der Pfeife nicht aus."[3]

Die 'truckene Trunkenheit' beim Tabaksaugen

Nach der Einführung des Tabaks von Amerika nach Europa zu Ende des 15. Jahrhunderts sprach man allgemein vom Tabaksaugen, vom Rauchtrinken und von der 'truckenen Trunkenheit'. Erst ab dem 17. Jahrhundert setzte sich das Wort 'rauchen' durch.

Das Rauchen erschien den Europäern zuerst äußert bizarr. So soll ein Diener, als er Rauch aus dem Mund seines Herrn aufsteigen sah, geglaubt haben, der Herr brenne, denn wo Rauch sei, müsse auch Feuer sein. Mit einem Guß Wasser löschte er den vermeintlichen Brand.

Allmählich erkannte man die Vorzüge des Rauchens. Um 1700 hieß es: „Der Tabak macht das Gehirn und die Nerven trockener und beständiger. Daraus folgt eine größere Beständigkeit der Seele ... Gleichzeitig schwächt er aufgrund derselben trockenen Wirkung die erotischen Leidenschaften und lenkt die lüsterne Einbildungskraft, die so viele müßige Männer beschäftigt, in andere Richtungen."[4] Zusätzlich wurde die angenehme Beruhigung, die zufriedene Wunschlosigkeit und die gemütliche Geselligkeit beim Rauchen gerühmt.

Bei der Geschichte des Rauchens wird die 'Beschleunigung der Moderne' sehr deutlich. Bis zum 17. Jahrhundert war die Pfeife das vorherrschende Rauchgerät und blieb es auf dem Land noch für lange Zeit. Es benötigte jedoch viele Handgriffe, bevor diese auch nur rauchfertig war. Selbst das Anzünden mittels Holzspänen war eine zeitfordernde Prozedur. Erst 1848 wurden von einem deutschen Chemiker die Zündhölzer erfunden.

Mit dem Aufkommen der Zigarre zu Beginn des 19. Jahrhunderts entfiel diese Arbeit. Das Produkt war fertig, brauchte nur noch beschnitten und in den Mund gesteckt zu werden. Die dicke Zigarre paßte zum Bild des betuchten Geschäftsmannes. Die Eifeler Bauern gönnten sich meist nur sonntags diesen Wohlstandsgenuß.

Der Beschleunigungs- und Vereinfachungsvorgang wiederholte sich mit der Zigarette. Ohne Vorbereitung konnte diese in kurzer Zeit geraucht werden und wurde so zum Sinnbild der Schnellebigkeit. Die elegante Zigarettenspitze in behandschuhter Damenhand, der Kauf von losen Zigaretten und das Einfüllen in ein Zigarettenetui gehören inzwischen ebenfalls der Vergangenheit an. Aus der Packung in den Mund geht es heute im Tempo der Zeit. Nur wenige, meist junge Leute, drehen sich ihre Zigaretten selbst.

Bei der Arbeit, so in Fabriken und in Büros, war das Rauchen früher nicht erlaubt. Nichtraucher haben heute erreicht, daß rauchfreie Arbeitsräume zu Gunsten der allgemeinen Gesundheit entstanden sind. Zu Hause wurde früher meist in der Küche 'gequalmt'; in Herrschaftshäusern zogen sich Raucher in ein spezielles Raucher- oder Herrenzimmer zurück.

Am 24.5.1736 wurde das öffentliche Rauchen auf Straßen und Plätzen verboten, da 'durch das unvorsichtige Tabakrauchen öfter ein Brand' entstanden war. In den Eifeldörfern rechtfertigten die tiefgezogenen Strohdächer das öffentliche Rauchverbot.

In der Revolution von 1848 spielte das Rauchverbot eine große Rolle. In einem Bericht über den 19. März 1848 in Berlin wurde folgender Dialog wiedergegeben: „Auf die Frage aus dem Volke, ob auch wirklich alles bewilligt sei, antwortete er (Sprecher des Köngis): „Ja, alles, meine Herren!" „Och et Roochen?" erscholl eine Stimme. „Ja, auch das Rauchen", war die Antwort. „Och im Dierjarten?" wurde weiter gefragt. „Ja, auch im Tiergarten darf geraucht werden, meine Herren." Das war durchschlagend. „Na, dann können wir ja nach Hause jehen", hieß es überall."[5] Es konnte die 'Friedenspfeife' angezündet werden.

Das Rauchen in der Öffentlichkeit wurde zum Sinnbild einer demokratischen Freiheit, aber auch zum Zeichen der Emanzipation der Frauen. Selbstbewußte Frauenrechtlerinnen zündeten sich provokativ in der Öffentlichkeit eine Zigarette an.

Ob auch die Eifeler Frauen ihre Pfeifen als Zeichen der Gleichberechtigung rauchten, scheint unglaubwürdig. Da viele Bauersfrauen schwere Männerarbeit erledigten, schien es ihnen wohl selbstverständlich, daß ihnen auch die Pfeife zustand. Außerdem glaubten sie, daß das Rauchen im Alter Atembeschwerden erleichterte. Die ältere Generation weiß noch von vielen betagten Großmüttern, die genüßlich ihre Pfeife rauchten.

Daß auch junge Frauen in der Vergangenheit Pfeife rauchten, zeigt sich am Beispiel von Fanny Imle, die 1909 ihre Doktorarbeit über den Bleibergbau von Mechernich in der Voreifel schrieb. Pfeiferauchend sammelte sie ihre Informationen: „Die Betriebsleitung sah die rothaarige Fanny Imle, die pfeiferauchend bei den Bergleuten auftauchte, um Informationen für ihre Doktorarbeit zu sammeln, nicht gerne."[6] Heute ist es selbstverständlich, daß Frauen überall rauchen.

Quellenangaben

[1]Adam Wrede: Eifeler Volkskunde, Frankfurt 1983, Seite 279

[2]Dr. P. Blum: Entwicklung des Tabakbaus im Wittlicher Land, in: Eifel-Kalender für das Jahr 1943, Seite 133

[3]Adam Wrede, a.a.O.

[4]Wolfgang Schivelbusch: Das Paradies, der Geschmack und die Vernunft, Frankfurt 1990, Seite 115

[5]Hans Jessen: Die Deutsche Revolution 1848/49 in Augenzeugenberichten, Düsseldorf 1968, Seite 91

[6]Bernd Kehren: Aus der Grube direkt aufs Feld, in: Kölnische Rundschau, Eifelland, 16. April 1990

Die Bäuerin: Nur Arbeit war ihr Leben

In den kleinen Eifeldörfern war lange Zeit hindurch jede Frau eine Bäuerin, meist eine Kleinbäuerin. Wie ihr arbeitsreiches Leben aussah, sagen ausdruckstarke Berichte aus verschiedenen Jahren.

Die Bauerntochter

Und dann rüstete sie
wie immer
zum Gang auf den Acker.
Sie war Bauerntochter,
sie wußte, daß nichts,
nicht Geburt noch Tod,
nicht Freude noch Schmerz,
nicht alles Leid, nicht alles Glück
abhalten können,
wenn die Ernte geschafft werden muß.
Und sie würde die schaffen.

Clara Viebig: Franzosenzeit, Stuttgart 1925, Seite 33

Bäuerin, bleib bei deinen Eiern:

Kritik an der Verbesserung des ländlichens Schulwesens 1883

Noch viel wichtiger für den Bauernstand ist die Bäuerin. Auf ihr ruht die ganze Last wirtschaftlicher und häuslicher Sorgen. Angesichts dessen ist es eine himmelschreiende Verirrung unseres Schul- und Erziehungswesens, daß man auf das Land 'Arbeitslehrerinnen' verpflanzt, um die Bauernmädchen mit den 'feineren' Arbeiten bekannt zu machen, d.h. ihnen den Geschmack an den landwirtschaftlichen Arbeiten zu verleiden, sie zur Bequemlichkeit und Müßiggang, zu Nascherei und Genußsucht zu verleiten. Siebentes Schuljahr und Arbeitslehrerinnen gehören zu den größten Modeverirrungen der Gegenwart. Schon hat unser Schulwesen den Keim des Verderbens in die weiblichen Dienstboten verpflanzt. Man frage nach, wo unter den landwirtschaftlichen Mägden noch die frühere Einfachheit und Thätigkeit, Sparsamkeit und Zufriedenheit, die Liebe und Hingabe an die Arbeit in Stall und Feld zu finden sei? Die Mägde, welche musterhaft ihren Stall regierten und mit ängstlicher Sorgfalt und mit wahrhaft unermüdlicher Fürsorge um jede Kuh und jedes Kalb bekümmert, welche von früh Morgens bis spät Abends mit Eifer und heiterer Gemüthlichkeit bei der Arbeit waren, sie sind verschwunden. Es fehlt nur noch, daß die Bäuerinnen sich zur Kaffeetasse setzen und mit 'feineren Arbeiten' den Tag todtschlagen, um unsern Bauernstand von Grund auf zu ruinieren. Kein

Mehr als Worte sagt dieses Gesicht einer 75-jährigen Kleinbäuerin

Gesetz und keine wirtschaftliche Reform kann unsern Bauernstand retten, wenn die Bäuerinnen aufgehört haben, die Seele der Wirtschaft zu sein, den Tag und die halbe Nacht zu sorgen in Küche und Keller, im Stall und auf dem Felde. Eine tüchtige Bäuerin ist Tag und Nacht so beschäftigt, daß sie keine Viertelstunde Zeit findet, sich an den Tisch zu setzen, um 'feinere' Handarbeiten vorzunehmen. Jede wirthschaftliche Bäuerin hat für die nothwendigsten Arbeiten dieser Art eine Näherin auf 'Stöhre'.

Man verpflanze doch auf das Land nicht die Vielwisserei. Das Beste, was die Landschulen bieten und die Erziehung gewähren kann, ist die Liebe zur Arbeit und Thätigkeit, zu Entbehrung und Sparsamkeit. Demgegenüber ist es höchst gleichgültig, ob die Bäuerin etwas besser lesen oder schreiben kann. Das Kopfrechnen lernt sie im Hause meist besser als in der Schule. Die überflüssig lange Zeit, welche die Kinder in der Schule zubringen müssen, gewöhnt sie an Bequemlichkeit und Müßiggang, und das ist die schwerste Anklage gegen das siebente Schuljahr auf dem Lande. Alle Vortheile, welche man anführt, fallen hiergegen nicht in's Gewicht.

Ratzinger: Die Erhaltung des Bauernstandes, 1883, S. 110
zitiert bei: Gerhard A. Ritter und Jürgen Kocka: Deutsche Sozialgeschichte, München 1977, Seite 417

Das Eheleben der Bäuerin

Wie ist das Leben in der Ehe? Meist geht es gut; die viele Arbeit nimmt stark in Anspruch, die verhältnismäßig vielen Menschen, die zusammenleben, schleifen einander ab. Früher gab es mehr Roheit und Prügel. Wie es jetzt ungefähr ist, darüber soll eine Frau urteilen: „Der junge Bauer ist oft anfangs ohne alles Verständnis für die ganz andere Beschaffenheit der Frau und für ihr Unterworfensein unter das Naturgesetz der mütterlichen Aufgabe. Als Arbeitskraft muß sich die Frau stark anstrengen. Der ermüdete Organismus vermag

Auch auf dem Feld mußte die Bauersfrau tüchtig mit anpacken.

nicht mehr das Eheleben in Frische aufzunehmen, und die Frau empfindet es als Last, verheiratet zu sein, obwohl sie als Mädchen kräftig und sinnlich froher Art war. Da entsteht oft Bitterkeit dem Mann gegenüber, der sie körperlich beherrscht und über ihre Kräfte ausnützt. Es kommen die Kinder. Das einst so frische Mädchen zeigt nach den ersten zwei Jahren schon scharfe Züge und ein alterndes Gesicht. In diesem Druck der ersten Ehejahre wird die Frau unempfindlich hart, das Leben nur real wertend, oder sie sucht Halt und Trost im göttlichen Willen und bekommt eine tiefe Auffassung vom Leben.

Maria Bidlingsmaier: Die Bäuerin in zwei Gemeinden Württembergs, 1918, Seite 167
zitiert bei: Joseph Weigert: Religiöse Volkskunde, Freiburg 1925 Seite 91

Von der Eifeler Bäuerin

Der Eifelbauer wäre ohne seine Frau, die Eifeler Bäuerin nicht denkbar. Sie ist seine treueste Helferin und eine wahre Arbeitskameradin. Sie ergänzt ihren Mann auf das glücklichste bei allen mühsamen Arbeiten, die beiden obliegen. Sie ist eine Heldin der Arbeit. Auf ihren Schultern liegt die ganze Sorge um das Wohl der Familienangehörigen. Das ganze Vieh ist in ihre Obhut gegeben, und so besorgt sie mit unermüdlichem Schaffensdrang die Gewinnung und Verwertung der Milch. Sie bestellt den Garten. Trotz der großen Arbeitslasten findet sie noch Zeit genug, die Erziehung ihrer zahlreichen Kinder in die Hand zu nehmen und zu überwachen.

Eine Bäuerin aus dem Monschauer Land

Während der Aussaat und der Ernte muß die Frau des Bauern mit hinaus auf das Feld, sie muß helfen, die Kartoffeln setzen, das Heu wenden, die Garben binden. Während der Ernte steigert sich ihre Arbeit um ein Vielfaches.

Im Weltkriege zeigte sich die Eifeler Bäuerin in ihrer wahren Größe. Sie ging hinter dem Pfluge einher und zügelte kraftvoll die Ochsen. Mit ruhiger Gelassenheit dengelte sie die Sense und handhabte den Dreschflegel. Dabei dachte sie an ihren Mann, der oft genug mit 3-4 Söhnen vor dem Feinde stand. Ausdauer, Geduld und Gottvertrauen halfen ihr auch das Schwierigste zu überwinden. Keine Klage kam von ihren Lippen.

Eifelbauer, in: Eifelgut, Heft 6, 1931, Seite 6

Plauderei über die Eifelbäuerin

Die kleinbäuerliche Wirtschaft verlangt von der Eiflerin eine tätige Mitarbeit. Mit Recht kann man sagen, daß das Gedeihen von dem Wirken und Walten der Bäuerin abhängt. Wenn wir nur unsere Mütter betrachten, so sehen wir, wie ihr Schaffen vom frühen Morgen bis zum späten Abend dem Wohlergehen

Junge Eifelfrau bei der Kornernte

der Familie und dem Gedeihen des Besitztums dient. Da die Väter meist einen Hauptberuf ausüben, sind die Arbeiten in Haus und Hof und zu einem guten Teil auf dem Felde der Bäuerin übertragen. Die Fütterung, Wartung und Pflege der Haustiere bei höchster Sorgfalt sind eines ihrer Betätigungsfelder. Über ihre hauswirtschaftliche Tätigkeit braucht man nicht viele Worte zu verlieren. Für die meist große Kinderschar muß gesorgt werden, und mit Pünktlichkeit steht zur bestimmten Stunde für die vielen Esser das schlichte Mahl bereit. Kaum einen größeren Stolz gibt es für sie, wenn ihre Pfleglinge - und hier sind die Kinder und das Vieh gemeint - gesund bleiben, wachsen und gedeihen. Die Gewinnung und Verwertung der Milch ist ein weiteres Arbeitsfeld der Bäuerin. Hier muß wie auf allen Gebieten größte Sauberkeit herrschen. Auch die Bearbeitung des Gartens ist fast ihre alleinige Aufgabe. Dabei wird sie oft gerne von den schon größeren Kindern unterstützt; jedoch Planung und Aussaat bleiben ihr vorbehalten. Wenn noch ein Vorgarten vorhanden ist, sorgt sie, daß derselbe den ganzen Sommer hindurch mit den alten Bauernblumen wie Goldlack, Pfingstrosen und Aurikeln geschmückt ist. Im Herbst erfreuen uns die vielen Arten der Astern und Dahlien. Hiermit ist der Schaffenskreis noch nicht erschopft. Die Feldarbeit stellt an die Kraft der Eifelbäuerin noch hohe Anforderungen. Zwar sind durch die Beschaffung von Maschinen manche Erleichterungen eingetreten; jedoch bleibt für sie noch viele Handarbeit. Das Frühjahr bedingt das Kartoffelsetzen und das Auspflanzen der Rüben. Die Pflege dieser Felder, vor allem das Hacken bei gebückter Haltung, erfordert Ausdauer und körperliche Kraft. Schwere Tage kommen mit der Zeit der Heuernte. Unermüdlich schafft die Frau in der warmen Eifelsonne. Schon rückt die Zeit der Getreideernte heran. Wieder steht die Bäuerin an der Seite des Mannes und schafft, bis der letzte Erntewagen eingefahren ist. Die Kartoffel- und Rübenernte an oft schon kühlen Tagen erfordert ihren vollen Einsatz. Wenn man nun glaubt, der Winter würde der Schafferin etwas Ruhe bringen, so ist dieses jedoch nicht der Fall. Viele Arbeiten mußten im Haushalt den Sommer über zurückgestellt werden. Da sind die Back- und Schlachttage, wo die Bauersfrau geschäftig hin und her schreitet. An den langen Winterabenden drehen ihre flinken Hände das Spinnrad. Im ganzen Jahreslauf hat die Eifelbäuerin ihre Bürde zu tragen, und all dies geschieht zum Wohle der Familie, der Eifeldörfer und der engeren und weiteren Heimat.

Renate Knips, 13 Jahre, Volksschule Hecken, 6. Schuljahr
in: Schleidener Heimatkalender 1962, Seite 150

Milchbäuerinnen im Jahr 1990: Wo die Kühe noch Rosa heißen

... Auch im Dorf heißen sie so: die Milchbäuerinnen. Es gibt hier nur noch fünf Höfe, und sie sind die Einzigen mit Milchkühen. Seit 1972 wirtschaften sie zusammen, die älteste und die jüngste von vier Schwestern. Das ist ungewöhnlich. Die Älteste hat den Hof geerbt. Der Bruder, der ihn übernehmen sollte, ist im Krieg geblieben mit achtzehneinhalb Jahren.

Schwester des Dichters Jakob Kneip (1881-1958) beim Brotschneiden

„Wir haben ja jetzt die Kontingente." Das ist der erste Satz, den ich von der Ältesten höre, als ich mit ihr und Anna vom Frauenbildungshaus in den Kuhstall gehe. Sieben oder acht Jahre ist das schon her mit den Kontingenten, aber sie sagt es, als sei es erst letzte Woche geschehen. Die Kontingente, das ist eine so einschneidende Veränderung, daß sieben Jahre nicht lang genug sind, um sie als selbstverständlich zu empfinden.

An diesem Abend stehen sieben Kühe im Stall und drei Kälbchen. „Neulich hatten wir ein Kälbchen", erzählt sie, „das war ganz anders als die andern. Die von der Besamung hatten Samen von einem Rind aus Amerika dabei, wie das heißt, kann ich gar nicht mehr sagen, aber so ein Rind, was in den großen Herden mitläuft, und das Kälbchen war ganz anders, grau war es und wild, ist über die Zäune gesprungen, wir konnten es kaum halten." Nein, so eins wollen sie nicht mehr, es war ganz grau und nicht schwarz wie die andern sonst. Es hat wohl mehr Geld gebracht wie die andern, aber trotzdem, so eins wollen sie nicht mehr.

Ob die Kühe Namen haben? Sie lacht. „Ja, Namen sagen wir auch schon mal, Gretchen sagen wir oder Rosa oder Emma..."

„Wir haben ja jetzt die Kontingente." Dieser Satz taucht immer wieder auf im Gespräch. Ist das nicht ein militärischer Begriff? Der Duden ist weit weg in der kleinen geheizten Wohnstube, in der wir zusammensitzen. Aber der Duden ist auch nicht nötig.

„Mit den Kontingenten ist das so: dieser Hof darf 24.000 Liter im Jahr liefern." Die Älteste, die uns alles genau und anschaulich erklärt, stützt beide Hände auf dem runden Couchtisch auf, wenn sie spricht. Sie sitzt sehr aufrecht und spricht mit einer weittragenden Stimme, als sei sie Vorsitzende von großen Versammlungen. Der Hof, das ist ihre Verantwortung ebenso wie die Krankenkasse und die Altersversorgung, die sie für die Jüngste noch bezahlen muß. „Wenn wir zuviel Milch liefern", sagt sie, „bekommen wir für den Liter Milch nur 17 Pfennig anstatt 74. Und das hat ja keinen Zweck, dafür die Milch abzugeben. Dann haben wir Kälber und dann bekommen die Kälber die Milch. Wir haben ja sonst mehr Kontingent gehabt," setzt sie hinzu, „aber voriges Jahr mußten wir wieder zwei Liter abgeben. Das Zollamt hat das übernommen, dann bekommen wir wohl die Milch bezahlt, aber wir können sie nicht mehr liefern."

Das hört sich nach Verstaatlichung an und nach Plansoll. Sie nickt zustimmend ...

In jedem Dorf beginnt immer wieder eine abenteuerliche Suche nach einer Milchbäuerin (und nach glücklichen Eiern), und von Rechts wegen ist es verboten, diesem Bedürfnis nachzugehen, anders einzukaufen und dabei auch Worte zu wechseln, nicht nur Geld. Abends die kleinen Wege gehen, wie hier hinter der Kirche einen gepflasterten Heckenweg entlang, in einen Innenhof eintretend und die Türe zur Milchküche zu öffnen.

Die Kühlmaschine dröhnt, so muß ich eine Weile warten oder rufen oder in den Stall gehen (wo die Melkmaschine läuft), in den Kuhgeruch hinein, den Wärmegeruch und Mist schnuppern, Stroh, Heu, Gras, Milch; das Malmen und Stampfen hören, wenn die Melkmaschine Pause macht und ein neues Kälbchen bewundern. (Im Laufe der Jahre sehe ich auch Ställe, in denen die Kühe in engen Boxen stehen tagein tagaus und nie mehr auf die Weide kommen, und vielleicht gehe ich immer wieder in die Kuhställe, um mich zu überzeugen, daß die Kühe noch auf vier Beinen stehen, nur einen Kopf haben und die Milch noch aus dem Euter fließt.) Und es ist der Gang durchs Dorf abends und in die Dorfgeschichte hinein ...

„Wir waren zu vier Mädchen", sagt sie, „die haben alle einen Landwirt geheiratet, außer die da, die nicht heiraten wollte." Sie zeigt lachend auf ihre Schwester, die in einem Sessel auf der anderen Seite des Zimmers sitzt und aus dem Hintergrund ab und zu bedächtig etwas hinzufügt. „Nein, nein", sagt sie jetzt, „heiraten, nein."

„Da kann man ja nichts machen", meint die Älteste, „das muß jeder selber wissen. Heute kann man das ja gar nicht mehr, vier Mädchen zuhause lassen, wie das früher war. Da hieß es, wir haben Landwirtschaft, und da sagte mein Vater, wir wollen keine fremden Leute, das können wir so machen."

„Heute sei die Landwirtschaft nicht mehr so viel Arbeit wie früher", meinen sie, „weil alles maschinell gemacht wird. Aber Maschinen sind teuer in der Anschaffung und in der Reparatur, sie schlucken Benzin und Öl. Früher, als die Eltern noch lebten, waren Pferde da, und das Futter für die Tiere hatten sie selbst. Da wurde Frucht angebaut, Weizen, Roggen, Gerste, Hafer, damit wurden die Tiere gefüttert und mit Zuckerschnitzeln. Für die Kühe wurde nur Sojamehl dazugekauft. Sie hatten auch noch Zuckerrüben und sogar Gemüse, das sie auf dem Markt verkauften."

Früher, da ... was war früher besser als heute? Die Antwort kommt sofort: „Wie mein Vater noch lebte, da sagte er, er konnte jedes Jahr zwei Morgen Land kaufen, da hatte man noch Geld übrig, da hatten sie alle Mann gelebt und konnten jedes Jahr neu Land kaufen."

Heute bekommen sie weniger Geld, wenn sie Getreide verkaufen. Die EWG macht die Preise kaputt. Fünfunddreißig Mark für den Sack Weizen und früher fünfundvierzig. Aber das, was sie selber kaufen müssen, ist doppelt so teuer und Kino, oder einmal ins Theater gehen, das ist nicht mehr drin.

„Wir leben bestimmt nicht üppig", sagen sie, „wir essen das, was wir selber haben, Salat, Kartoffeln, Möhren und kaufen nur das Nötigste und vom anderen wollen wir gar nichts wissen. Morgens ein Ei dabei", sagt die Älteste, und die Jüngste ergänzt „.... und ein Brötchen", und es klingt wie ein Traum vom großen Luxus, wie das nicht Selbstverständliche, so wie das feine weiße Mehl tatsächlich das nicht Selbstverständliche ist. Hier in dieser kleinen Stube, in der eine Einrichtung noch jahrzehntelang bestehen kann, die alte Couchgar-

Von Kind an mußten die Mädchen helfen.
Eine der kindlichen Arbeiten war das Viehhüten.

nitur und das dunkle Eichenbuffet, auf dem hoch oben als neue Errungenschaft der Fernseher seinen Platz gefunden hat, wird mir beim Zuhören deutlich, wie einfache, sinnvolle Kreisläufe unterbrochen sind, um fremden Profitzwängen zu dienen. Der jetzige Existenzkampf läßt sich mit einfachen Feststellungen erklären: es wird mehr kontrolliert als früher, es ist weniger Geld da, wir kommen kaum über die Runden, die machen die kleinen Landwirte alle kaputt. „Ein zwei große Landwirte und dann fertig", sagt die Älteste, „bloß große Maschinen, und die wollen alles pachten. Wir haben große Parzellen, die zusammenliegen, und Sie glauben nicht, daß die mir heute schon nachlaufen, um die großen Parzellen zu kriegen."

Heute wird die Milch mehr kontrolliert, gleich beim Einfüllen in den Milchwagen laufen die Meßinstrumente mit. So wird genau festgestellt, ob Wasser oder irgendetwas in der Milch ist und was gefüttert wird und manchmal wird die Zusammenstellung des Futters nachgefragt. Die Milchbäuerinnen füttern immer noch aus eigenem Bestand, da wird Gerste gemahlen und Weizen „und nachher holen wir wohl das Kraftfutter hinzu, muß man ja, sonst kommt man mit der Kontrolle nicht hin."

„Was ist im Kraftfutter drin?

„Da ist Sojamehl drin, und ob Fischmehl drin ist, das weiß ich noch nicht einmal, aber die Zusammenstellung steht auf dem Zettel. Die Zusammenstellung ist genau der Milch angepaßt. Wir haben Kühe, die dreißig Liter Milch geben, sonst hat das ja keinen Zweck. Heute ist das ja auch so einkalkuliert, daß die Kuh das gibt, wenn Sie das Futter füttern."

„Als die Eltern noch lebten, standen zwölf bis fünfzehn Kühe im Stall, und jede Kuh gab damals 20 bis 25 Liter Milch."

Diese Rechnung will nicht aufgehen. Wegen fünf Liter Milch mehr das teure Kraftfutter kaufen, das so fremd ist, daß sie den Zettel, auf dem die Zusammensetzung steht, nicht lesen mögen? Da hat ein schleichender Prozeß stattgefunden, bis sich herausstellt, daß das Land, die Wirtschaft und die Tiere von fremden Köpfen verwaltet werden.

„Oh, es gibt auch Aufständische", wissen sie zu berichten, „in der Eifel soll es Bauern geben, die haben sich von der Molkerei losgesagt, da hat es Streit gegeben. Und jetzt organisieren sie sich selber, füllen die Milch selber ab und verkaufen sie auch selber, so eine Art Genossenschaft."

Und sie? Ich schaue von einer Schwester zur andern und zu Anna hinüber. Alle haben wir heiße Wangen bekommen, vom Erzählen, vom Zuhören, Begreifen und von dem Wortlosen dahinter, worin sich nicht erklären läßt, wie alles so gekommen ist. Es hat auch eine Zeit gegeben, da standen andere Möglichkeiten zur Auswahl. Die Älteste, die jetzt eine Bluse im Tigermuster unter der rosa Kittelschürze trägt, sie hätte gerne die Sparkasse übernommen, die ihr Vater neben der Landwirtschaft auch noch dreißig Jahre lang geführt hat. Und die Jüngste, fliederfarben und weiß angezogen, sie hat sich immer gewünscht, ins Geschäft zu gehen, zum Verkaufen. Dann gibt es auch noch

Beim Backtag im Gemeindebackes halfen auch die kleinen Mädchen

Verwandte in der Stadt, von denen sie eingeladen werden. „Aber", so berichten beide übereinstimmend, „wenn ich dann zwei Tage dort war, dann sagte ich, man sieht ja hier keine Kühe, man sieht ja gar kein Pferd hier, man sieht ja gar nichts hier, nur Häuser! Da wollte ich wieder nach Hause."

So sind sie in der Landwirtschaft geblieben, so wie sie es gewohnt sind von Kind an, dort, wo es Land gibt und Tiere und wo es ihnen noch wirtlicher vorkommt als an diesen fremden Orten ...

Es ist spät geworden. Wir könnten noch stundenlang sitzen, fragen und zuhören und müssen uns richtig losreißen. Als wir den Milchbäuerinnen die Hand zum Abschied schütteln, sehe ich sie zum ersten Mal an diesem Abend nebeneinander stehen. Ihre Gesichter sind jung geblieben trotz der schweren Arbeit, die Augen und die Haut weich und klar. Ihr Alter sehe ich ihnen nicht an, und das hören sie gerne. Einen Augenblick lang bleibe ich noch in der alten Glasveranda am Eingang stehen, um mir die Farbenpracht einzuprägen, die Gartenmöbel mit den geblümten Sitzen, an denen Kissen mit gehäkelten Bezügen und leuchtenden Rosetten neben alten Puppen lehnen, die nach Plastikblumensträußen riechen. Dann geh ich mit Anna den kleinen Weg zum Frauenbildungshaus zurück. „Weißt Du, was Kontingente sind?"

Zuhause, wo die Schreibmaschine wartet, liegt auch der Duden. Dort steht geschrieben:

1. Anteil (Pflicht), Beitrag (zu Aufgaben, Leistungen usw.)
2. begrenzte Menge, die der Einschränkung des Warenangebotes dient (Wirtsch.)

3. Truppenstärke, die ein Mitglied einer Verteidigungsgemeinschaft zu unterhalten hat.

Verena Stefan: Wo die Kühe noch Rosa heißen
In: Programmheft 1990 des Frauenbildungs- und Ferienhauses, Zülpich-Lövenich
Ich bedanke mich bei Verena Stefan, Anna Biermann und den Milchbäuerinnen für die Genehmigung zur Veröffentlichung.

Gründe für die Mitarbeit der Bäuerinnen im Betrieb

Nach einer Studie geben Bäuerinnen für ihre Mitarbeit im Familienbetrieb verschiedene Gründe an. Bei den Bäuerinnen der Haupterwerbsbetriebe haben die Gründe folgende Reihenfolge:

1.) Mangel an Arbeitskräften
2.) Um mitzuverdienen
3.) Ist selbstverständlich
4.) Ich tue es gerne
5.) Es wird verlangt
6.) Die Arbeit im Betrieb ist interessanter
7.) Bin im Haushalt nicht ausgelastet
8.) Anderes

Die Bauerinnen in landwirtschaftlichen Nebenerwerbsbetrieben setzen an erster Stelle die Antwort 'Ist selbstverständlich'. An zweiter Stelle wird der Mangel an Arbeitskräften angegeben und an dritter Stelle rangiert der Grund 'Um mitzuverdienen'. Die weitere Reihenfolge ist bei allen Bäuerinnen gleich.

Untersuchung zur Lebens- und Arbeitssituation von Bäuerinnen. Ausgewählte Ergebnisse einer Studie von Erika Claupein
in: DLV-Informationen, Juni 1990

64.000 Bauernhöfe von Frauen geleitet

Eine Statistik zeigt, daß mehr als 64.000 Bauernhöfe, von insgesamt 845.000 in der Bundesrepublik, alleine von Frauen geleitet werden. Frauen nehmen immer häufiger, wenn kein männlicher Nachfolger in Sicht, oder der Mann früh verstorben ist, das Heft auf dem Hof in die Hand. Auch die Zahl der studierten Bäuerinnen wird immer größer.

Trotz der enormen Arbeitserleichterung durch Maschinen ist die körperliche Belastung für Frauen doch noch immer sehr hoch. Ein Zehn- bis Zwölfstundentag ist die Regel; Urlaub und freie Tage gibt es nicht. Dazu kommt noch die Verantwortung für die Familie, die bei Bauern immerhin eine Durchschnittsgröße von 4,6 Personen hat. Bäuerinnen sind trotz alledem oft engagiert in Kultur, Politik, Kirche oder Frauenverbänden.

Trotz aller Leistungen aber, die diese Frauen erbringen, stehen sie immer noch im Schatten ihrer Männer und sind von diesen abhängig, denn ihnen steht keine Rente zu, da sie kein Gehalt beziehen. Nach einer Scheidung z.B. stehen sie völlig mittellos da.

Kölnische Rundschau, Eifelland, 28. Mai 1991

Von kleinen und von dicken Kartoffeln

Als am 2. Oktober 1751 der Hüttenmeister Johann Wilhelm Schruff von einem Aufenthalt in Frankreich zu seinem Heimatort Blumenthal zurückkehrte, hatte er in seinem Gepäck ein Säckchen mit Früchten, die in Frankreich 'pommes de terre' genannt wurden, Äpfel der Erde.

Der junge Mann bat seine Mutter, ein Gericht von diesen aus Südamerika nach Europa importierten Früchten zu bereiten. Die Mutter schnitt einen der rohen 'Äpfel' durch, fand aber den Geruch so abstoßend, daß sie sich weigerte, einen ihrer Kochtöpfe für diese unbekannte Speise herzugeben.

Johann Wilhelm Schruff nahm eine Portion Erdäpfel und brachte sie zu seiner Braut nach Hellenthal. Diese erklärte sich für ein Experiment bereit, und so dampften am Sonntagabend, den 3. Oktober 1751 in der Nordeifel die ersten Kartoffeln auf einem Tisch.

Am 17. Mai 1752 heirateten die beiden - sicher nicht wegen der Kartoffeln. Im Garten des jungen Ehepaares wurden nun Kartoffeln gezogen. Andere Dorfbewohner konnten sie indes nicht zum Anpflanzen der Erdfrüchte überreden.

Tartuffelo, Grombere und Äerpele

Um 1550 hatten die Spanier die Kartoffeln von Peru und Chile nach Europa gebracht. In Italien, Burgund und in den Niederlanden wagte man sich schon damals an den Anbau heran, wenn auch zunächst nur in den Gärten. Erst nach 1700 fanden die Erdäpfel, deren Eßbarkeit man durch Zufall entdeckt haben soll, im hiesigen Gebiet Beachtung.

Einige Daten belegen den ersten Anbau: 1729 im Luxemburgischen, 1728 in Büllingen, 1730 in Maifeld und 1737 in Kurtrier und im Bildgau auf der Freilinger Höhe bei Bollendorf, dem späteren 'Kartoffeldorf'. 1741 wurden auf dem Alten Markt in Köln die ersten Kartoffeln verkauft, und zwar unter dem Namen Erdbirnen. 1780 kamen die Kartoffeln von Koblenz nach Eschweiler bei Aachen.

In Italien nannte man die der Trüffel (tartuffo) ähnliche Frucht Tartuffelo. Der Vergleich der Kartoffelknolle mit der Birne oder dem Apfel schuf die Namen Erdapfel, sowie Erd- oder Grundbirne. Wie die Sprach-Kartoffelgrenze verläuft, sagt folgender Auszug: „Der Name Erdapfel herrscht im Kölner und Klever, der Name Grundbirne im Trierer und Mainzer Sprach- und Kulturraum vor. Die Grenze der beiden Namen verläuft im allgemeinen zwischen Monschau und Malmedy, Rheinbach und Ahrweiler, sowie Eitorf und Altenkir-

Gleich bei der Ernte sortierten Frauen die Kartoffeln nach der Größe.

chen. An der unteren Nahe hören wir Grumbier, über die Ahr bis nach Monschau, Schleiden, Euskirchen, Meckenheim und nach Bonn hinein Grombier und Gromber."[1] Heute ist im Hochdeutschen nur das Wort 'Kartoffel' gebräuchlich.

Aus Müntereifel ist die Kartoffel erstmals aus dem Jahre 1774 nachgewiesen. Ein Müller stellte ein Gesuch auf Pachtnachlaß an seine Pächter, die Stiftsherren des Eifelstädtchens. Seine Begründung: Durch das 'Platzergreifen' der Kartoffel nähme die Arbeit der Müller so ab, daß ein Pachtnachlaß unumgänglich sei, solle das Müllergewerbe nicht gänzlich zugrunde gehen. Die Leute äßen jene neue Frucht mit Vorliebe und gäben dem Vieh davon.

Um 1780 führte Friedrich II. das Kartoffelessen zwangsweise in Preußen ein. Da die Ortsschulzen nicht überall schnell genug mit den neuen Anordnungen durchdrangen, wurden auch die Geistlichen eingesetzt. So manche 'Knollepredigt' mit anschließendem Probemahl in der Pastorat warb für die 'göttliche' Speise. Doch Bauern (und nicht nur in der Eifel) waren Neuem gegenüber mißtrauisch. „Was der Bauer nicht kennt, das ißt er nicht", sagt ein Sprichwort.

Mancher versuchte aber doch eine kostenlose Saatprobe, die es bei einer Zusammenkunft am Nachmittag unter dem Dorfbaum gab. Nach und nach erkannten die Eifeler die Bedeutung der Kartoffeln als Alternative zum Getreideanbau. Durch Wechsel der Kartoffelsorten und durch Erfahrung im Anbau gediehen die Erdfrüchte immer besser, und mancherorts wurden Kartoffeln zum Hauptanbauprodukt.

Bald kamen zu allen Mahlzeiten die Sattmacher auf den Tisch. Der Eifeler Spottvers 'Morgens Brei und nix dabei' wurde nun umgewandelt. Jetzt hieß es:

Morgens Brei und Grompere dabei,
mettags Zopp und Grompere drop,
oovends Mooß und Grompere bloß.

Aber auch anderswo kamen die Kartoffeln bis zum Überdruß auf den Tisch. In verschiedenen Variationen und von unterschiedlichen Regionen ist folgender Spruch überliefert:

„Morgens Kartoffeln en aller Freh,
meddags Kartoffeln mit der Breh,
ovends Kartoffeln en em Kleid,
Kartoffeln, Kartoffeln en Ewigkeit."[2]

Frauenfantasie beim Kartoffelkochen

Die Frauen verstanden es jedoch, auch ohne Kochbücher Fantasie in das Kartoffeleinerlei zu bringen. Gestampft, gebraten, gerieben oder mit der Schale gekocht wurden Jrompersbrei (Kartoffelpüree), Brootjrompere (Bratkartoffeln), Riifkoche (Reibekuchen) und Kwälmän (Pellkartoffeln) zubereitet. Die abstehenden Schalen der Pellkartoffeln schufen in der Eifel den Ausdruck 'Feldhühnchen' und im rechtsrheinischen Gebiet das Wort 'Feldmösche' (Feldspatzen).

Die kleinen, in der Schale (im Kleid) gekochten Kwälmän wurden meist zu Abend gegessen. Die dampfenden Pellkartoffeln wurden auf die hölzerne Tischplatte geschüttet, abgezogen, in ein Töpfchen mit heißem Öl gestippt, mit Salz bestreut und so verzehrt. Quark, Klatschkäs' genannt, bereicherte das Pellkartoffelessen. Am besten schmeckten die kleinen Kartoffeln, wenn sie gleich bei der Ernte in der Glut des brennenden Kartoffelkrautes gegart wurden.

Besonders in Eintöpfen und in dicken Suppen hatten die Kartoffeln ihren festen Platz. Mit Gemüse, wie etwa sauren Bohnen, Sauerkraut, 'Kappes' oder Möhren, wurden die Kartoffeln 'ongereen' gekocht und gaben so ein preiswertes und sättigendes Gericht. Fleisch war bei vielen Eintöpfen nur mit der Lupe zu finden, Kartoffeln waren jedoch in Mengen beigefügt. Bei 'Hemmel un Eärd' wurden Äpfel des Himmels und Äpfel der Erde gemeinsam in einem Topf gekocht. Mit gebratener Blutwurst wurde das Mahl ergänzt.

Auch Kartoffelaufläufe waren beliebt, zum Beispiel: "Döpekoche, Topfkuchen = roher Kartoffelteig, in der Auflaufform gebacken, angereichert durch

Speck, Rosinen, gebackene Prome (Pflaumen) oder anderen Zutaten."[3] Backesgrompere (Kartoffeln mit Schweinebauch) und Eifeler Scholes (Kartoffeln mit durchwachsenem Speck) waren weitere bekannte Kartoffelaufläufe.

Im Wasserbad garten die Frauen 'Gromperepudding', zu dem sie gekochte geriebene Kartoffeln mit Eiern und eingeweichtem Brot zu einem Pudding mischten. Begehrt war auch 'Gromperegemösch': „Dieses Gericht galt früher als Delikatesse. Es sind gekochte Kartoffeln, über die man gebräunte Zwiebel und kleingewürfelten Speck streute. Sie wurden aus einer großen Familienschüssel gegessen, und wenn man sich nicht beeilte, bekam man nicht sehr viel davon ab."[4]

Die vielen Nährstoffe der Kartoffelschalen hatte man früher nicht erkannt. Die Schalen landeten in die Viehtröge, nachdem sie zusammen mit den kleinen Kartoffeln für das Vieh gekocht worden waren. Das Kochen der 'Ferkes-Äerpel' erfüllte so manches Bauernhaus mit einer ganz besonderen 'Duftnote'.

Wie bei der Getreideernte, so half auch bei der Kartoffelernte die ganze Familie mit - und stärkte sich gemeinsam bei der wohlverdienten Kaffepause wie hier im Hergartener Land

Not- und Hungerjahre

Der verstärkte Kartoffelanbau konnte die Eifeler indes nicht vor Not- und Hungerzeiten schützen. Mißernten ließen die Menschen in den Jahren 1816 und 1817 am Hungertuche nagen. 1816 lag bis in den Juni hinein Schnee auf den Eifelfeldern. Erst im September wurde das Heu eingefahren. Im Oktober wurde das Korn reif. Doch schon in diesem Monat setzte der erste Frost ein, und im November fiel der erste Schnee, „der die traurige Ernte mit einem Bahrtuch bedeckte. Aus dem Schnee gruben sich die hungrigen Bewohner die walnußgroßen erfrorenen Kartoffeln."[5] Aus Mus und Kartoffeln versuchten die Frauen Pfannkuchen zu backen.

Das nächste Jahr brachte eine noch größere Hungersnot. Neben Futterkräutern und Wurzeln wurde auch Kartoffellaub verzehrt.

Wenn spätere Jahre nur geringen Getreideertrag brachten, so war man froh, wenn man reichlich Kartoffeln einkellern konnte. So wird vom Jahre 1931 berichtet: „Der Kartoffelertrag brachte der Eifel einen teilweisen Ersatz für die verdorbene Getreideernte. Vom besten Erntewetter begünstigt, konnten die Kartoffeln weit besser eingebracht werden als in den meisten Vorjahren. Auch die im nassen Sommerausgang befürchteten Schäden durch Fäulnis sind in den Höhenlagen ganz ausgeblieben und haben sich in den Tälern nur in geringem Ausmaß gezeigt."[6]

Da die Kartoffeln immer mehr zum Hauptnahrungsmittel geworden waren, traf es die Bevölkerung hart, wenn Kartoffelkrankheiten auftraten. 1840 befiel eine Pilzerkrankung (Mehltaupilz) die Kartoffeln. Zwölf Jahre hindurch hielt der Befall an und verschonte kein Kartoffelfeld.

Im Volk kursierten die tollsten Gerüchte über die Ursachen der Seuche. So glaubte man, daß die Fabriken und die Eisenbahn schuld seien, obwohl von saurem Regen noch nicht die Rede war. „Die ganz braven Leute, denen wohl noch etwas von der Leibeigenen-Zeit in den Knochen steckte, gingen in ihrem Glauben noch weiter und meinten, das wäre die Strafe des Himmels für das Aufbegehren gegen die Autoritäten im Staatsleben."[7]

1877 tauchte erstmals in Deutschland (bei Mülheim am Rhein) der Kartoffelkäfer auf, der auch in späteren Jahren noch oftmals die Kartoffelernte bedrohte. So war zum Beispiel nach dem Zweiten Weltkrieg mancherorts die Kartoffelkäferplage so groß, daß ganze Schulklassen eingesetzt wurden, um die Larven von den Stauden abzulesen.

Kartoffelernte

Bevor Rode-Maschinen auf die Kartoffelfelder fuhren, war die Ernte eine Angelegenheit der ganzen Familie. Obwohl das Ausmachen und das Auflesen der Erdknollen harte Arbeit war, brachte die gemeinsame Arbeit doch das Gefühl der Familienverbundenheit, dem man heute nachtrauert.

Wie eine Kartoffelernte in der 'guten alten Zeit' verlief, soll folgender Auszug deutlich machen. „Mir don de Jrompere möt dm Kaasch üs", ordnete der Vater an. Das bedeutete, daß mit der zweizinkigen Hacke, dem 'Kaasch', und mit der 'Hau', die ein breites Blatt hatte, die Kartoffelreihen umgehackt wurden. In drei bereitstehende Körbe oder Eimer sortierte man die ausgehackten Kartoffelknollen nach ihrer Größe. Die für die menschliche Ernährung bestimmten Kartoffeln, die 'Dicken', kamen in den größten Korb. Für die 'Sätz', die Saatkartoffeln für das nächste Jahr, und für die 'Kleinen', die Futterkartoffeln, genügten kleinere Behälter."[8]

Arbeit der Männer war es, die Kartoffeln auszugraben. Die Frauen mußten als Leserinnen die Kartoffeln aufheben und in Körbe sortieren. Das Leeren der Körbe in Säcke oder auf Pferdekarren war dann eigentlich wieder Männerarbeit, die aber auch starke Frauen übernahmen. Die Kinder mußten tüchtig mit anpacken; sie hatten ja Herbstferien, - Kartoffelferien. In den kleinen, einklassigen Dorfschulen wurden die Kartoffelferien nicht auf einen Termin festgelegt, sondern dann gegeben, wenn das Wetter eine Ernte der Kartoffeln erlaubte.

Daß Mägde und Kinder auch alleine die Kartoffelernte bewältigen konnten, wird in einer 'Bildungsgeschichte für gute Töchter' aus dem Jahre 1808 beschrieben: „Wenn nun der Tag der Kartoffelernte anbrach, so ergriffen die Kinder jubelnd die Handkörbe; die Mägde nahmen den Spaten und die Tragkörbe - und nun gings rasch aufs Feld ... War man auf dem Felde angekommen, so gruben die Mägde zuerst vorne und an den Seiten der Büschel die Erde weg, steckten dann den Spaten hinter dem Busch ein und hoben ihn in die Höhe. Hierauf griffen sie denselbem beim Kraut, schüttelten die Erde ab, und rissen dann die Staude völlig auseinander. Die Kinder sammelten die abgefallenen Kartoffeln und suchten die übrigen, die noch in der aufgelockerten Erde lagen, sorgfältig zusammen. Welch eine Freude, wenn die Büschel so recht voll saßen, und bisweilen an sechszehn schöngereifter Knollen herabfielen!"[9]

Meistens blieb man den ganzen Tag auf dem Kartoffelacker. Das Essen in Form eines kräftigen Eintopfgerichtes oder dickbelegter 'Schnedde' wurde aufs Feld gebracht. Es schmeckte allen vorzüglich und auch die Kinder langten kräftig zu.

Quellenangaben

[1]Josef Nießen: Die Kartoffel im Eifeler Sprachschatz, in: Eifelkalender 1942, Seite 90

[2]Rheinisches Wörterbuch, Berlin 1938, Seite 216

[3]Hermann Josef Kesternich: Liif on Siel, Euskirchen 1989, Seite 95

[4]Trude und Veronika Stein: Das Kochbuch der Eifel, Münster 1981, Seite 59

[5]Dr. Janssen: Eifelnöte und Eifelleid, in: Unsere Heimat im Wandel der Zeiten, Euskirchen, 31.1.1929, Seite 17

[6]Eifelvereinsblatt 11/1931, Seite 156

[7]Franz Peter Kürten: Die Neun von Heddinghofen, in: Volksleben und Lande am Rhein, Köln 1969, Band 10, Seite 10

[8]Karl Guthausen: Dahlem/Eifel, Heimatbuch, Schleiden 1978, Seite 166

[9]Christian Wilhelm Spieker: Louise Thalheim, Leipzig 1808, Seite 308 zitiert in: Ausstellung 'Märchen und Mühsal'

Fleißige Frauenhände durften niemals ruhen

Handarbeit war für Frauen der Vergangenheit mehr als nur ein Zeitvertreib. Es war notwendige Zusatzarbeit, um die Familie mit Kleidung und den Haushalt mit Wäsche zu versorgen. Handarbeit war aber auch eine disziplinierende Technik, und schon kleine Mädchen sollten fleißig stricken, stopfen, sticken und spinnen.

Handarbeit als Unterrichtsfach

Im Jahre 1840 war die 'Einführung der weiblichen Handarbeiten in Land-Schulen' Thema einer vierteiligen Serie im 'Wochenblatt und Anzeiger für den Kreis Schleiden und Umgegend'. Bedauernd stellte man damals fest: „Das Mädchen kann zwar lesen, schreiben und rechnen genug in der Elementarschule auf dem Lande erlernen, aber die jedem Frauenzimmer so nöthigen Handarbeiten, so wie einen dem Mädchen geziemenden Anstand kann es bei der jetzigen Einrichtung der Schulen sich nicht aneignen."[1]

In der Stadt war die Unterrichtung der Mädchen zwar auch nicht viel besser, aber es gab dort eher eine Möglichkeit, einer Tochter 'privatim' Handarbeitsunterricht erteilen zu lassen. Die bemittelten Eltern konnten es sich erlauben, ihre Töchter in eine Erziehungspension zu schicken, wo ihnen neben der 'Gottesfurcht' auch Handarbeitspraktiken vermittelt wurden. „Allein, die dort erlernten weiblichen Handarbeiten nützen ihnen für's Leben nichts. Sie können vielleicht ein Blümchen, Blumenkörbchen oder einen Hosenträger sticken, aber einen Strumpf stricken und stopfen, ein Hemd machen, ein Kleid, eine Haube, Schürze verfertigen, das verstehen sie nicht. Sie können nicht einmal ihre Kleider ausbessern, noch viel weniger ihre Wäsche bügeln."[2]

Den Grund für den fehlenden Handarbeitsunterricht sah man in der Tatsache, daß in den meist einklassigen Dorfschulen keine weibliche Lehrperson angestellt war. „Fast nirgend sind die Geschlechter getrennt und folglich auch keine Lehrerinnen angestellt."[3]

Wo bereits Lehrerinnen unterrichteten, wurden diese stark kritisiert: „An den wenigen Orten auf dem Lande im hiesigen Regierungsbezirk, wo die Trennung der Geschlechter und die Anstellung einer Lehrerin bereits bewirkt ist, herrscht keine völlige Zufriedenheit über erwähnte Umgestaltung. Man sagt: Die Mädchen machen weder in den Elementar-Fächern noch in den Handarbeiten befriedigende Fortschritte, die Lehrerin tritt nicht kräftig genug auf, sie weiß sich kein Ansehen bei den Kindern zu verschaffen usw. Aus diesen und anderen, sehr wahrscheinlich nicht ganz unbegründeten Ursachen, glaubt man sich nun zu dem voreiligen Schlusse berechtigt: Die Lehrerinnen überhaupt sind zum Unterricht weder fähig noch geeignet. Dieses Urtheil ist aber

An der katholischen Volksschule zu **Großvernich**, im Kreise Euskirchen, ist eine Lehrerinstelle vacant, mit welcher freie Wohnung im Schulhause, 750 Mark Gehalt und 30 Mark Entschädigung für Brennbedarf zum persönlichen Gebrauche verbunden sind.

Die Königliche Regierung hat durch Verfügung vom 23. Januar c. gestattet, die Frage, ob die Trennung der Geschlechter beibehalten oder die gemischte Unterklasse der anzustellenden Lehrerin überwiesen werden soll, von der besonderen Qualification der letzteren abhängig zu machen.

Qualifizirte Bewerberinnen wollen sich binnen 14 Tagen bei dem Kreis-Schul-Inspector Herrn Dr. Schönen zu Euskirchen, dem Schulvorstande zu Großvernich und dem Unterzeichneten unter Vorlage ihrer Zeugnisse persönlich melden.

Weilerswist, den 10. August 1875.

Der Bürgermeister und
Lokalschulinspector,
B a c h e m.

Die neucreirte II. Lehrerstelle an der katholischen Elementarschule zu **Metternich**, Kreis Euskirchen, soll am 1. October mit einem Lehrer event. mit einer Lehrerin besetzt werden.

Das mit dieser Stelle verbundene Gehalt beträgt neben freier Dienstwohnung im Schulhause für einen Lehrer 900 Mark und für eine Lehrerin 750 Mark pro a. c. Qualifizirte Bewerber resp. Bewerberinnen wollen sich binnen 14 Tagen bei dem Kreisschulinspector Herrn Dr. Schönen zu Euskirchen, dem Schulvorstande zu Metternich und dem Unterzeichneten unter Vorlage ihrer Zeugnisse persönlich melden.

Weilerswist, den 10. August 1875.

Der Bürgermeister,
B a c h e m.

Die 'Trennung der Geschlechter' öffnete den Lehrerinnen den Weg in die Schulen. Sie wurden jedoch geringer besoldet als ihre männlichen Kollegen.

unstreitig zu hart, obschon es sich von manchen Personen, welche gegenwärtig als Lehrerin in hiesiger Gegend fungieren, leider mit Recht fällen läßt."[4]

In dem Bericht wurde anerkannt, daß die Ursache aller Mängel in dem Fehlen von zweckmäßig eingerichteten Anstalten, in denen die zukünftigen Lehrerinnen theoretisch und praktisch ausgebildet werden, liege. Es wurde jedoch auch gemutmaßt, daß manche Lehrerin nicht den 'inneren Beruf' in sich verspüre, so daß „kein Heil für die Erziehung und den Unterricht der Mädchen aufblühen kann."[5]

Es wurde zu bedenken gegeben, daß die Lehrerin den gleichen Unterrichtsstoff durcharbeiten müsse wie ihre männlichen Kollegen, so daß keine Zeit für Handarbeitsunterricht blieb. Die Lehrerin hätte also nur zusätzlich den Mädchen manuelle Fähigkeiten beibringen können. Doch zusätzliche Stunden

Beim Handfertigkeitsunterricht 1909 in Aachen

hätten auch zusätzliches Honorar bedeutet, und eine Mehrzahlung des zwar geringen Lehrerinnen-Gehaltes, sei es nun in Form von Schulgeld oder Naturalien (u.a. Essen reihum bei den Eltern der Kinder), war gerade von den ärmeren Dorfbewohnern nicht aufzubringen.

Der Schreiber des Berichtes von 1840 forderte, daß die Mehrausgaben von der jeweiligen Gemeinde zu tragen wären. Er argumentierte folgendermaßen: „Die Bedürfnisse einer Lehrerin sind in jeder Beziehung weniger kostspielig als die eines Lehrers, weshalb wohl am Gehalte als auch an der Wohnung der Lehrerin so viel erspart werden könnte, daß die Gemeinde für die Unterweisung in Handarbeiten gar kein besonderes Opfer zu bringen hätte."[6]

Handarbeit war besonders wichtig für die spätere Dienstmagd und die Hausfrau der 'ärmsten Volksklasse'. In dem praktischen Schulunterricht sollten Mädchen aber auch schon dazu erzogen werden, daß die fleißigen Hände einer Frau niemals ruhen durften: „Es wird niemand bezweifeln, daß den Mädchen in der Näh- und Strick-Schule auch noch eine besondere Gelegenheit geboten wird, an eine für sie im Leben vorkommende Geschäftsordnung, Thätigkeit und Fleiß sich zu gewöhnen."[7]

Überlegt wurde auch, ob für Mädchen nicht Handarbeit wichtiger sei als Rechnen, das durch Stricken oder Nähen ersetzt werden könnte. Das Lesen als Unterrichtsfach für Mädchen hatte allerdings seine Berechtigung, „.... weil ohne diese Fertigkeit wohl keine Erlernung und Anwendung eines gründlichen Religions-Unterrichtes denkbar ist."[8]

Der Verfasser des Artikels setzte sich 1840 für die weiblichen Unterrichtskräfte an den Landschulen ein. Er schrieb: „Verfasser dieses hält sich aber aus Überzeugung eines für die Lehrerinnen günstigen Urtheils befugt. Das Mädchen bedarf hinsichtlich der Erziehung einer schonendern und zartern Behandlung als der Knabe; und deshalb sind auch die Lehrerinnen die besten Bildner ihres Geschlechts, wobei allerdings die eigene Tüchtigkeit vorausgesetzt werden muß und kann."[9]

Eine Gleichberechtigung der Lehrerin kam aber keinesfalls in Betracht: „Die hier gedachte Lehrerin soll keiner ganzen Schule vorstehen, auch nicht in der oberen Abteilung unterrichten. Sie soll nur unter der oberen Leitung des Lehrers die Kleinen unterrichten."[10]

Handarbeit als Disziplinierungsmittel

„Tu was!" Das wurde kleinen und großen Mädchen in der Vergangenheit gesagt, sobald sie nichtstuend vor sich hinträumten. Meistens folgte dem 'Tu-was' noch ein „.... dann kommst du auch nicht auf dumme Gedanken!"

Handarbeit war ein bewährtes Mittel, immer und überall fleißig zu sein. Durch ständiges Werken und Wirken konnte ein Mädchen überhaupt erst die Berechtigung zum Leben erwerben, da es ja 'nur' ein Mädchen war. Mit den 'dummen Gedanken' war es allerdings eine andere Sache, denn gerade monotones Stricken, Sticken und Spinnen boten eine vorzügliche Gelegenheit, spinnigen Gedanken nachzuhängen. Aber immerhin, wer brav zu Hause saß und irgendwelche Nadeln bewegte, war unter ständiger Kontrolle.

Form und Ausführung der Handarbeit waren strikt vorgegeben. Phantasie, die heute Handarbeit zum kreativen Hobby macht, durfte nicht umgesetzt werden. Neue Vorstellungen - „Ich will mal etwas Anderes versuchen" - wurden im Keime erstickt: „Du hast überhaupt nichts zu wollen!" - ein Erziehungsspruch, den Mütter von ihren Müttern übernommen hatten und an ihre Töchter weitergaben, und der das Frauenleben der Vergangenheit bestimmte, denn im öffentlichen Leben hatten Mädchen und Frauen erst recht nichts zu wollen.

Handarbeiten wurden als Disziplinierungsmittel eingesetzt, wenn sie auch nicht immer als solche erkannt wurden: „Im 19. Jahrhundert wurden Frauen in den unterschiedlichen weiblichen Lebenswelten auf differenzierte Weise

'Sittsamkeit' und Selbstzucht als Formen der Herrschaft vermittelt. In diesen Gewaltakten wurde den manuellen Textilarbeiten ein bisher kaum beachteter Anteil bei der Herstellung des weiblichen Sozialcharakters übertragen."[11]

Durch das ständige Beschäftigtsein sollten Mädchen und 'tüchtig-züchtige' Hausfrauen sich in den 'entsagenden und duldenden Tugenden' üben, die von ihnen in einer patriarchalen Gesellschaft verlangt wurden: Fleiß, Betriebsamkeit, Sittsamkeit, Geduld, Demut, Milde und stete hausmütterliche Sorge.

Noch 1950 bescheinigte die Statistik den Hausfrauen „118 Wochenstunden für die notwendigen häuslichen Verrichtungen."[12] Handarbeit sollte nach 'Feierabend' ausgeübt werden, dabei waren Stricken, Stopfen oder Spinnen längst nicht immer 'Muße'-Beschäftigungen.

Vom roten Faden bis zum Strickstrumpf

Ein frühgeschichtlicher Wollfaden zieht uns in die griechische Sagenwelt. In dem von Daidalos erbauten Irrgarten, dem kretischen Labyrinth, forderte ein Unwesen alle neun Jahre sieben Jünglinge und sieben Jungfrauen aus Athen als Opfer. Theseus, der Sohn des Königs Aigeus, schaffte es, dieses Ungeheuer zu vernichten, jedoch nur mit Hilfe von Ariadne, der schönen Tochter des Königs Minos. In der Sage heißt es: „Ariadne erklärte Theseus die Irrwege des Labyrinths und händigte ihm ein Knäuel Wolle aus, das er am Eingang festbinden und durch alle Irrgänge ablaufen lassen sollte ... Mit Hilfe des abgespulten Fadens fand er den Weg wieder in die Freiheit zurück."[13]

Ob dieser Faden bereits der oft zitierte 'rote' Faden war, ist strittig. Während Frauen annehmen, daß Ariadne den Faden mit ihrem Menstruationsblut färbte, um Theseus für sich zu gewinnen, finden Männer den ersten 'roten Faden' erst bei Goethe nachgewiesen: „In den 'Wahlverwandtschaften' (1809) wird berichtet, alles Tauwerk der englischen Flotte sei dergestalt gesponnen, daß ein roter Faden durch das Ganze durchgeht, den man nicht herauswinden kann, ohne alles aufzulösen."[14]

In der Realität wurde der Wollfaden nicht für mysteriöse Irrwege genutzt, sondern zur Schaffung von notwendigen Kleidungsstücken. Unterschiedliche Handarbeitstechniken entwickelten sich im Laufe der Zeit. Das Stricken gehört zu den ältesten wollverarbeitenden Handarbeiten. Die ältesten gestrickten Strümpfe stammen aus dem sechsten Jahrhundert vor Christi und wurden in Ägypten gefunden.

Es waren nicht immer nur die Frauen, die die Stricknadeln klappern ließen. In der Zunft der Strumpfwirker brachten Meister es zu Reichtum und Ansehen. Aus dem 16. Jahrhundert ist der männliche Beruf des Hosenstrickers überliefert.

Neben den Hausfrauen strickten auch die Ordensfrauen und die Beginen. Meistens verschenkten sie die Strickwaren an Arme und Bedürftige, manchmal verdienten sie sich auch eine Kleinigkeit damit. Der Kuchenheimer

Ambachtmeister Adam Vallender schrieb um 1780 in sein Familienbuch, daß die Nonnen des Stotzheimer Sankt-Barbara-Klosters die leinenen Strümpfe strickten. Sie erhielten als Bezahlung „... für ein Paar Mannsstrümpfe 26 Stüber und für ein Paar Strümpfe von graw garn für den herrn Sohn 16 Stüber."[15]

Die erste maschinelle Herstellung eines Strickstrumpfes geht auf einen Theologen zurück: „Die Frau des englischen Pfarrers William Lee war eine eifrige Strumpfstrickerin. Lee, dem seine Frau leid tat, weil sie so viel stricken mußte, sann Tag und Nacht darüber nach, wie man das mühsame Handstrikken vereinfachen könnte. Schließlich konstruierte er eine Strickmaschine, die seiner Frau wenigstens einen Teil ihrer Arbeit abnehmen sollte. Und die Maschine funktionierte. Sie schaffte in einer Minute bis zu 1500 Maschen, während Frau Lee ohne die Maschine nur auf 100 Maschen kam. Lee ging nach Frankreich, wo er seine Erfindung auszuwerten vermochte. In England hatten ihm nämlich die Handstricker das Leben sauer gemacht. Sein Landsmann Cotton erfand dann in den sechziger Jahren des 19. Jahrhunderts eine verbesserte Strickmaschine, die den Siegeszug des modernen Strumpfes in der ganzen Welt einleitete."[16]

Trotz der maschinellen Möglichkeit der Herstellung von Strümpfen waren im 19. Jahrhundert und auch noch zu Beginn des 20. Jahrhunderts ein Mädchen und ein Strickstrumpf unzertrennlich. Schon für Vierjährige war das Strümpfestricken eine Pflichtübung. Im Laufe des Lebens brachte eine Frau es dann zu unzählbaren Paaren von Stricksocken: Für den Vater, für die Brüder, für sich selbst und besonders für die jüngeren Geschwister. In einem Gedicht 'Hausmütterchen' heißt es:

„Sie sorgt und näht und strickt für uns Kleinen,
unsere älteste Schwester, die heißt Marie."[17]

Eine andere Geduldsarbeit war das Stopfen von Strümpfen. Mit feinster Durchzieh-Technik wurden Löcher geschlossen. Auch das Flicken, in unserer heutigen schnellebigen Zeit fast außer Mode gekommen, war mühselige Handarbeit. War ein Kleidungsstück auch mit vielen Flicken gemustert, so wurde es deshalb noch lange nicht ausgemustert.

Im Handarbeitsunterricht in der Schule wurde vor allem das Stricken geübt. Helene Lange (1848-1930), die sich für eine Neuordnung der Mädchenausbildung einsetzte, sah rückblickend ihre Lehrerin aus Kindertagen folgendermaßen vor sich: „... mit der Brille auf der Nase unsere 'Brudell' in den Strickarbeiten in Ordnung bringen."[18]

Clara Viebig hatte folgende Erinnerung an ihre Schulzeit: „In der Schule schrieb ich am liebsten Aufsätze und dann, in der Handarbeitsstunde, wenn das Stricken die Schülerinnen langweilte, hieß es oft: 'Fräulein, Clara soll uns erzählen'. Und dann habe ich erzählt, stundenlang, immer wieder neue Märchen und Träume, die mir in den Sinn kamen. Ich konnte dann nicht aufhören."[19]

Handarbeiten, wie das Stricken, fesselten Mädchen und Frauen ans Haus und hielten sie vom öffentlichen Leben fern: „Bis ins 19. Jahrhundert riegelte man die Frau vom kulturellen Leben ebenso ab wie vom politischen. Noch Wilhelm Busch (1832-1908) konnte witzeln:

Bei eines Strumpfes Bereitung
sitzt sie im Morgenhabit,
er liest die Kölnische Zeitung
und teilt ihr das Nötigste mit."[20]

Noch bis vor Jahrzehnten wurde im ländlichen Milieu das Lesen als unproduktive Zeitverschwendung angesehen. Eine Leseratte konnte nur dann ihren Lesehunger stillen, wenn sie beim Lesen gleichzeitig den Strickstrumpf wachsen ließ. So sollen Frauenrechtlerinnen beim Strümpfestricken sich ein großes Wissen angelesen haben und über Emanzipation, gleiche Bildungsmöglichkeiten und politische Rechte für die Frau nachgedacht haben. (Maria von Ebner-Eschenbach (1830-1916) hat sehr zutreffend gesagt: „Als eine Frau lesen lernte, trat die Frauenfrage in die Welt.")

Es gab aber auch Frauen, die die Handarbeit über die Gelehrsamkeit stellten, wie folgende Anekdote erzählt: „Als die gelehrte Frau Friedrich von Schlegel's einst beim Anfertigen von Hemden angetroffen wurde und man ihr sagte, daß sie bei ihrer großen Gelehrsamkeit doch lieber Bücher verfassen möge, da entgegnete sie: „Ich habe immer gehört, daß es schon zu viel Bücher in der Welt gibt, aber noch nie, daß es zu viel Hemden gibt."[21]

Kreuz-, Ketten- oder Hexenstich

Mädchen aus sozial höheren Schichten beschäftigten sich vorwiegend mit Stickarbeiten. Stundenlang saßen sie an ihrem Stickrahmen - und verdarben sich die Augen. Während beim Stricken Nützliches und Praktisches hergestellt wurde, diente das Sticken mehr der Verschönerung von Stoffen.

Mit Kreuz-, Ketten- oder Hexenstichen wurden Hauben, Kleider und Blusen verziert. Monogramme wurden in die Aussteuerwäsche eingestickt. Kissenbezüge und Taschentücher wurden mit Hohlsäumen eingefaßt. Im Gobelin-Stickstich wurden Bilder geschaffen. Zusätzlich wurden Tischdecken in allen Größen und Formen gehäkelt oder bestickt.

Auch bei diesen 'feinen' Handarbeiten war die Erlernung der geforderten Tugenden, wie ständiger Fleiß und stille Duldsamkeit, der eigentliche Zweck der Übung. Das ganze Denken und Trachten der heranwachsenden Dame sollte auf eine spätere Ehe ausgerichtet sein, in der sie ihrem Mann eine 'hübsche Häuslichkeit' schaffen sollte.

Als der textile Sektor in Frauenklöstern und Beginenhäusern eine große Bedeutung hatte, wurde dort das Sticken gewerblich ausgeführt. Die größte Beginengemeinschaft Kölns, der Konvent Schele, führte wegen Stickarbeiten jahrelang 'hartnäckig aber letztlich erfolglos' Prozesse mit den Zünften. Schließlich kam es zu folgender Entscheidung: „1470 ergeht das Verbot an die Schwestern, weiterhin das Wappenstickergewerbe auszuüben. 1495 erreichten die Hutmacher, daß den Beginen das Besticken der Hüte nicht weiter gestattet wird."[22]

Die Stickerei war ein gewerblicher Beruf geworden. Die in Zünften zusammengeschlossenen Sticker und Stickerinnen arbeiteten kirchliche und weltliche Gewänder. Die kölnische Kunststickerei war berühmt. Begehrt waren vor allem die Kölner Borten, die man als Besätze für Kirchengewänder brauchte.

Als das Nähen Männersache war

Bis zum 11. Jahrhundert oblag das Nähen ausschließlich den Frauen. Danach entwickelte sich die Nähkunst zum gewerblichen Zweig für die Männer, die sich Nahter, Säumer, Schrader, Schröder und schließlich Schneider nannten.

Als die Handwerker gleichen Berufes sich in Zünften zusammentaten, waren Frauen in diesen Gemeinschaften meist nicht zugelassen. Die Schneider zeigten sich zunächst 'großzügig' und nahmen einige Frauen in ihre Zunft auf. Diese Näherinnen bekamen jedoch besondere Auflagen gemacht. So heißt es zum Beispiel 1545 in den Statuten der Schneiderzunft von Düren: „Sie dürfen nichts zuschneiden, als was man aus einer halben Elle Seide schneiden kann. Sodann dürfen die Schneiderinnen ausbessern, was ein Meister 'missgemacht' hat und alte Kleider."[23]

Mitte des 16. Jahrhunderts gab es bei den Schneidern absolutes Zunftverbot für Frauen. Der Zunftzwang wurde noch strenger als bisher gehandhabt: Frauen waren nicht in der Zunft zugelassen, und wer nicht in der Zunft war, durfte sein Handwerk nicht ausüben. Das bedeutete den totalen Ausschluß für Frauen aus der Nähbranche. Mancherorts verboten die 'zünftigen' Schneider den Frauen sogar, für die eigene Kleiderherstellung Nadel und Zwirn in die Hand zu nehmen.

Aus dem Jahre 1701 ist aus Blankenheim, wo die Weber- und Schneiderzunft große Bedeutung hatte, ein anschauliches Beispiel für Zunftzwang in bezug auf Frauen überliefert. Der Schneidermeister und Zunftangehörige Talbot wurde angeklagt, daß seine Frau sich 'anmaße' zu nähen und so 'vermöge der Zunftordnung' straffällig geworden sei. Der Schneidermeister bat eindringlich, seiner Frau an seiner Stelle das Schneidern zu erlauben. Der Zunftmeister sagte dazu: „.... daß bei keinen Zünften bräuchlich, die Weiber in die Zünfte anzunehmen oder zu Meistern zu machen."[24] Das gräfliche Gericht verfügte eine Geldstrafe und Berufsverbot für den Schneider und natürlich auch für dessen Frau.

Frauen in einer Berufskleidungs-Näherei in Schleiden, gegründet 1783

Einige Jahrzehnte später, im Jahre 1766, wurde dieser strenge Zunftzwang in einem einzigen Fall in Blankenheim durchbrochen: Die Tochter eines Schneiders wurde in die Zunft aufgenommen. Im Zunftbuch ist verzeichnet: „Von neuen Meistern ist Johannes Hoberß seine Tochter Mariacadrin durch gnädige Verordnung aufgenommen. Gibt laut unseren Ardiculen 8 Reichstaler, 4 Pfund Wachs, halb der gnädigen Herrschaft, halb der Zunft."[25] Dieser 'Einstand' zeigt, daß trotz aller Großzügigkeit hier mit zweierlei Maß gemessen wurde. Laut Zunftordnung brauchten Meistersöhne nämlich nur drei Pfund Wachs, halb der gnädigen Herrschaft, halb der Zunft, zu geben, wenn sie in die Gemeinschaft aufgenommen wurden. Diese Sondervereinbarung für Söhne wurde für die Tochter eines Schneiders nicht angewandt. Näheres über Mariacadrin ist leider nicht übermittelt. Das Ende der Zünfte ist für Blankenheim in der Zeit von 1811 bis 1827 belegt.

Als 1814 die erste brauchbare Nähmaschine konstruiert wurde, entwickelte sich die Schneiderei von der reinen Handarbeit immer mehr zur Maschinenarbeit. Die Männer kletterten von ihrem Schneidertisch herunter. Das Nähen wurde allmählich mehr Frauenarbeit.

Zunächst nähten die Frauen zu Hause, dann während der Industrialisierung immer mehr in Manufakturen und Fabriken. In der Textilindustrie war der Anteil der beschäftigten Frauen beachtlich. Der Frauenanteil war

1895 - 45,28 Prozent
1907 - 50,00 Prozent
1920 - 61,20 Prozent.[26]

Zufolge meiner ehelichen Verbindung, mit Demoiselle Elisabeth Dieckerhof, Tochter des Meisters der englischen Drathfabrick zu Gemünd, (früher Frauenkleidermacherin zu Eschweiler); beehre ich mich, meinen hochgeehrten Gönnern und Freunden hiervon die ergebenste Anzeige zu machen. Unterzeichnete werden alles aufbieten, um sich des Zutrauens hochgeehrter Gönner würdig zu halten. Die neuesten Abbildungen der Herren- und Damen-Moden liegen stets zur Einsicht und Auswahl bereit.

Gemünd, den 16. Februar 1840.

Gottfr. Pohl, Mannskleidermacher.

Elisabeth Pohl, Frauenkleidermacherin.

Schneider und Schneiderinnen arbeiteten nicht immer so gut zusammen wie dieses Kleidermacher-Ehepaar.

Viele Mädchen waren froh, in diesen Nähfabriken Arbeit zu finden, wenn auch der tägliche Fron hart war und der Lohn karg. Frauen, die durch Kinder oder durch pflegebedürftige Familienangehörige ans Haus gekettet waren, nähten in Heimarbeit für einen Unternehmer. Auch dieses Nähen war mühselig und deprimierend. Eine Heimarbeiterin aus den 1870er Jahren berichtete: „Von Morgens um sechs bis nachts um zwölf, mit einer Stunde Mittagspause, wurde in einer Tour 'getrampelt' ... Ich habe manchmal das Leben so satt gehabt, so Jahr um Jahr immer an der Nähmaschine, immer nur Kragen und Manschetten vor sich, ein Dutzend nach dem anderen, das Leben hatte gar keinen Wert, man war nur eine Arbeitsmaschine."[27]

Nähen für den Eigenbedarf blieb auch weiterhin wichtig. Wer es sich leisten konnte, ließ regelmäßig eine Schneiderin ins Haus kommen. Diese nähte, flickte, längte oder kürzte Kinderkleidung und schneiderte aus alten Sachen neue Kleidungsstücke.

Nach dem Zweiten Weltkrieg ging die Zeit der Hausschneiderinnen zu Ende. 1958 klagte man: „Immer seltener werden die guten Hausgeister, die noch der vorigen Hausfrauengeneration hilfreich zur Seite standen: die fleißigen Hausschneiderinnen und Flickerinnen ... Die Hausfrau von heute ist auf sich selbst gestellt, wenn es gilt, mit Nadel und Faden für die Familie Werte zu erhalten oder neue zu schaffen. Jede nählustige Hausfrau wird sich nach Möglichkeit eine moderne Nähmaschine anschaffen."[28]

Dreh dich, dreh dich, Rädchen ...

In dem Roman 'Die Nebel von Avalon' fällt Morgaine beim Spinnen in eine ungewollte Trance: „Sie drehte und zwirnte den Faden zwischen den Fingern, zwang ihren Körper zur Ruhe, und nur ihre Finger bewegten sich, während sich die Spule drehte und drehte und auf den Boden sank, hinunter und wieder hinauf. Beim Spinnen verselbständigten sich ihre Gedanken. Der drehende Faden erschien ihr wie der Schlangentanz den Berg hinauf, rund und rund wie die Erde um die Sonne kreiste, obwohl die unwissenden Menschen glaubten, die Sonne drehe sich um die Erde. Die Dinge waren nicht immer, wie sie zu sein schienen. Vielleicht kreiste die Spindel um den Faden, wie der Faden immer wieder um sich selbst kreiste und sich wand wie eine Schlange, oder wie ein Drachen am Himmel. Wenn sie ein Mann wäre, könnte sie mit der Legion Caerleon reiten. Dann brauchte sie wenigstens nicht hier zu sitzen und spinnen, spinnen, rund und rund und rund. Aber selbst die Legion kreiste um die Sachsen, und die Sachsen umkreisten sie, rund und rund, ebenso wie das Blut in ihren Adern kreiste, das rote, fließende Blut, ... es floß ... floß ... spritzte ins Feuer ..."[29]

Auch in der Eifel gerieten Spinnerinnen oder Zuschauende ins Träumen. In dem Roman 'Der Eifelprinz' wird folgende Spinnszene beschrieben: „Es ist das erstemal, daß sie sieht, wie gesponnen wird, und dem zuzuschauen macht ihr Vergnügen. Aber das Schnurren des Rädchens, das Sausen der Spule, das Drehen des Fadens übt einen eigentümlichen Reiz aus; auch Philomena verfällt einem heimlichen Zauber. Da kommt die Poesie in diese Eifler Bauernstube, und die Romantik lugt zu den eisgeblumten Fensterscheiben herein. Goldene Märchen aus ferner Jugendzeit leben auf; Märchen von spinnenden und minnenden Königskindern, von wunderbaren Spinnrädern und Zauberkunkeln, auf denen Menschenschicksal und Menschenglück in goldenen und grauen Fäden gesponnen."[30]

Auslöser der Trancen und der Träume waren die sich immer wieder wiederholenden Bewegungen, die auch Symbolcharakter hatten. So galt das gleichmäßige Drehen der Spindel als Zeichen der unabänderlichen Gesetzmäßigkeiten. Das ewige Kreisen versinnbildlichte den nicht zu beeinflussenden Lauf der Dinge. Da auch der Mond als Symbol für den ewigen Kreislauf stand, gehören Mond und Spinnen seit je eng zusammen.

Viele Märchen erzählen vom Spinnen: Die Goldspinnerinnen, Die drei Spinnerinnen, Die faule Spinnerin, Die Spinnerin im Mond, Frau Holle, Dornröschen, Rumpelstilzchen und andere. In einer neueren Fassung wird das Märchen von der Spinnerin im Mond wie folgt erzählt: „Ein Mädchen, die Tochter eines armen Beamten, war eine Doppelwaise. Da sie sich aber eine Aussteuer verschaffen wollte und tagsüber bei ihrer Herrschaft keine Zeit fand, daran zu arbeiten, so saß sie stets in den mondhellen Nächten, besonders samstags, und spann, obwohl man doch gerade an diesem Abend nicht spinnen soll. Dabei hatte sie dann das Fenster geöffnet, und je freundlicher der Mond hereinschien, desto weißer wurde sie. Die Blässe erhöhte ihre Schönheit, und

Nach einem harten Arbeitstag war Spinnen mehr als eine Mußebeschäftigung

das Mondlicht zog sie immer mehr an; denn es vermag alles anzuziehen, besonders Mädchenherzen, weil ja der Mond in seinem Verhältnis zur Sonne auch so ein unglücklich Liebender ist. Einmal schlief das Mädchen ermattet ein und wurde im Traum in den Mond hinübergetragen. Sie ist nun die Spinnerin im Mond."[31]

Spinnen am Abend ...

Das Wort 'spinnen' ist mehrdeutig. Menschen, die spinnen, spinnen sich manchmal etwas zusammen; so sagt man und bringt die manuelle Tätigkeit mit der spirituellen Transzendenz in Verbindung. Kommen Menschen schlecht miteinander aus, so sagt der Volksmund: Sie spinnen keinen guten Faden (keine Seide) miteinander. Wenn man sagt, daß jemand ein Garn spinnt, ist eigentlich das Seemannsgarn gemeint, denn auch die Matrosen mußten einstens in ihrer Freizeit spinnen, und zwar Garn aus den Tau-Enden. Bei dieser Arbeit spannen sie dann phantasievolle Geschichten, das Seemannsgarn.[32]

Auch Tiere spinnen. Die Seidenraupe spinnt einen Kokon; die Spinne spinnt einen Faden und webt aus vielen Spinnfäden ihr Netz, sie fängt sich ihre Nahrung mit diesem Netz, und zum Ende ihres Lebens spinnt sie sich in ihr eigenes Netz ein.

Viel zitiert werden die Reime:

Spinnen am Abend,
erquickend und labend.
Spinnen am Morgen,
Kummer und Sorgen!

Folgende Deutung gibt es: „Bezogen auf das Spinnen, nicht auf die Spinne! Abends spann man bei geselligen Zusammenkünften; wer morgens spinnen mußte, war arm."[33]

Im Gegensatz dazu steht eine andere Meinung, die besagt, daß tatsächlich die Spinne gemeint ist, denn diese galt seit Urzeiten als Orakeltier. Auf die weissagenden Fähigkeiten der Spinne weist auch der dritte Vers des Sprichwortes hin:

Spinnen am Nachmittag,
Freude am dritten Tag.[34]

Das Spinnen der Schicksalsfäden

In der griechischen Mythologie spinnen drei Moiren die Schicksalsfäden der Menschen: Klotho, Lachesis und Atropos. Diese sind 'in der Dreiheit ihrer Einheit' die Spinnerinnen, und gleichzeitig sind sie die Spindel selbst: „Klotho, das Gegenwärtige, ist nichts anderes als diese Spindel von außen und insofern als Ganzes, deren nach links hin schwingende Außenseite sie von Zeit zu Zeit mit der Rechten antreibt. Atropos ist diese Spindel von innen. Sie ist das Bevorstehende, das dem gegenwärtigen Außen widersteht. Das Verborgene, noch Unentwickelte, die Wende, aus der die im äußeren Umschwung sich wiederholende Gegenwart nicht bruchlos hervorgeht ... Lachesis ist Teil dieser Doppelbewegung, ihr Effekt und ihre Voraussetzung. Sie ist das Geschehene, das aus der Entgegensetzung und dem Zusammentreffen von Gegenwärtigem und Bevorstehendem entspringt. Das Vergangene, das zum Anstoß der neuen, die Spindel treibenden Bewegung wird."[35]

Die spinnenden Schicksalsgöttinnen der nordischen Mythologie, die Nornen, stehen als Spinnerinnen des Lebensfadens an der Wiege eines jeden Neugeborenen: „Die weiße gibt Geschenke, die schwarze gibt den Zeitpunkt des Todes, die rote verbindet Anfang und Ende. Zusammen spinnen sie den Faden des Lebens und tragen die Menschen in ihrem Gewebe."[36] Die Vorstellung, daß das Leben der Menschen, wie der Kosmos selbst, an einem spinnwebfeinen Faden hängt, läuft wie ein roter Faden durch den alten Götterglauben. Mit der Zeit wurden die Nornen zu alten, häßlichen Weibern, zu Unholdinnen dämonisiert. Die Zeit der feinen Gespinste in der Natur wurde nach ihnen 'Altweibersommer' genannt.[37]

Das Spinnen mit dem 'Trittrade'

Schon in prähistorischen Zeiten haben es die Frauen verstanden, aus Pflanzenfasern oder von Tierhaaren, vorwiegend Hanf oder Schafwolle, lange Fäden zu zwirnen. Dabei war die Technik des Spinnens, der 'in Bewegung umgesetzten Faser', sehr einfach. Die Spinnerin zupfte aus dem Rohstoff, dem Werg, einen Faden und hing daran in Form einer Achse ein Gewicht, die Spindel. Die Spinnerin zwirnte den Faden, dabei drehte sich die Spindel vertikal spiralig. Eine horizontale Spinnwirtel am Ende der Spindel perpetuierte diese Bewegung; der Faden wurde aufgespult. Dieser archetypische Spinnmechanismus ist das Urbild eines Perpetuum mobiles, einer sich aus sich selbst bewegenden Maschine. Die Gräber des Altertums waren voll von Spinnwirteln.

Beim Zupfen aus dem Werg tat ein Spinnrocken gute Dienste. Dieser Stab trug den Flachs oder das Wollbüschel. Die Frauen steckten sich diesen Stock, auch Kunkel genannt, in den Gürtel und zwirbelten beim Gehen oder beim Stehen mit Daumen und Zeigefinger eine Faden-Schlange. Auf einer Haspel wurde die Wolle zu Strängen gespannt und später auf Knäuel gewickelt.

Im nächsten Entwicklungsschritt wurde der Spinnrocken auf einem dreibeinigen Ständer befestigt. Spindel und Spule kamen hinzu; es entstand ein Spinngerät, das letztendlich zum uns bekannten Spinnrad wurde.

Leonardo da Vinci (1452-1519), der Universalkünstler, der sich auch als technischer Experimentator betätigte, erfand um 1500 einen Spinnapparat, dessen Arbeitsweise genau beschrieben ist: „Das Spinnen mit dem Trittrade geschieht folgendermaßen. Die Spinnerin zieht aus dem am Rocken durch ein Band befestigten Spinnmaterial mit beiden Händen die Fasern aus und ordnet sie gleichmäßig an. Der Fadenanfang wird durch die Höhlung des Spindelkopfes gesteckt und durch eine der seitlichen schiefen Öffnungen desselben heraus und über ein Drahthäkchen des Flügels gegen die Spule geleitet und an dieser befestigt. Durch das Treten, welches in der Weise erfolgt, daß der Fuß auf das Trittbrett gestellt wird und der Vorfuß sich auf- und abbewegt, drehen sich sowohl die Spindel mit dem Flügel, als auch die Spule nach derselben Richtung."[38]

Wie ein mittelalterliches Bild zeigt, beschäftigte sich die wohlhabende bürgerliche Familie abends mit folgenden Tätigkeiten: Der Vater prüfte die Finanzen, der Sohn übte sich im Buchstabieren, Mutter und Tochter spannen.[39]

Auch in herrschaftlichen Häusern surrten die Spinnräder. Selbst Königinnen verschmähten nicht diese Arbeit, wie folgender Ausschnitt erklärt: „Von altersher ist das Spinnen wohlangesehene Frauenarbeit gewesen. Selbst Königinnen und Fürstinnen verschmähten diese Arbeit nicht, galt es doch als eine der vorzüglichsten Beschäftigungen deutscher Edelinnen, sich ihre Kleider selbst zu spinnen und zu weben. Daher durfte in keiner Kemenate des Mittelalters das Spinnrad fehlen, und ein bürgerliches Haus noch zu Beginn des 19. Jahrhunderts vermögen wir uns ohne die Spindel in seinem Frauengemach kaum vorzustellen."[40]

Die heilige Lüfthildis, an die ein Berg bei Meckenheim erinnert, soll zu Lebzeiten, zur Zeit Karls des Großen, eine fleißige Spinnerin gewesen sein:

„Lüfthilde war schön, Lüfthilde war rein,
Lüfthilde, das Mädchen vom Berge;
Auch floß ihr der Faden so gleich und fein,
Als hülfen ihr heimlich die Zwerge,
Und was sie erspinnen mocht und erweben,
Das freute sie, Witwen und Waisen zu geben."[41]

Spinn, Mägdlein, spinn!

Das Spinnen assoziieren wir gerne mit dem trauten Zusammensitzen in der warmen Stube zur Winterszeit. Auch in der Eifel brachte das Spinnen eine wohltuende Behaglichkeit. Wurde aber nach einem harten Arbeitstag abends noch das Spinnrad hervorgeholt, so diente das Spinnen weniger der Erquikkung. Bis zum Siegeszug der Baumwolle, ab Mitte des 19. Jahrhunderts, surrten die Spinnräder ohne Unterlaß. Die Mädchen wurden zum steten Spinnen angetrieben; Kinder wurden mit Spulen und Haspeln beschäftigt.

Die erste Strophe eines Spinnliedes aus der Eifel heißt:

Spinn, Mägdlein, spinn!
So wachsen dir die Sinn,
Wachsen dir die gelben Haar,
Kommen dir die klugen Jahr.
Spinn, Mägdlein, spinn!

Beim Surren der Spinnräder ließ es sich gut erzählen. Manches Gespräch von Frau zu Frau wurde geführt. Uraltes Wissen wurde weitergegeben, Mädchen wurden auf ihr Frausein vorbereitet, persönliche Problemsituationen wurden erörtert. Zusätzlich schützte das gemeinsame Spinnen vor Melancholie und verhinderte, daß Frauen ungewollt in visionäre 'Spinn-Zustände' gerieten.

Teilweise wird auch die nüchterne Erklärung des folgenden Berichtes zutreffen: „Die Spinnarbeit verlegt man, um Brand und Licht zu sparen, in eine gemeinsame Spinnstube. Die Frauen und Mädchen versammeln sich dazu jeden Abend mit einem Bündel Flachs und dem Spinnrad in einer anderen Stube und gehen so der Reihe durch, bis alle an der Reihe waren; um die Wette wird gesponnen und um die Wette erzählt und gesungen."[42]

Zum Singen beim Spinnen fordert die zweite Strophe des Eifeler Spinnliedes auf:

Sing, Mägdlein, sing!
Und sei fein guter Ding!
Fang dein Spinnen lustig an,
Mach ein frommes Ende dran!
Sing, Mägdlein, sing!

Nach der Spinnstube erfüllten junge Burschen gerne ihre 'Ritterpflicht' und begleiteten ihre Auserkorene nach Hause. 'Versprüche', die nach der Spinnstube geschlossen wurden, sollen die besten und 'ehrenwertesten' gewesen sein.

Spinn, Mägdlein, spinn ...

Die Erwachsenen sahen dieses abendliche Beisammensein nicht besonders gern.

Die Spinnstube geriet zeitweise in Beschuß. Außenstehende, und das waren vor allem die Männer, argwöhnten, daß beim Spinnen 'fern der väterlichen Zucht' Hexenkünste und Teufelswerk betrieben würden. 1790 klagte die aus den Spinnstuben ausgeschlossene Geistlichkeit über die Gemeinschaft spinnender Frauen: „Sie singen Buhllieder, unkeusche Lieder, man redet unkeusch, man reisset ärgerlich herum, man tanzet frei drein ... Zu dem last man oft die Jugend allein beysam, o was Gefahr!"[43]

In der dritten Strophe des Spinnliedes werden die Mädchen deshalb ermahnt:

Lern, Mägdlein, lern!
So hast du Glück und Stern.
Lerne bei dem Spinnen fort,
Gottesfurcht und Gotteswort.
Lern, Mägdlein, lern!

Das Rad der Zeit

Gesponnen wurde nicht nur für den Eigenverbrauch, sondern auch als bezahlte Heimarbeit für Tuchfabrikanten. Mit dem Niedergang der Tuchindustrie im Eifelraum war es mit diesem Nebenverdienst vorbei. Durch den Siegeszug der Baumwolle verstummten die Spinnräder in den Wohnhäusern immer mehr. Keiner sprach mehr vom Spinnrad; das sagt zumindest ein 'von zarter Damenhand gereimter Stoßseufzer' mit dem Titel 'Das Rad der Zeit' aus dem Jahre 1896:

„Ach, das edle Weib von heute,
Das bekanntlich Rosen flicht,
Spricht vom Zweirad und vom Dreirad;
Doch vom Spinnrad spricht es nicht.
Und der Junggesell von heute,
Folgt erröthend ihrer Spur,
Spricht vom Zweirad und vom Dreirad,
Doch von Heirath? schweigt er nur!"[44]

Die größe Zeit des Spinnrades war vorbei. So ganz verschwand es indes nicht aus dem häuslichen Bereich. Auch weiterhin verarbeiteten Frauen aus der Eifel Flachs und Schafwolle zu Kleidungs- und Wäschestücken. Der robuste Tirtey, Stoff aus einem Schafwoll- und einem Flachsfaden gewebt, war und blieb beliebt. Vergessen war auch nicht der alte Wahlspruch: Selbst gewonnen, selbst gesponnen, selbst gemacht, ist die beste Bauerntracht.

In den Kriegsjahren waren Mütter und Hausfrauen froh, daß sie ihre Spinnräder noch hatten. Manches alte Schmuckstück wurde vom Speicher wieder in die Wohnstube geholt und in Betrieb genommen. Stricksachen aus Schafwolle waren in den Jahren nach dem Zweiten Weltkrieg beliebt und als Hamsterware genauso begehrt wie Lebensmittel.

Inzwischen haben Frauen das Spinnen wieder neu entdeckt. Interessant ist, daß auch heutige Frauen gerne gemeinsam spinnen. „Das gemeinsame Spinnen macht viel mehr Spaß" erzählen sie und versichern, daß man sich beim Spinnen 'tiefgründiger' unterhält als zum Beispiel beim Kaffeeklatsch.

Weibliches Weben und männliche Kraft

Als die Frauen in Vorzeiten das Spinnen beherrschten, entdeckten sie auch bald die Technik, aus Fäden ein festes Gewebe zu flechten. Daß die Webtätigkeit zunächst weiblich war, wird aus dem Wort 'weben' selbst bewiesen: Sowohl das Wort 'Weib', als auch das Wort 'weben' entstammen dem germanischen Wortstamm 'wip'. Die Frau war die Webende schlechthin.

Während die Frauen zunächst zwischen einer Astgabel Längsfäden spannten, hatte ein Webgerät in der römischen Zeit schon folgendes Aussehen: „Es war ein senkrecht stehendes rechteckiges Holzgestell, an dessen oberer Querstange senkrechte Fäden, der Schwerkraft folgend, mit Webergewichten gespannt waren ... Die Querfäden wurden zunächst mit den Fingern eingefügt, später mit langen Nadeln durchgesteckt."[45]

Das Prinzip des Webens ist zwar immer das Gleiche geblieben, die Technik wurde jedoch im Laufe der Jahrhunderte verbessert. Immer fester mußte das Leinen aus der Flachsfaser zusammenwachsen, immer massiver wurden die Webstuhle, immer schwerer wurde die körperliche Kraftanstrengung, so daß die Arbeit an den großen Webstühlen bald nur von Männern ausgeübt werden konnte.

Die Männer wollten jedoch das Weben nicht auf den Eigenverbrauch beschränken, sondern als Haupterwerb betreiben. Das Weben wurde zu einem Beruf - zu einem männlichen. Die Weber schlossen sich zu einer Zunft zusammen und achteten strengstens darauf, daß das Weben im Arbeitsbereich der Männer verblieb.

Als die Beginen des Schelenkonvents in Köln sich mit Weben beschäftigten, bekamen sie 1421 Ärger mit der Weberzunft: „Die Beginen ... waren auf ihrer Hände Arbeit angewiesen, besonders auf die Weberei. Dieses Gewerbe war eines der ältesten und bedeutendsten in Köln und stand unter scharfer Kontrolle der Zunft, wodurch es vor allem seinen guten Ruf sich erworben hatte. Es ist deshalb zu verstehen, daß die Zunft die Tätigkeit der Beginen hierbei nicht gern sah und auch wegen der lästigen Konkurrenz diese zu beseitigen drohte."[46]

Nach mehreren Verhandlungen erlaubte die Zunft 'aus Liebe zu Gott und auf vielfaches Bitten hin', daß die Beginen drei Webstühle behalten durften. Den frommen Frauen war jedoch nur erlaubt, darauf Leinen für den eigenen Bedarf zu weben. Auch mußten sie selbst weben und durften keine Fremden 'zur Hülfe' nehmen.

Die webenden Männer waren von den spinnenden Frauen abhängig. Ein Weber mußte drei Spinnerinnen beschäftigen, um stets genug Wolle zu haben. (In manchen Quellen wird hier noch eine Beziehung zu der mythischen Dreiheit der Spinnerinnen gesehen.)

Die Weber suchten Wege, um sich aus der Abhängigkeit von den spinnenden Frauen zu lösen. So ist es nicht verwunderlich, daß 1764 eine

Spinnmaschine die 'Explosion der industriellen Revolution' auslöste. Ihr Erfinder war ein Weber.

Leinenwebstuhl aus dem 17. Jahrhundert - (Hürten Heimatmuseum, Bad Münstereifel)

Weben in der Eifel

Leinenweber und Wollenweber waren in jedem Eifeldorf zu finden. Zentren des auf den spinnenden Frauen und webenden Männern basierenden Tuchgewerbes waren Aachen, Eupen, Euskirchen und Monschau.

Im Monschauer Land hatte die Tuchindustrie große Bedeutung. 1760 waren im dortigen Raum 4000 Menschen im Tuchgewerbe tätig, meist als zu Hause arbeitende Zulieferer. 1836 wurden in 39 Betrieben noch 6615 Stücke Tuche hergestellt, doch schon 1856 gab das bedeutende Scheiblersche Unternehmen die Tuchfabrikation auf und fertigte Filzhüte an: „Die technische Entwicklung hatte die Textilindustrie des Monschauer Landes regelrecht überrollt."[47]

In Konzen, einem alten Weberdorf, wo auch heute noch gewebt wird, schlossen Weber sich 1907 zu einer gemeinnützigen Genossenschaft zusammen. Durch die Zusammenarbeit mit einer Aachener Firma geriet die Genossenschaft in hohe Verschuldung. Erst 1934 kam es zu einer finanziellen Hilfe durch den Kreis Monschau. Es konnten wieder 33 Webstühle in Betrieb genommen werden.

Insgesamt existierten Ende 1933 im Monschauer Land noch 25 Webereien. 167 Webstühle standen in Betrieben, 86 bei Hauswebern. Doch im Laufe der nächsten Jahre standen immer mehr Webstühle still.

Da das Weben als Erwerb ausgedient hatte, war es für die Männer unlukrativ und uninteressant geworden. So übernahmen Frauen wieder diese Handarbeit, wenn auch in recht bescheidenem Maße.

In Kronenburg beschäftigte zum Beispiel in den 1950er Jahren eine Weberei Lehrlinge und Gesellinnen. Frauen verarbeiteten den selbstgesponnenen Faden auf Handwebrahmen zu Textilien mit individueller Note: „Die zur Verwendung kommende Schafwolle - in Verbindung und Verarbeitung mit Leinen und Baumwolle - wird, je nach Zweck und Aufgabe, auf dem Spinnrad fein, grob oder unregelmäßig gesponnen, letzteres gibt dem Handgewebten erst die ganz persönliche Note, erhält durch Einfärben mit Pflanzenfarben, aus Rinden, Wurzeln oder Blätter gewonnen, ihr ganz subtiles Aussehen. Wertvolle Seiden werden hier ebenfalls durch geschickte Hände zu kostbaren kirchlichen Gewändern verwebt und verarbeitet."[48]

Daß auch in unserer Zeit das Handweben noch seinen Mann bzw. seine Frau ernähren kann, beweist der Höhenort Rupperath, der zur Stadt Bad Münstereifel gehörend, an der Grenzlinie zwischen dem Kreis Euskirchen und dem Kreis Ahrweiler liegt. Als alte Spinnräder und Webstühle wieder in Betrieb genommen wurden, wurde der kleine Ort als ein 'Musterbeispiel bäuerlich-ländlicher Dorf-Selbsthilfe' zum Handweberdorf: „Aus den Resten früherer amtlich geförderter, aber nie so recht zum Zuge gekommener Handweberei machte der Lehrer Robert A. Esser den neuen Anfang, der zu Rupperaths neuer und besserer Zukunft wurde."[49] Inzwischen ist das Handweberdorf Rupperath ein Markenzeichen für beste handgewebte Textilien: Wandteppiche, Behänge, Vorhänge, Paramente, Decken, aber auch Bekleidungsstücke.

Heute haben Handarbeiten vorwiegend Hobbycharakter. Beim Stricken, Sticken, Nähen, Spinnen oder Weben finden Frauen Entspannung. Neben dem oft eintönigen Arbeitsalltag kann sich bei der Handarbeit phantasievolle Kreativität entfalten. Während gekaufte Textilien meist Wegwerfcharakter haben, garantiert Selbstgeschaffenes eine lange Lebensdauer. Viel höher als der materielle ist jedoch der ideelle Wert eines Handarbeitsstückes, in dem viele persönliche Gedanken, Wünsche und Träume mit eingesponnen sind.

Quellenangaben

[1]Über die Einführung der weiblichen Handarbeiten in Land-Schulen, in: Wochenblatt und Anzeiger für den Kreis Schleiden und Umgegend, 28.2.1840, Seite 45
[2]a.a.O., Seite 46
[3]a.a.O., Seite 46
[4]a.a.O., 6.3.1840, Seite 50
[5]a.a.O., S. 51
[6]a.a.O., 17.4.1840, Seite 85
[7]a.a.O., 20.3.1840, Seite 62
[8]a.a.O., Seite 62
[9]a.a.O., Seite 62
[10]a.a.O., 17.4.1840, Seite 85
[11]Dagmar Ladj-Teichmann: Weibliche Bildung im 19. Jahrhundert: Fesselung von Kopf, Hand

und Herz? In: Frauen in der Geschichte IV, Düsseldorf 1985, Seite 219

[12]Josef Bergner, Elizabeth Schuler: Die Frau von heute, Stuttgart, o.J., Seite 13

[13]Richard Carstensen: Griechische Sage, Reutlingen 1959, Seite 143

[14]Georg Büchmann: Geflügelte Worte, München 1959, Seite 144

[15]Wer schreibt - der bleibt, in: Unsere Heimat im Wandel der Zeit, Nr. 16/1925, Seite 494

[16]Sabine Romberg: Ägypter strickten den ersten Strumpf, in: Trierischer Volksfreund, 11. August 1990

[17]Heilwig von der Mehden: Sah ein Knab ein Mägdlein stehn, Freiburg 1984, Seite 141

[18]Helene Lange: Lebenserinnerungen, Berlin 1920, Seite 39

[19]D.D.: Willkommen, Clara Viebig! In: Neue Zeit, Nr. 253, 27.10.1946

[20]Karlheinz Deschner: Das Kreuz mit der Kirche, Düsseldorf 1988, Seite 232

[21]Die ländlichen Haushaltungsschulen, ihr Zweck, ihre Einrichtung und ihr großer Nutzen für Familie und Gemeinde, in: Unterhaltungsblatt und Anzeiger für den Kreis Schleiden und Umgegend, 2. Mai 1896

[22]Eva Gertrud Neumann: Rheinisches Beginen- und Begardenwesen, Meisenheim 1960, Seite 130

[23]August Schopp: Rechts- und Wirtschaftsgeschichte der Stadt Düren bis zum Jahre 1794, Bonn 1920, Seite 151; zitiert bei: Dieter Pesch: Altes Handwerksgerät, Köln 1981, Seite 214

[24]Karl Otermann: Vom Zunftwesen im alten Blankenheim, in: Heimatkalender Kreis Schleiden 1952, Seite 86

[25]a.a.O.

[26]G. Brinker-Gabler: Frauenarbeit und Beruf, Frankfurt 1979, Seite 420

[27]Gerhard A. Ritter und Jürgen Kocka: Deutsche Sozialgeschichte, München 1977, Seite 416

[28]Martha Maria Gehrke: Selbst ist die Frau, München 1958, Seite 190

[29]Marion Zimmer Bradley: Die Nebel von Avalon, Frankfurt 1983, Seite 287

[30]Maria Homscheid: Der Eifelprinz, Wittlich 1950, Seite 81

[31]Richard Beitl: Deutsches Volkstum der Gegenwart, Berlin 1933, Seite 60

[32]Vgl. Kurt Krüger-Lorenzen: Deutsche Redensarten - und was dahinter steckt, Wiesbaden 1960, Seite 84

[33]J.H. Kirchberger: Das große Sprichwörter Buch, München 1986, Seite 103, Nr. 4413

[34]Vgl. Philipp Schmidt: Volkskundliche Plauderei, Bonn 1941, Seite 104

[35]Gerburg Treusch-Dieter: Wie den Frauen der Faden aus der Hand genommen wurde, Die Spindel der Notwendigkeit, Berlin 1983, Seite 14

[36]Luisa Francia: Zaubergarn, München 1989, Seite 65

[37]Vgl. Dr. Hans Hardenberg: Altweibersommer, in: Heimatkalender Kreis Euskirchen 1955, Seite 120

[38]H. Rettich: Spinnrad-Typen, Wien 1895, Seite 9; zitiert bei: Walter Tillmann: Spinnen und Weben, Köln 1981, Seite 29

[39]Vgl. Edith Ennen: Frauen im Mittelalter, München 1984, Seite 145

[40]Robert Legrand: Spinnen und Weben im Dauner Lande, in: Eifelkalender 1942, Seite 59

[41]K. Simrock: Rheinsagen, Bonn 1857, Seite 143

[42]Vom Flachsanbau und der Weberei in der Eifel, in: Allgemeines aus dem ehemaligen Landkreis Euskirchen, Seite 140

[43]Sonja Rüttner-Cova: Frau Holle, Basel 1986, Seite 191

[44]Unterhaltungsblatt und Anzeiger für den Kreis Schleiden und Umgegend, 11.4.1896

[45]Walter Tillmann: Spinnen und Weben, Köln 1981, Seite 36

[46]Johannes Asen: Die Beginen in Köln, in: Annalen des historischen Vereins für den Niederrhein, Heft 112, 1928, Seite 135

[47]Dr. Manfred Bierganz: Die Krise der Mechanischen Weberei GmbH Konzen, in: Das Monschauer Land Jahrbuch 1988, Seite 56

[48]Die Kronenburger Handweberei, in: Heimatkalender Kreis Schleiden 1959, Seite 95

[49]Hubert Meyer: Rupperath, ein Dorf auf der Höhe, in: Eifel Jahrbuch 1972, Seite 92

Frau Mode auf dem Laufsteg der Vergangenheit

Die Amazonen waren die ersten Frauen, die die Hosen anhatten. Das kriegerische Frauenvolk kämpfte hoch zu Roß mit Pfeil und Bogen und war nach asiatischer Mode mit langen Hosen bekleidet. Die Amazonen jagten wie Männer, kämpften wie Männer und konnten daher sehr gut ohne das sogenannte starke Geschlecht auskommen, weswegen sie dann auch in die Sagenwelt, und zwar in die griechische, verbannt wurden. Dabei soll es sie einst vor etwa 3.200 Jahren wirklich gegeben haben.

Zur Erinnerung an diese kühnen Kämpferinnen nennen Reiterinnen sich noch heute Amazonen. Das amazonenhafte Wesen ist den oft zierlichen Reiterinnen jedoch fremd, und die Hosen hatten sie bis vor hundert Jahren auch nicht an. Erst als sie erkannten, daß eine Hose beim Reiten viel bequemer ist als 'zig Unter- und Oberröcke, stiegen sie in Männerhosen, verdeckten diese aber mit einem ellenlangen Rock. Dazu trugen sie Stiefel und eine eng-taillierte Corsage, die auch nicht gerade bequem war, aber doch von den in Hosen steckenden Beinen ablenkte.

Die einstigen Amazonen, als die Urheber der Reiterhosen, sind vergessen, denn in neuerer Literatur heißt es von heutigen Reiterinnen: „Die moderne Amazone hat heute ganz die männliche Reitkleidung angenommen"[1], dabei wurstelten Griechen, Römer und andere Reiter der Antike sich doch mit Lendenschurz und Oberwurf aufs Pferd und sind vielleicht erst durch die Amazonen auf die bequeme Reiterhose gestoßen.

Während die Gallier bereits strumpfartige Hosen trugen, war den Kulturvölkern im Mittelmeergebiet eine Beinbekleidung unbekannt. So sprachen die römischen Legionäre bei der Eroberung des linksrheinischen Raumes von 'gallia braccata', den hosentragenden Galliern.

Im Laufe des 12. Jhs. spalteten sich die Hosen. Der obere Teil wurde zu einer Hüfte und Oberschenkel bedeckenden kurzen Hose (Bruch) und der untere Teil zu Beinkleidern aus Tuch oder Leder, die mit Schnürbändern festgenestelt wurden und manchmal auch eine einfache lederne Fußbekleidung mit einschlossen.

Später wuchsen dann die beiden Teile wieder zu einer langen Hose. Das einstige Oberteil wurde zur Unterhose, das Beinteil zu Kniestrümpfen oder Stutzen. In der Eifel erinnert der Volksmund noch an diese Zusammenhänge, denn die Männerhose wird noch hier und da mit dem alten Wort 'de Strömp' bezeichnet. Die lange Hose wurde jedoch wieder zur abgeschnittenen Kniebundhose, die über Jahrhunderte hindurch in der Männerkleidung ihren Platz behielt.

Mit Röcken und Hüten bekleidet bei einem Skikursus in Monschau vor dem Ersten Weltkrieg

Ob nun lange oder kurze Hose, Kniebundhose oder 'Strömp - die Hose blieb tabu für die Frauen. Das hat sich erst in unserer Zeit geändert.

Um die Jahrhundertwende wagten die Frauen einen kleinen Vorstoß in die Männermodedynastie. Sie trugen Sporthosen und einen Hosenrock, bei dem die Hosenform unter tiefen Rockfalten kaum auszumachen war. Im Jahre 1911 ist dieser gewagte Damenrock auch in der Eifel gesichtet worden. Er wurde „dem Unaussprechlichen"[2] zugeordnet und verschwand wohl sehr schnell in der Mottenkiste.

Erst nach dem Zweiten Weltkrieg setzte die Hose sich als frauliche Oberbekleidung durch. Zunächst mußten hosentragende Mädchen jedoch den Trick der reitenden Amazonen anwenden und die Hose unter dem Kleiderrock verstecken. Um 1950 spielte sich vor den Toren einer Mädchen-Klosterschule allmorgendlich die gleiche Szene ab: Schülerinnen holten aus ihren Schultaschen einen Kleiderrock und zogen diesen über die langen Hosen an. Das Hosentragen war in der Schule verboten, doch wurde ein Rock übergezogen, dann war der allgemeinen Anstandsnorm Genüge geleistet. Nach dem Schulunterricht wanderte der Rock dann wieder in den Tornister und stolz zeigten die Mädchen ihre bedeckten Beine.

Heute ist die Hose von sportlich bis vornehm in der Damengarderobe zu Hause. Überall ist es zu sehen: Die Frauen haben die Hosen an.

Die Hose als Leibwäsche war bei den Männern durch die Teilung der alten Strumpfhose ab dem 12. Jh. gebräuchlich, bei den Frauen erst seit dem 16. Jh. Bei der einfachen Landbevölkerung galt dieses Wäschestück als entbehrlich; erst der billige und leicht waschbare Schlüpfer hat sich ab dem 19. Jh. durchgesetzt.

In abgelegenen Eifeldörfern war die frauliche Hose als Unterwäsche jedoch noch zu Anfang unseres Jahrhunderts fremd. Vorwiegend durch die Landmädchen, die in städtischen Haushalten dienten, wurde Leibwäsche in den Dörfern bekannt.

Vom Hemd

Das Hauptkleidungsstück der Antike war das Hemd, das als Oberkleid galt. Ägypter, Griechen und Römer legten Stoffe hemdähnlich um den Körper; je reicher sie waren, desto 'betuchter' waren sie. Kelten und Germanen stülpten sich Felle oder Leinenstoffe über den Kopf. Dieses sackartige grobe Hemdkleid wurde unmittelbar auf dem Körper getragen, sowohl bei den Frauen als auch bei den Männern. Mit einer Schnur wurde das Gewand um die Taille zusammen gehalten. Die Frauen verstanden es bereits, durch Falten, Umschlagen, Heften, Drapieren und später durch einige Nähstiche diesem schlichten Gewand eine persönliche Note zu geben. Im Laufe der Geschichte verwandelte sich dieses einfache, einstückige Hemd zu einem Kleid der tausend Möglichkeiten.

Die Germaninnen ahnten indes noch nichts von diesen vielfältigen Modeschöpfungen. Sie sahen vorwiegend die Zweckmäßigkeit eines Kleidungsstükkes, wiesen jedoch durch einige Besonderheiten auf die Zugehörigkeit zu einer Sippe oder einem Stamm hin, so daß schon von Vorläufern einer Tracht gesprochen werden kann.

Wärmte das Hemd nicht genügend, wurde ein zweites übergezogen und nötigenfalls noch ein mantelartiger Umhang darüber getragen.

Wie die Festtagstracht germanischer Frauen aussah, wissen wir von Weihesteinen der gallo-römischen Matronen aus dem 2. Jh. n. Chr. Die drei Göttinnen „tragen unrömische, d.h. einheimische, stoff- und faltenreiche Kleidung. Über einen Unterrock, von dem nur der Saum, bisweilen auch der Halsausschnitt zu sehen ist, liegt ein knöchellanges, gegürtetes Gewand mit Überwurf, darüber ein tuchartiger Mantel, der mit einer auffallend großen Schließe oder Fibel auf der Brust gehalten wird und dessen Zipfel lang herabfallen."[3]

Bis ins 12./13. Jahrhundert trugen unsere Vorfahren die alte germanische Tracht, für die sie jedoch später feinere Stoffe verwendeten. Doch mit der Zeit wurde die Kleiderpracht immer vielfältiger; sie differenzierte sich mehr und mehr: Nach Ständen (Adel, Ritter, Bürger und Bauern), nach Alter und Familienstand (Mädchen, Ehefrau, Witwe), nach bestimmten Festen (Taufe, Hochzeit, Begräbnis) und nach besonderen Anlässen (Kirchgang, Kirchweihfest).

Um 1500 wurde das Oberkleid in Rock und Mieder aufgeteilt. Durch diese Änderung, die allgemein Gefallen fand, unterschied sich die Frauengarderobe gravierend von der Männerkleidung, die weiterhin aus Kniehose und langem Hemd, das über die Hose hing, bestand. Im Bauerntum blieb dieses Hemd als blauleinener Bauernkittel bis ins 20. Jahrhundert üblich. In den Städten setzte sich das klassische Oberhemd in der jetzigen Form im späten 19. Jahrhundert durch.

Immer mehr wurde Kleidung zur Mode, die sich dem schnell wechselnden Zeitgeschmack anpaßte. Über Jahrhunderte hinweg ging diese Entwicklung jedoch an der Landbevölkerung vorbei, so daß von einer „Isolierung des ländlichen Kleides"[4] gesprochen werden kann. Die Garderobe der Frau vom Land war und blieb bescheiden. Wenn 1775 Kurfürst Karl Theodor einen Erlaß 'gegen die bis zur Üppigkeit gediehene Kleider- und Putzsucht' richtete und in Gold oder Silber gearbeitete Stoffe und Borten verbot, so dürfte das nur die reichen Frauen betroffen haben. Das Tragen der prunkvollen Stoffe wurde zunächst bis zum 11. Mai 1777 gestattet; nach diesem Termin jedoch dann 'bis auf weiteres' erlaubt. Ein Kommentar dazu: „Man sieht, daß die Frauen, für welche die Verordnung wohl hauptsächlich galt, immer großen Einfluß gehabt haben."[5]

Die Geschichte des Hemdes als Leibwäsche ist relativ jung. Noch in den Chroniken des 16. und 17. Jahrhunderts ist zu lesen, daß ein Unterhemd ein Luxus war, der nur den privilegierten Kreisen zustand. Erst mit der Biedermei-

Eifeler Tracht mit Haube und Schultertuch um 1910

erzeit des 19. Jahrhunderts kam das Frauenhemd aus Linnen auf, das sich auskochen ließ. Wie der Schlüpfer fand auch das Unterhemd erst in neuerer Zeit den Weg in die Eifeldörfer.

Das Mieder und die Schürze

Auch das Mieder war zunächst Teil der Oberbekleidung. Es wurde zu einem der bestimmendsten Unterscheidungsmerkmale der Frauentrachten, ließ es sich doch in verschiedensten Formen tragen: Mit oder ohne Ärmel, ausgeschnitten oder zugeschnürt, einfach oder reich verziert, mit oder ohne Halstuch.

Bis zum 17. Jahrhundert wurde das Mieder noch sichtbar getragen. Dann wurde es in die Schublade der Dessous eingeordnet. Als Leibchen, Schnürbrust, Schnürleib oder Korsett wurde es von der Königin Mode oftmals sehr 'einengend' als Dienerin des jeweiligen Schönheitsideals eingesetzt. Blusen und später Pullover bedeckten das einstige Mieder-Oberteil.

Bei der Beschreibung der fraulichen Bekleidung darf die Schürze nicht fehlen. Schon als Lendenschurz der Urzeit bekannt, hat sie sich durch alle Zeiten erhalten, vorwiegend als Schutz der Kleidung.

In der Eifel gab es für die Frauen „.... mancherlei Schürzen, für gröbere, schmutzigere, nässende Arbeiten in kräftigen, farbechten, gut waschbaren Baumwollstoffen, für Arbeiten im Stall besonders Umbindeschürzen aus Sackleinen, sodann Zierschürzen mit Kreuzstich oder Hohlsaumschmuck zur Schonung des Feierkleides."[6]

Die Schürze durfte niemals fehlen, wie hier bei den Tondorfer Mädchen um 1910

Von klein an wurden Mädchen daran gewöhnt, zu Hause, in der Schule und beim Spielen eine Schürze vorzubinden. Bei der erwachsenen Frau war die Schürze Zeichen ihrer steten Emsigkeit. Ohne Schürze, das hieße ohne Arbeit, war die Hausfrau und Bäuerin überhaupt nicht anzutreffen.

Schmuckcharakter besaß die Schürze bei der Festtagskleidung. Stolz wurde die reich bestickte Schürze beim Kirchgang präsentiert. Heute kann sie noch bei Trachtenfesten bestaunt werden. Die Arbeitsschürze hat im vollautomatischen Haushalt fast ausgedient.

Unschuldspfeil und Frauenhaube

„Es wird Zeit, daß du unter die Haube kommst!" Das mußten Mädchen sich früher von ihren Eltern sagen lassen. 'Unter die Haube kommen' bedeutete: Heiraten, die elterliche Autorität und Fürsorge verlassen, bei einem Ehemann 'versorgt' sein, die Zukunft gesichert sehen; Vergangenheitsträume, die sich von Zukunftsträumen heutiger Mütter und Töchter wesentlich abheben.

Die Haube hat in der Bekleidungsgeschichte ihre besondere Geschichte. Durch die Kopfbedeckung wurde der Ehestand nach außen hin dokumentiert, denn nur die Verheirateten steckten und versteckten ihr Haar unter Kopftüchern und Hauben.

Das erste Bildzeugnis für die Hauben-Bedeutung geben die Matronen-Weihesteine. Die mittlere, jüngere Göttin der Triade trägt ihr Haar offen; die beiden äußeren Frauengestalten sind mit großen Hauben abgebildet, die sie als verheiratete Frauen kennzeichnen. Ob diese Hauben ausschließlich Trachtenelemente waren oder auch kultische Symbolbedeutung hatten, hat lange Zeit hindurch die Wissenschaftler beschäftigt.[7] Das eine braucht das andere indes nicht unbedingt auszuschließen, da auch in der Bekleidung Symbolkomponente eingesponnen wurden. Die Haubenform der Matronen macht eine Verbindung zu Mondkulten vorstellbar.

Die streng innegehaltene Unterscheidung zwischen Mädchen- und Frauen-Haartracht und Kopfbedeckung ist im Laufe des 19. Jahrhunderts vielfach aufgehoben worden. Nur die Ordensfrauen kommen als 'Bräute Christi' heute noch unter die Haube.

In der Eifel erinnerte man sich um 1910 noch an die Unterscheidung von Mädchen und Ehefrauen und trauerte den alten Kopftrachten nach: „Wo sieht man heute noch beim Sonntagsgottesdienst sämtliche Jungfrauen des Ortes im Haarpfeil? Wo erscheinen bei festlichen Veranlassungen heutigen Tages noch die Frauen des Dorfes durchweg in ihren Kappen, Kommoden oder Hauben? Vereinzelte Trägerinnen genannten Kopfputzes sind die spärlichen Zeugen vergangener Tage."[8]

Der genannte Haarpfeil der jungfräulichen Mädchen wurde in der Eifel Unschuldspfeil oder Tugendpfeil genannt. Durch die modernen Haartrachten

Solche Haarpfeile trugen Eifeler Mädchen als Zeichen ihrer Jungfräulichkeit

wurde er jedoch immer seltener getragen. Von der Zeit der Jahrhundertwende heißt es aber noch: „Die wenigen Mädchen, die der Haartracht ihrer Mütter und Großmütter treu blieben, legten die Flechten so über den Nacken, daß sie eher einer Spindel oder einem Rad als einem Knoten glichen und steckten dann den Pfeil, der sich durch Generationen in der Familie vererbte, so durch die Haarschnecke, daß er in ihrem mittleren Teile sichtbar war. Nach einem ungeschriebenen Gesetz hatten nur Jungfrauen mit dem besten Leumund das Recht, diese Haartracht zu zeigen; sie war Symbol der Jungfräulichkeit schlechthin. Die Hüterinnen der Tugend aus den eigenen Reihen wachten gewissenhaft darüber, daß dies unverbriefte Recht durch keine Unwürdige verletzt wurde. Im Volksmunde wurde der Pfeil als Tugend- oder Unschuldspfeil bezeichnet. Seine Größe war ebenso wie seine äußere Ausstattung verschieden. Reiche Bauerntöchter trugen wertvollere Stücke als ihre Altersgenossinnen aus ärmlichen Familien."[9]

In einem Heimatlied wurde der schwindende Haarpfeil auch besungen:

Wo ist er, der Mädchen Zierde,
der stolze Pfeil in ihrem Haar?
Ja, sie trugen ihn mit Würde;
ihrer Ehr' Symbol er war.

Die ländlichen Frauenhauben entwickelten sich von einfachen Mützen zu kunstvollen Gebilden. Das Bindeband wurde zum propellerartigen Kunstwerk; Hinterkopf und Seitenpartien wurden durch gestärkte Flügelschleifen und Bänder betont. Es war gar nicht so einfach, diesen Kopfschmuck in Fasson zu bringen. Meist gab es im Dorf eine Frau, die 'Kappewäschersch', die sich auf diese Arbeit spezialisiert hatte: „Diese wusch, stärkte und bügelte den eigentlichen Kopfteil, der aus weißem, kräftigem Stoff, aus Pikee und dergleichen gefertigt und mit zwei Bindebändern aus Battist versehen war, wieder auf. Dann glättete sie auch den zweiten zugehörigen Teil, den 'Schlopp', gewöhnlich aus einem farbig gemusterten Seidenband hergestellt, brachte ihn in die gewünschte Form, den ausgebreiteten Flügeln eines Schmetterlings nicht unähnlich und heftete (spengelte) ihn mit Stecknadeln auf den Kopfteil fest."[10]

Flügelschleifen und kunstvolle Bindebänder geben diesen Frauenhauben eine besondere Note.

Frau mit Hut

Als um die Jahrhundertwende Kopftücher und Hauben dem städtischen Damenhut wichen, ging das nicht ohne Entrüstung. Gegen die neue Modeerscheinung wetterten besonders die Pfarrer, die durchaus richtig erkannten, daß diese Kopfbedeckung den Frauen ein größeres Selbstbewußtsein vermittelte. Mit einem riesigen Kopfschmuck kann 'frau' nicht in einer demütigen Haltung verharren wie es Kopftuch und Hauben erlaubten.

Ludwig Mathar hat in der Erzählung 'Nettchens Hut' die Situation in einem Venndorf um 1925 geschildert. Die Haushälterin verteidigt vor ihrem geistlichen Herrn ihre modische Errungenschaft: „Wo steht dat geschrieben, dat man kein' Hüt tragen soll? In den Zehn Geboten net, in der ganzen Bibel net, im Katechismus net! Un' wenn et nirgendwo steht, worum soll et dann in Enkelsdorf himmelschreiend, gotteslästerlich sein! ... Und wat in Simmerath, in Kesternich, in Imgenbroich, im ganzen Kirchspiel, nein, auf der ganzen Welt in allem Anstand erlaubt ist, dat lassen wir uns hier in Enkelsdorf net länger vorenthalten. Wir sind hier nicht in einem Möhnekonvent, einem Altweiberspital. Mag die Kuhmagd, das Torfweib sich mit dem Kopftuch wie eine Begine begnügen, wir haben Anstand, haben Geschmack, haben Bildung, wir Damen aus guter Familie wissen, wat wir uns selber und unserer Herkunft schuldig sind."[11] Nettchen bekam die priesterliche Erlaubnis, ihren Hut zu tragen.

Distanzierten sich zunächst die feinen Damen als 'Frauen mit Hut' vom einfachen Volk, so war der Modehit bald auf allen Frauenköpfen zu bewundern. Ohne Hut ging 'frau' nicht mehr aus. Sogar bei Wanderungen belebten blumengeschmückte Prachtexemplare das bunte Bild.

Der Hut war das sichtbarste Modell der sich wandelnden Damenmode. In einem Gedicht 'Fraulücksmode' heißt es:

Ming Groß, die drog en Krinelin(Reifrock)
Ming Motter e Kapöttche;(Haube)
Ming Frau geht gäen en 'Crep de Chine',
Om Kopp e Blomepöttche.[12]

Auch beim Wandern fehlte der modische Sonnenhut nicht

Mit den Kopftüchern und Hauben verschwand auch ein Brauch, der im ländlichen Bereich beim Schlachten üblich war. Wenn Herz und Nieren des Schweines ganz in Fett lagen, hieß es: 'Et hat de Mötz an'. Das besagte, daß für die Hausfrau, die das Borstentier herangemästet hatte, eine Mütze (im ehemaligen Kreis Schleiden Mötz oder Mötsch genannt) fällig war. „Der Bauer fühlte sich in überkommendem Brauch verpflichtet, seiner Frau eine weiße Mütze zu kaufen oder anfertigen zu lassen, die unter dem Kopftuch getragen wurde. Wußte sie das auch vorher, so war das Geschenk doch eine Freude, weil es eine Anerkennung ihrer Mühe war."[13]

Die kunstvollste Haube der Vergangenheit war die Brauthaube, die das prachtvollste Kleid der Frau, das Brautkleid, krönte. Die Brauthaube entwickelte sich zur Brautkrone, die inzwischen zum Krönchen zusammengeschrumpft ist. Seit dem 4. Jahrhundert ist der weiße Schleier als Symbol der Reinheit der unentbehrliche Schmuck der christlichen Braut.

Von Bedeutung waren in der Vergangenheit die Brautschuhe, waren sie doch für manches Mädchen die ersten 'guten' Schuhe ihres Lebens. Eifelmädchen trugen - wenn überhaupt - schwere, genagelte Schuhe.

Um die Jahrhundertwende war es im Dürener Raum noch Sitte, daß der Bräutigam seiner Braut die Brautschuhe schenkte. Die Braut nähte dafür aus selbstgesponnener Leinwand ihrem Liebsten das Brauthemd. „Das Schuheschenken war dann bald vergessen. Die Braut hielt an ihrer Sitte noch lange fest."[14] Die Frau zog also bereits bei der Eheschließung den Kürzeren, war sie

Der städtische Damenhut verdrängte die Eifeler Frauenhaube (Eifelvereins-Ortsgruppe Brüssel auf einem Eifelfest in Monschau um 1910)

doch allein die Gebende und der Ehemann der Nehmende. Vielleicht begannen schon damals die Mädchen, Pfennigstücke für ihre Brautschuhe zu sammeln, wie es heute noch Brauch ist. Kamen die Glücksschuhe schon nicht vom Ehemann, so sollten wenigsten die ersparten Pfennige Glück bringen.

Die Bekleidung auf dem Lande hinkte stets der Stadtmode hinterher. Erst durch die Eisenbahn und andere Verkehrsmittel wurde der Abstand Land - Stadt geringer. Frau Mode zog aufs Land. In der Eifel befürchtete man, daß die einstige Kleidernorm vergessen würde. So schuf 1936 eine Webereigenossenschaft des Kreises Schleiden mit Arbeitsstellen in Lommersdorf und Hellenthal ein neues 'Kleid der Eifel', das aus Mieder, Rock, Bluse mit Puffärmeln, Schürze, Halstuch und Haube bestand.[15] Doch die Zeit ließ sich nicht aufhalten. Die einheitlichen, alten Trachten fanden nur noch bei Folkloregruppen Gefallen. Aus dem Dorfleben verschwanden sie.

Die Kleidung war stets Zeichen der Zeit und des Zeitgeistes. So ist im Wandel der Mode auch der Wandel des Frauenbildes zu beobachten, wobei jedoch nicht vergessen werden darf, daß Mode vorwiegend von Männern kreiert wurde und wird, so daß das Bild der Frau aus der Sicht des Mannes gezeichnet wird. Heute muß 'frau' nicht unbedingt tragen, was 'man' vorschreibt. Es liegt in ihrer freien Entscheidung, sich so zu kleiden, wie sie möchte.

Quellenangaben

[1]Ludmila Kybalová: Das große Bilderlexikon der Mode, Prag 1966, Seite 565

[2]R., Mayen: Die Eifeler Kirmes in Mayen am 12. Februar 1911, in: Eifelvereinsblatt, März 1911, Seite 53

[3]Heinz Günther Horn: Bilddenkmäler des Matronenkultes im Ubiergebiet, in: Matronen und verwandte Gottheiten, Köln 1987, Seite 36

[4]Richard Beitl: Deutsches Volkstum der Gegenwart, Berlin 1933, Seite 180

[5]Peter Oebbecke, Pfarrer: Kleine Geschichte der Pfarre Bleibuir, o.O., 1924, Seite 21

[6]Adam Wrede: Eifeler Volkskunde, Frankfurt 1983, Seite 112

[7]Lothar Hahl: Zur Erklärung der niedergermanischen Matronendenkmäler, in: Bonner Jahrbuch 160, Bonn 1960, Seite 36

[8]W. Klein-Aldegund: Eine schwindende Eifeler Frauentracht, in: Eifelvereinsblatt, Juli 1910, Seite 171

[9]J. Dünchem: Die Haartracht der Maifelder Jungfrauen um die Jahrhundertwende, in: Eifel Jahrbuch 1957, Seite 96

[10]W. Klein-Aldegund, a.a.O., Seite 172

[11]Ludwig Mathar: Nettchens Hut, in: Ludwig Mathar 1882-1958, Monschau 1982, Seite 47

[12]Franz Peter Kürten: Fraulücksmode, in: Volksleben und Lande am Rhein, Band 4, Seite 89, Köln, 1969

[13]„Hätt et för de Mötz gesorg?" in: Zwischen Eifel und Ville, September 1957, Seite 33

[14]Franz Peter Kürten: Brauthemd und Brautschuhe, in: Volksleben und Lande am Rhein, Band 6, Seite 75, Köln 1969

[15]Eifeler Webereien im Grenzkreise Schleiden, in: Eifelkalender 1937, Seite 122

1875: Gegen den Kleiderluxus der Frauen

"In der letzten General-Versammlung des Landes-Frauen-Vereins in Pest hat die Vereins-Präsidentin, Frau von Veres, eine Ansprache gehalten, in der sie unter Anderem sagte:

„Eine unsichtbare Macht, die eine Masse Geld, Zeit und andere Opfer heischt, tyrannisiert unwiderstehlich die Frauenwelt; diese Macht heißt die Mode, deren abgeschmacktesten Geboten blind, oft selbst mit Hintansetzung des Schicklichkeitsgefühls gehuldigt wird, denn wer auch den Muth hat, sich gegen sie aufzulehnen, setzt sich der Gefahr aus, daß alle Welt mit Fingern auf ihn zeigt. Das Gewicht dieser Fesseln wird von jeder Frau, am meisten aber von solchen Familien empfunden, welche, zur gebildeten Gesellschaft gehörend, doch nur ein bescheidenes Einkommen besitzend, mehrere erwachsene Töchter haben. Jeder denkende Mensch sieht ein, daß hier eine heilsame Reform Noth thut, und die Männerwelt ist auch bereits mit gutem Beispiele vorangegangen, indem sie sich weit einfacher trägt als in früheren Zeiten, während die Frauenwelt unter dem Banne der Eitelkeit stehend, sich in Staat- und Kleiderluxus überbietet."

Um nun diesem Uebel zu steuern, hält Rednerin besonders drei Mittel für geeignet. Das erste wäre die Verbannung aller Kleiderstoffe von lebhaften Farben, weil bunte, auffallende Anzüge einen häufigen Wechsel verlangen und dem Hang, sich bemerkbar zu machen, Vorschub leisten.

Ein zweites Mittel wäre die Bildung von Vereinen gegen den Kleiderluxus und die Modesucht; den meisten Erfolg erwartet jedoch Frau von Veres von dem dritten Mittel, von einem besseren, gründlicheren Unterricht des weiblichen Geschlechtes, denn die Erfahrung lehre, daß der wahrhaft Gebildete äußeren Tand verschmäht und nur der oberflächlich Gebildete an nichtigen Äußerlichkeiten hängt. - Sehr wahr!"

Quellenangabe

Unterhaltungsblatt und Anzeiger für den Kreis Schleiden und Umgegend vom 30.7.1875

Ein alter Eifeler Brauch: Schuheputzen

Ein merkwürdiger Brauch hat sich in den Eifeldörfern erhalten. Obwohl er einer alten Zeit angehört, findet er gerade in den letzten Jahren wieder neuen Auftrieb. Eigentlich in der Südeifel beheimatet, hat der Brauch 'Schuheputzen' inzwischen auch in der Nordeifel Anhängerinnen gefunden.

Vorwiegend am Altweiber-Donnerstag vor Fastnacht ist folgendes zu beobachten: Junge Mädchen bewaffnen sich an diesem Tag der Frauenherrschaft mit einer Schuhbürste. Sobald sie einen 'Herrn der Schöpfung' erblicken, fallen sie diesem zu Füßen, polieren eifrigst mit ihrer Bürste die Schuhe des Auserwählten und halten nach vollbrachter Arbeit die Hand auf für eine milde Gabe. Der Kniefall, die Erniedrigung und die 'schmutzige' Arbeit werden dann mit ein paar Groschen belohnt.

Die Männer haben einen Heidenspaß bei dem Spektakel, bei dem sie auf das 'schwache' Geschlecht hinunterblicken und - wie gewohnt - bedient werden.

Auch die Mädchen haben sichtlich Freude an dem alten Brauch. Daß sie damit dokumentieren, wer der Herr im Lande ist, wird ihnen nicht bewußt. Unverständlich ist es auch, daß das Schuheputzen gerade zum Altweibertag Mode geworden ist. Der karnevalistische Sinn dieses Tages wird damit total mißgedeutet.

Früher war der Brauch auch an anderen Tagen üblich: „Wenn eine kirchliche Feier oder ein weltliches Fest in dieser Eifel-Landschaft veranstaltet wird, zu dem eine Gruppe von Mädchen dadurch beiträgt, daß sie den Girlandenschmuck fertigt oder wenn die Waldarbeiterinnen den Abschluß der Waldarbeit vorbereiten, werden die Schuhe geputzt."

Um 1960 erlebte ein Besucher der Eifel diesen Brauch an dem Tag vor Fronleichnam und berichtete 1981 darüber: „Beim Eintritt ins Dorf fällt mir auf, daß die Dorfstraße sowie die Wege zu den einzelnen Häusern gefegt sind oder noch gesäubert werden. An den Häusern stehen kleine Birken und umrahmen Türen und Fenster. Das ganze Dorf strahlt in feiertäglicher Sauberkeit, damit alle Armut verdeckend. Der Pfad zur Kirche ist von Fahnenstangen flankiert. Und beim Näherkommen sehe ich eine Anzahl Mädels damit beschäftigt, das Gotteshaus für den nächsten Tag, den hohen Feiertag, festlich zu schmücken. Es sind bereits Girlanden über dem Portal verschlungen. Durch die offene Kirchentür sehe ich den Altar in einem Blumenmeer. Ein buntes Gemisch von Blütenduft und Weihrauch empfängt mich. Plötzlich wird die Mädchenmeute laut, läßt von ihrer Arbeit ab, kommt näher und umringt mich, den Fremden im Dorf, so daß ich nicht weiter kann. Dann sprechen und singen die Mädchen auf mich ein, doch bei der Vielzahl der Stimmen kann ich nichts verstehen. Dafür schwenken die jungen Weibchen trockenes Gras und Ginsterbesen vor meinen Augen. Einige neigen sich, fassen nach meinen Schuhen und putzen sie. Und ich höre, daß sie dabei einen Spruch halb redend, halb singend hersagen:

> Ihnen zur Ehre, uns zum Nutzen,
> wollen wir Ihnen die Schuhe putzen,
> so blitz und so blank,
> daß das Geld in der Tasche klingt.
> Geld und Bier
> ist unser Panier.

Verstand ich auch jetzt noch nicht die Worte, aber es wurde mir bewußt, was ich zu tun hatte. Ich lud die Mädchen ein, mit ins nahe Wirtshaus zu gehen. Dort spendierte ich den lachenden und fröhlichen Mädchen eine Likörrunde ..."

Der Brauch 'Schuheputzen' wurde nicht von allen gutgeheißen, aber nicht darum, weil Mädchen sich erniedrigten, sondern weil das Trinken dabei eine Rolle spielte: „Manche Mädels zwar bringen es nicht über sich, diesem Brauch zu huldigen, weil sie eben das Unschöne darin sehen, daß sie zum Trinken animieren." Wurde das erputzte 'Trinkgeld' hingegen anderweitig verwandt, z.B. zum Bestreiten des Festschmucks, dann wurde der Brauch auch von kirchlicher Seite wohlwollend betrachtet.

In dem Bericht 'Schuheputzen ...' stellt der Schreiber zum Schluß die Frage: „Ob der Brauch heute noch ausgeübt wird? Es wäre zu wünschen!"

Trotz aller Liebe zum Brauchtum sollte die Sitte, oder besser gesagt, die Unsitte des Schuheputzens der Vergangenheit angehören. Das wäre zu wünschen!

Quellenangabe

Paul Herder: Schuhputzen ... Ein alter Eifeler Brauch in: Die Eifel, Nr. 2 1981, Seite 91

Zarte Gewalt

Am 1. Mai 1816 wurde Gemünd Kreisstadt. Doch schon 1829 wurde das Landratsamt nach Schleiden verlegt. In einem Bericht von 1914 wird als Begründung angegeben, daß Schleiden in der Mitte des Kreises läge und ein Schloß besäße.

Folgende Meinung wurde vertreten: „Die freundnachbarlichen Beziehungen zwischen den beiden Städten ließen lange Jahre hindurch manches zu wünschen, nur zwischen den beiderseitigen Gesangvereinen bestand ein erfreuliches Einvernehmen."

Als Beispiel für das gespannte Verhältnis zwischen Schleiden und Gemünd wurde folgendes Ereignis erzählt: „Im Mai 1840 besuchte der damalige Kronprinz, der in demselben Jahr noch als Friedrich Wilhelm IV. den Thron bestieg, von Brühl aus auch den Kreis Schleiden. In Gemünd sollte auf der Durchfahrt nach Schleiden ein Empfang nicht stattfinden und rasch durchgefahren werden.

Letzteres wurde dadurch verhindert, daß eine Reihe festlich gekleideter Damen durch eine Blumenguirlande verbunden wie eine Kette den heranrollenden Wagen den Weg sperrte.

Der Wagen hielt und der Kronprinz sagte zu dem neben ihm sitzenden Landrat: Herr Graf, wir werden der zarten Gewalt weichen müssen. Die Herren stiegen aus; von den Damen in das Haus des Weinhändlers W. Sch. geleitet, nahmen sie den gebotenen Ehrentrunk an und dann konnte die Weiterfahrt erfolgen."

Quellenangabe

Otto Becker in Bonn: Alte Erinnerungen aus Gemünd, in: Eifelvereinsblatt März 1914, Seite 59

Das historische Interview

Wenn Frauen ein Vermögen erbten

Frage: Meine Damen, entschuldigen Sie, daß ich Sie in Ihrer himmlischen Ruhe störe. Darf ich Ihnen ein paar Fragen stellen?

Mechtild: Meine Schwester und ich sind beinahe 200 Jahre für die Erdenmenschen abgeschieden. Wer ruft uns jetzt?

Frage: Sie sind Mechtild, die Ältere von Ihnen beiden, Frau Dahmen?

Mechtild: Ich bin Mechtild Dahmen, aber nicht Frau, sondern Fräulein. Meine Schwester Maria Elisabeth und ich waren unverehelicht, also Jungfrauen. Die heutige Art auf Erden, alle Frauen, ob Vermählte oder Jungfrauen, mit 'Frau' anzureden, finde ich, ehrlich gesagt, sinnwidrig. Ich war immer sehr stolz auf die Titulierung 'Fräulein'.

Frage: Entschuldigen Sie bitte Frau - Fräulein Dahmen. Oder darf ich Mechtild sagen? Das würde die Differenzierung etwas vereinfachen.

Mechtild: Fräulein Mechtild, wenn ich bitten darf.

Frage: Danke, Fräulein Mechtild. Sie sind 1717 geboren und 1801 gestorben. Ihre Schwester Maria Elisabeth ist 1720 geboren und 1799 gestorben. Sie haben Ihre drei Jahre jüngere Schwester um knapp zwei Jahre überlebt.

Elisabeth: Gott sei Dank! Alleine wäre ich keinen Tag zurecht gekommen - bei den vielen geschäftlichen Regularien.

Frage: Sie sind Elisabeth, Maria Elisabeth. Wie darf ich Sie ansprechen?

Elisabeth: Ich schließe mich meiner Schwester an. Sagen Sie Fräulein Elisabeth.

Frage: Danke, Fräulein Elisabeth.
Die 'Regularien' in Ihren späten Lebensjahren kamen ja wohl von Ihrem Riesenvermögen. Man munkelt etwas von zwei Millionen Gulden - eine unvorstellbare, ja märchenhafte Summe für Eifeler Verhältnisse. War Ihr Vermögen wirklich so groß?

Mechtild: Sind Sie Steuereintreiber?

Frage: Nein! Um Gottes Willen, was denken Sie!

Elisabeth: Lassen Sie bitte den Willen Gottes aus dem Spiel.

Frage: Ich habe rein wissenschaftliches Interesse an Ihrem Leben.

Mechtild: Das müssen Sie uns genauer erklären, sonst verschwinden wir wieder in himmlischen Sphären.

Stammtafel und Berechtigungsnachweis für die Dahmen'schen Stiftungen

Urgroßeltern:

Johann Stoltz ∞ Maria Mickert | Schlt. Joh. Dahmen ∞ Gert. Vossel | Christ. Hensch ∞ Agnes Brandt | Peter Pick ∞ Eva Schüller

Großeltern:

Schultheiß Hilger Pfleumer ∞ I. Ehe Mechtild Stoltz II. Ehe ∞ (1679) Schlt. Werner Dahmen iun. | Schlt. Valentin Hensch ∞ (1671) Maria Picks

† um 1679 — † 1711 — † 1712 — † 1713 — † 1719

Kinder aus I. Ehe (Pfleumer ∞ Stoltz):

1. Joh. Matthias Pfleumer, R. D. Pfarrer, * 1673, † 1712
2. A. Maria Pfleumer, † 1741, ∞ Johann Brewer
3. M. Elisabeth Pfleumer, † 1737, ∞ Henrich Berbuer
4. M. Gertrud Pfleumer, † 1739, ∞ Christian Breysgen
5. Anna Pfleumer, † 1752, ∞ Schultheiß Heinrich Dahmen
6. Catharina Pfleumer, † vor 1728, ∞ Heinrich Brewer

einziges Kind II. Ehe — einziges Kind

Eltern:

7. Joh. Hilger Dahmen ∞ (1707) M. Elisabeth Hensch

* Bleibuir um 1680 — * Hostel 1686

† Köln 1768 — † Hostel 1767

Kinder:

1. Catharina	* 1708	† 1742	virgo
2. Valentin	* 1710	† 1771	R. D. jesuita
3. Joh. Heinrich	* 1712		(früh gestorben)
4. Werner	* 1714	† 1780	R. D. canonicus
5. **Mechtild**	* 1717	† 1801	**Stifterin**
6. Joh. Peter	* 1719		(früh gestorben)
7. **Maria Elisabeth**	* 1720	† 1799	**Stifterin**
8. Joh. Josef	* 1724	† 1777	R. D. jesuita
9. Johann	* 1728	† 1771	coelebs

Da die Stifterinnen und ihre sämtliche Geschwister unverehelicht geblieben sind, sind die Abkömmlinge der fünf Schwestern Pfleumer, die mit ihrem geistlichen Bruder die einzigen Geschwister der Eltern der Stifterinnen von der gemeinsamen Mutter her waren, als nächste Anverwandte vor allen anderen stiftungsberechtigt. Nach diesen könnten die weitern Nachkommen der Urgroßeltern der Stifterinnen als Berechtigte zweiten Ranges in Frage kommen.

Frage: Also gut. Ich interessiere mich für das Leben einstiger Frauen der Eifel. Diese haben zu allen Zeiten Großes geleistet, aber bekannt ist kaum eine von ihnen - ganz im Gegensatz zu den Männern. Bei meinen Nachforschungen bin ich dann auf Sie gestoßen.

Elisabeth: Und wodurch, wenn ich fragen darf?

Frage: Vor allem durch einen Bericht von Pfarrer Reinartz (1874-1954) aus Kreuzweingarten;[1] aber auch durch Sekundär-Literatur;[2] weiterhin durch das schöne Fachwerkhaus ihrer Großeltern mütterlicherseits, das 1669 in Hostel gebaut wurde[3], und welches heute noch durch sein schönes Fachwerk[4] besticht.
Sie sind beide in Hostel in der Eifel geboren?

Mechtild: Ich will Ihnen Ihr wissenschaftliches Interesse abnehmen. Ja, wir haben beide, wie unsere Geschwister das Licht der Welt, besser gesagt der Erdenwelt, in Hostel erblickt.

Elisabeth: Aber Hostel liegt nicht in der rauhen, armen Eifel, höchstens in der Voreifel.

Frage: Da haben Sie recht, Fräulein Elisabeth. Zu Ihrer Erdenzeit war die Eifel ja noch als unwirtlich verschrieen. Heute ist man stolz darauf, ein Eifeler zu sein.

Elisabeth: Wirklich? Unglaublich! Unvorstellbar!

Frage: Sie waren zu neun Geschwistern und doch erbten Sie allein das Familienvermögen. Wie kam es dazu?

Mechtild: Die Ehe unserer Eltern wurde mit neun Kindern gesegnet, mit sechs Söhnen und drei Töchtern. Unsere älteste Schwester Catharina, die Erstgeborene, starb als ehrsame Jungfrau mit 34 Jahren. Von den sechs Brüdern starben zwei früh. Drei Brüder wählten den geistlichen Stand; zwei von diesen, Valentin und Johann Josef, traten in den Jesuitenorden ein. Valentin war Professor und Subregens am Dreikönigen-Gymnasium in Köln; Johann Josef war rector dignissimus des Jesuiten-Kollegs in Münstereifel.

Elisabeth: Werner, der dritte der geistlichen Herren, war Kanonikus des St. Vitusstiftes zu Elten am Niederrhein. Die letzten Lebensjahre verbrachte er bei uns zu Hause in Hostel.

Mechtild: Er starb mit 66 Jahren anno 1780. Wir haben ihm einen Trauer-Denkstein in der Kapelle zu Hostel gesetzt.

Frage: Der heute noch dort aufgestellt ist. Mich hat die Inschrift beeindruckt.

Elisabeth: Die Worte habe ich im ehrenhaften Gedenken ausgewählt: Bina soror posuit fratri haec monumenta doloris - unum quippe trium cor unus trahit amor.

(Dieses Trauermal der Schmerzen setzt dem Bruder das Schwesternpaar - denn in dreien Herzen ja nur eine Liebe war.)

Mechtild: Unsere drei geistlichen Brüder waren hochangesehene, heiligmäßige, akademisch-gelehrte Priester.

Elisabeth: Wir hatten viele hohe kirchliche Würdenträger in unserer Familie, und Karl der Große steht in unserer Ahnenreihe.

Mechtild: Aber auch unser Bruder Johann war ein berühmter Mann. Er war als 'mercator' die Stütze unseres Vaters. Er war ein scharfsinniger Geschäftsmann. Leider verstarb er anno 1771, unverehelicht, im Alter von 43 Jahren. Nur wir beiden Schwestern wurden durch ein langes Erdenleben auf die ewige Glückseligkeit vorbereitet. Maria Elisabeth hat 79 Jahre zu Gottes Ehren gelebt, ich selbst 84 Jahre.

Elisabeth: Aber auch unsere Eltern haben durch die Gnade des Allerhöchten ein biblisches Alter erreicht. Vater wurde 88 Jahre, Mutter 81 Jahre.

Mechtild: Wir beiden Schwestern haben alle überlebt.

Frage: ... und beerbt. Daß der Familienreichtum aus dem Bleibergbau und alles was dazu gehört - Handel, Tausch, Frachtfuhren - stammte, ist selbstverständlich, denn nur mit dem, was unter der Erde war, konnte man in der Eifel - oder Voreifel - reich werden. Doch daß der Reichtum sich in einer Familie so anhäufte, ist doch ungewöhnlich. Man hat den Fund eines Regimentschatzes vermutet.

Elisabeth: Schatz! Wer glaubt denn solche Märchen? Es war hart erarbeiteter Besitz. Es war so: Unsere Mutter, deren Vornamen ich auf Erden tragen durfte, war einziges Kind aus dem reichen Hensch-Pick-Geschlecht in Hostel.

Mechtild: Ja, und unser Vater war auch ein einziges Kind aus der Ehe unserer Großmutter Mechtild Stoltz und Werner Dahmen aus Bleibuir. Sie waren also beide Stockerben, die einzigen Erben zweier großer Vermögen. Zu diesem Fundus kamen noch Gelder und Güter, die unser Vater und unser Bruder Johann mit ihrer Hände Arbeit und mit ihres Verstandes Geisteskraft erwirtschaftet haben. Da kam halt allerhand zusammen.

Frage: Diese Großmutter väterlicherseits, Fräulein Mechtild, war ja schon einmal verheiratet gewesen; dieser Ehe entstammten sechs Kinder.

Mechtild: Dieser Ehe entsproß vor allem Johann Matthias Pfleumer (1673-1712), der Pfarrer in Zingsheim gewesen war. Leider starb dieser heiligmäßige Geistliche bereits 1712 im Alter von 39 Jahren, aber in seinem kurzen Leben hat er Bemerkenswertes geschaffen.

Elisabeth: ... obwohl er von seinen Zeitgenossen verkannt wurde. Manche streng konservativen Katholiken sahen in ihm einen Revoluzzer. Nein, nein, das war er nicht. Er war 'reformeifrig' - und seiner Zeit weit voraus.[5]

Frage: Sehr interessant, Fräulein Elisabeth. Dieser heiligmäßige Pfarrer aus erster Ehe ihrer Großmutter hatte fünf Schwestern, die - im Gegensatz zu Ihnen - alle heirateten.

Elisabeth: Soll das eine Anspielung sein?

Frage: Aber nein, entschuldigen Sie, Fräulein Elisabeth. Die Nachkommen dieser Stieftanten, wenn man so sagen kann, wären demnach erbberechtigt gewesen nach Ihrem Tode. Das Vermögen soll ja teilweise in fremde Hände gefallen sein.

Mechtild: Wollen Sie irgendwelche Erbansprüche geltend machen?

Dieses Fachwerkhaus in Hostel zeugt von dem ehemaligen Reichtum der Familie Dahmen (Erbaut 1680-82 von den Urgroßeltern der Geschwister Dahmen, mütterlicherseits.

Frage: Bestimmt nicht, Fräulein Mechtild. Lassen wir dieses Thema fallen. Es geht eigentlich auch um etwas ganz Anderes. Sie beide, Mechtild und Elisabeth Dahmen, werden in den Schriften 'viel ehr- und tugendsame und wohledle Wohltäterinnen' genannt.

Mechtild: Vor allem waren wir gläubige, fromme Gottesdienerinnen.

Frage: Auch das wird in den Schriften immer wieder betont. Bei dem Studium Ihrer Lebensläufe habe ich mich gefragt, warum Sie beide nicht ins Kloster gegangen sind. Das hätte doch zu Ihrer Familie gepaßt, der man ein 'gepflegtes religiöses Leben' bescheinigte.

Elisabeth: Ach darum geht es. Sie wollen wohl von uns hören, daß wir ein Leben lang vergeblich auf einen Mann gewartet haben!?

Mechtild: Das hatten wir nun wirklich nicht nötig.

Frage: Es war nur so ein Gedanke von mir, da es ja früher Sitte war, daß unverheiratete Töchter ins Kloster gingen; und reiche Eltern bauten ihren Töchtern sogar ein eigenes Frauenstift. 'Mann oder Mauer' war die Devise.

Mechtild: Wir sind nicht in ein Kloster eingetreten - basta!

Elisabeth: Gott hat uns unseren Platz zu Hause angewiesen. Wir waren unseren Eltern eine segensreiche Stütze, nicht nur im häuslichen Werken, sondern auch im kaufmännischen Sektor unseres Blei-Bergbau-Unternehmens.

Frage: Ja, natürlich. Ich wollte auch nicht indiskret sein, Fräulein Elisabeth.

Mechtild: Dann werden Sie bitte nicht so persönlich. Sie verwirren meine kleine Schwester nur. Wollen Sie noch etwas wissen?

Frage: Es heißt im Bericht von Pfarrer Reinartz, daß sie nicht nur die Schätze, sondern auch die freigebige Gesinnung des Vaters geerbt haben. Sie werden Wohltäterinnen oder Stifterinnen genannt. Meine Frage: Wie - und nach welchen Kriterien - haben Sie ihr Vermögen verteilt?

Elisabeth: Wenn Sie unsere Geschichte kennen, müßten Sie auch über unsere Stiftungen Bescheid wissen.

Frage: Im allgemeinen schon. Mich interessieren aber mehr Ihre persönlichen Beweggründe. Ganz allgemein heißt es, daß Sie zwischen 1780 und 1792 Wohltaten über Klöster, Dörfer und Städte Ihrer Heimat ergossen haben. Besonders aber wurden Kirchengemeinden bedacht. Warum stifteten Sie soviel an kirchliche Einrichtungen?

Mechtild: Das ist nun wirklich eine dumme Frage. Alles, was der Mensch besitzt, ist ihm von Gott gegeben. Da ist es doch selbstverständlich, daß man Güter zu Gottes Ehre verteilt.

Frage: Wollten Sie sich einen Platz im Himmel erkaufen, Fräulein Mechtild?

Mechtild: Diese Frage ist taktlos.

Elisabeth: Eine Unverschämtheit!

Frage: Ich glaube, ich muß mich wieder entschuldigen.

Mechtild: Da Sie über 200 Jahre jünger sind als wir, sei Ihnen diese Beleidigung verziehen. Aber eines möchte ich Ihnen doch sagen: Man kann sich das Himmelreich nicht erkaufen, höchstens verdienen. Merken Sie sich das, sonst werden wir uns nie in der ewigen Glückseligkeit begegnen.

Frage: Das wäre wirklich schade. Ich bin nämlich fasziniert von Ihnen, Fräulein Mechtild und Fräulein Elisabeth.

Elisabeth: Und in welcher Beziehung?

Frage: Ich finde es bemerkenswert, daß Sie sich schon damals für die Schulbildung einsetzten. Sie waren Ihrer Zeit diesbezüglich weit voraus. In einer Abhandlung über die Entwicklung des Euskirchener Schulwesens heißt es sogar, daß ... „zwei von der Heimatforschung fast vergessene Förderinnen der katholischen Mädchenerziehung in der Eifel ... zwei Millionen Gulden für den Bau von Schulen, Einsatz von Lehrkräften, Erlaß des Schulgeldes"[6] stifteten.

Elisabeth: Sie wissen, daß das nicht stimmt.

Frage: Stimmt! Zwei Millionen waren es nicht.

Mechtild: Die Schulbildung lag damals sehr im Argen. Das ist für die heutigen Menschen auf der Erde kaum vorstellbar. In besonderen Härtefällen haben wir eben geholfen.

Frage: ... in Münstereifel, Gemünd, Kallmuth, Mechernich ...

Mechtild: ... und anderswo.

Elisabeth: An Mechernich erinnere ich mich noch gut. Damit dort täglich Schule sein konnte, haben wir zum Kauf des Schulgebäudes ein Darlehn von 2800 Reichstalern zur Verfügung gestellt. 800 Taler haben wir in eine Schenkung umgewandelt. Später hat unser Erbverwalter auf restliche 500 Taler, ganz in unserem Sinne, verzichtet.

Frage: Gekoppelt war der ermöglichte Schulunterricht ja stets mit dem Lesen einer Frühmesse, in der dann für Sie, die Wohltäterinnen und Stifterinnen, gebetet wurde.

Elisabeth: Das war so üblich zu einer Zeit, als Menschen noch gottesfürchtig und dankbar waren.

Mechtild: In Gemünd war es so, daß die katholischen Kinder zur Lehr-Unterweisung zu protestantischen Lehrern gingen. Da mußte die katholische Erziehung leiden. Wir haben mit unseren Mitteln geholfen.

Frage: ... mit einer Stiftung von 330 Reichstalern zu 80 Albus in guten flüssigen Obligationen. Ein Abschnitt des Dokumentes zeigt, daß Sie wirklich an alles dachten. Ich zitiere: „... Und damit wir der Armuth, wodurch etwa Ohnvermögende wegen Abgang nöthigen Kleydungsstücken genöthiget waren, nicht in die Schuhl zu kommen, zuvorkommen, soll unser provisus gehalten seyn, von dreyhundert Reichsthalern die Interesse, jedoch nicht mehr als auf 14 arme Kinder an der Zahl anzuwenden, ihnen daraus die nöthige Kleydungsstücken anschaffen und dieselbe also damit zur Schuhl anhalten ..."

Mechtild: Meine Geschwister und ich haben eine fundierte Ausbildung in allen Wissenschaften erhalten; wir Mädchen von Privatlehrern zu Hause. Dorfkinder der niederen Bevölkerungsschichten hatten kaum die Möglichkeit zu lernen. Hier wollten wir Abhilfe schaffen, natürlich auch ganz praktische Hilfe, wir waren doch Frauen.

Frage: Überrascht hat es mich, daß Sie später für Gemünd angeordnet haben, daß das Evangelium in den von Ihnen gestifteten Messen in Deutsch gelesen werden sollte. Das war doch sicher allgemein nicht üblich.

Elisabeth: Das war 1783, damals waren wir schon in Köln. Dort hatten wir erlebt, daß beim heiligen Meßopfer die Messe zwar lateinisch gelesen wurde, das Evangelium aber in Deutsch vorgetragen wurde. Das haben wir dann auch für Gemünd als religiös vorteilhaft gefunden. Die bäuerliche Landbevölkerung verstand doch kein Latein. Wie sollten die Menschen das Wort Gottes befolgen, wenn sie es nicht verstanden?

Frage: In Kallmuth hatten Sie 1786 festgestellt, daß dort 'eine heilige Frühmess notwendig und Schuhl noch notwendiger sei'.

Mechtild: Die Kallmuther Katholiken mußten zur Mutterkirche und zur Schule nach Weyer; der Weg war weit und beschwerlich. Auch hier haben wir für eine Schule und eine Frühmesse Mittel zur Verfügung gestellt.

Elisabeth: Wir waren übrigens Eigentümer von Burg und Rittergut zu Kallmuth. Später hat dort unser Erbverwalter Assessor Brewer und seine Gattin Marianne von Haupt gewohnt. Diese war generalbevollmächtigt und hat die Burg anno 1839 an den

Freiherrn von Syberg verkauft. Es gab allerhand Ärger damals, aber vom Himmel aus konnten wir nicht regulierend eingreifen, nicht wahr Mechtild?

Frage: Was für Ärger?

Mechtild: ...wegen unserer dortigen Stiftungen. Aber das ist inzwischen vergessen und vergeben.

Frage: Wer war eigentlich dieser Assessor Brewer? Es ist zu lesen, daß zwischen Ihnen beiden und ihm eine 'Geistesverwandtschaft' bestand.

Mechtild: Wenn das so geschrieben steht, wird es wohl auch der Wahrheit entsprechen.

Frage: Kam durch ihn das Erbe in falsche Hände?
(Keine Antwort)

Frage: War Herr Brewer ein persönlicher Berater, ein Verwandter aus der Familie Ihrer Großmutter väterlicherseits?

Elisabeth: Sie haben doch gesagt, daß es eine Geistesverwandtschaft war.

Mechtild: Assessor Brewer hat sich Mühe gegeben, uns bei den Nachlaßgeschäften zu beraten. Auch hat er sein Bestes getan, unser Erbe in unserem Sinne zu verwalten. Und nun Schluß mit diesem Thema.

Frage: Darf ich noch eine Frage in bezug auf Herrn Brewer stellen?

Mechtild: Aber wirklich nur eine. überlegen Sie sich diese also gut.

Frage: Hmn, nun, also: Sind Sie nun mit Herrn Brewer zusammen im Himmel?

Elisabeth: (lacht) Eine gute Frage!

Mechtild: Alle unsere Verwandten sind im Reiche Gottes vereint.

Frage: Auch die Geistesverwandten?

Mechtild: Das war nun die zweite Frage. Dann hätten wir wohl alles.

Frage: Aber nein, über Münstereifel müssen wir noch sprechen. Dorthin haben Sie doch die reichsten Zuwendungen fließen lassen: 1780 zwei Schenkungen von je 1000 Taler und 1788 eine Stiftung von 5000 Taler. Was bezweckten Sie mit dieser finanziellen Beihilfe?

Elisabeth: Immer diese Vermögensangelegenheiten. Diese jetzige gottlose Gesellschaft auf der Erde kennt überhaupt kein anderes Thema mehr.

Mechtild: Es ging um sehr gezielte Hilfe. Ich habe den Eindruck, Sie halten uns noch immer für zwei weltfremde alte Juffern, die nicht über die eigene Kirchturmspitze hinwegschauen konnten. Unsere

Familie war eine Kaufmannsfamilie - und sehr religiös. Das vertrug sich zu unserer Zeit noch miteinander.

Elisabeth: Wir waren nicht rückständig oder so.

Frage: Davon bin ich fest überzeugt. Gerade in Münstereifel haben Sie Ihr fortschrittliches, emanzipiertes Engagement bewiesen.

Elisabeth: Ach so nennt man das jetzt im Erdenreich. Sie wissen wohl bestens Bescheid über uns und unsere 'Wohltaten'. Erzählen Sie doch mal.

Frage: Ich weiß natürlich nur das, was schriftlich überliefert ist; so zum Beispiel, daß Sie Schenkungen an die Häuser 'St. Salvador' und 'Zum süßen Namen Jesu' in Münstereifel gemacht haben. Die Gründungsjahre dieser Häuser fand ich mit 1621 und 1716 angegeben.[7] Die Schwestergemeinschaft St. Salvador war jedoch bereits 1594 von Margarete Linnery im elterlichen Haus in Münstereifel gegründet worden.[8] Eine interessante Geschichte, die aber nicht hierhin gehört. Die Häuser in Münstereifel werden 'geistliche Erziehungsanstalten' genannt. Was kann ich darunter verstehen?

Mechtild: Natürlich keine riesigen Erziehungsanstalten nach dem zuzeitigen Muster auf Erden. Aber es waren sehr segensreiche Einrichtungen, die sich der Ausbildung der weiblichen Jugend annahmen.

Elisabeth: Unser Bruder Johann Josef, der anno 1777 mit 55 Jahren verstorben ist, war ja Rektor im Jesuitenkolleg gewesen; dadurch war uns Münstereifel sehr vertraut. Viele geistliche, hochgestellte Persönlichkeiten von dort gingen bei uns ein und aus.

Frage: Diese Mädchen-Bildungshäuser wurden geleitet - ich zitiere Pfarrer Reinartz - „von Jungfrauen, die das öffentliche Gelübde der Ehelosigkeit abgelegt und sich zur Pflege des religiösen Lebens, aber ohne ihre persönliche Selbständigkeit aufzugeben, zusammen getan hatten ..." Waren diese Jungfrauen eine Art Beginen? Diese hatten sich im frühen Mittelalter ja auch um die Mädchenbildung gekümmert.

Elisabeth: Das Wort Beginen hatte zu unserer Erdenzeit einen negativen Beigeschmack. Es haftete ihm etwas Revolutionäres und Frivoles an.

Mechtild: Nein, Beginen waren es nicht. Die Münstereifeler Jungfrauen waren gottesfürchtige, demütige Katholiken.

Frage: Im Pfarrarchiv Münstereifel soll noch die Widmung der Schenkung erhalten sein. Der Text ist in dem Bericht von Pfarrer Reinartz abgedruckt, wenigstens teilweise.

Elisabeth: Oh, lesen Sie doch mal vor. Das ist schon alles so lange her, und ich habe vieles vergessen.

Frage: Also hier heißt es: „Nachdem wir reiflich erwogen, wieviel für künftige Zeiten daran gelegen sey, daß die Kinder in ihrer Jugend wohl unterrichtet werden zugleich aber auch betrachten, wie nothwendig seye, daß jene, welche zu solcher Unterweisung sich verwenden, ihre Bemühung einigermaßen vergolten werde, beloben wir fordersamst den Eifer und die Lieb jener geistlichen Jungfern, welche zu Münster-Eifel in dem sogenannten Haus zum süßen Namen zu diesem Unterricht sich gewidmet; diese hierin desto mehr zu bestärken, auch fernerhin zu ermuntern, schenken wir beyde Schwestern vorbesagtem Haus ein Kapitel von 1.000 rth. species ..."

Elisabeth: War das damals noch eine poetische Sprache! Das heutige Deutsch, wie auf Erden so im Himmel, ist doch wirklich zu prosaisch.

Frage: 1788 kam es dann zu der 'großen Dahmschen Stiftung' von 5.000 rth. an das Haus 'Zum süßen Namen' zur Ausbildung dreier Mädchen.

Mechtild: Wir sind oft in diesem Lehr- und Erziehungsheim gewesen und erkannten die Notwendigkeit einer verstärkten, dauerhaften Hilfe. So haben wir 1788 diese Stiftung beschlossen. Mit aller Bedachtsamkeit und nach reiflicher Überlegung haben wir die Bedingungen dieses Stipendiums ausgearbeitet.

Frage: Ihre Vorstellungen sind genauestens angegeben. Haben Sie die neun Punkte selbst festgelegt?

Elisabeth: Ja, wir beide zusammen. Wir hatten ja schon viele Stiftungen gemacht, und Geschäftliches war uns keineswegs fremd. Längst nicht alle unsere Schenkungen haben wir öffentlich kundgetan, nicht wahr Mechtild?

Mechtild: Die linke Hand soll nicht wissen, was die rechte tut, und Mildtätigkeit soll nicht an die große Glocke gehängt werden.

Elisabeth: Nicht mal an die kleine Glocke.

Mechtild: Der erste Passus ist mir noch geläufig: „Sollen vorbelobte Jungfrauen (Leiterinnen der Anstalt) immer und zu ewigen Zeit verbunden seyn, in ihrem Schulhause zu Münstereifel drei Kinder weiblichen Geschlechts in den Grundsätzen der christkatholischen Religion, im Lesen, Schreiben, Rechnen, Stricken, Nähen und anderen weiblichen Arbeiten zu unterrichten und ihnen nebst Wohnung und Schläfung eine bürgerliche Kost zu reichen."

Frage: Während Sie ansonsten sowohl Mädchen als auch Jungen begünstigt haben, wurden in Münstereifel speziell Mädchen bedacht. Warum?

Mechtild: Wie bereits gesagt, war es um die Schulausbildung damals schlecht bestellt; Mädchen waren aber besonders benachteiligt. Wir wollten begabten Mädchen eine Chance geben, damit sie einen Beruf erlernen konnten; den der Lehrerin zum Beispiel.

Frage: Diese Gedanken sind wirklich anerkennenswert, Fräulein Mechtild. Bei der Verteilung der Stipendien sollten Mädchen aus Ihrer Verwandtschaft bevorzugt berücksichtigt werden.

Elisabeth: Aber nur bedingt. Der vierte Punkt in den Anweisungen besagt: „Dabei ist jedoch unsere ernste Willensmeinung, daß unsern nächsten Anverwandten und zwar den wenigst bemittelten und den zum Lernen fähigsten Töchtern vor allen andern der Vorzug gegeben werde; wenn sich aber in der Familie nicht genug Subjekten vorfänden, oder die sich vorfänden, offenbar ganz unfähig wären, so soll die Wahl auf die tugendsamsten und fähigsten Mädchen aus den Pfarren Eicks und Glehn fallen."

Mechtild: Die Pfarrer von Eicks und Glehn haben wir als Inspektoren bestimmt; zusätzlich wurde der jeweilige Dechant zu Münstereifel mit der Überwachung und Überprüfung der Auflagen beauftragt. Auch wurde festgesetzt, was geschehen sollte, wenn wider all unser Vermuten die geistlichen Jungfrauen aufgehoben werden oder aussterben sollten.

Frage: Pfarrer Reinartz lobte in seinem Bericht Ihre weise Voraussicht.

Elisabeth: So? Was schreibt er denn?

Frage: Er schrieb: „In der Tat ist es dem klugen, vorausschauenden Sinnen der Jungfrauen zu danken, daß ihr Stiftungswerk durch alle Fährnisse der Revolution, des Kulturkampfes und der Inflation bis auf den heutigen Tag (etwa 1930) erhalten wurde. Insbesondere hat die Einrichtung der drei Inspektoren sich bewährt, als die beiden oben erwähnten Erziehungsanstalten 1828 zum St. Salvatorkloster vereinigt wurden und die Verwaltung des Gesamtvermögens eigentlich an ein Kuratorium, tatsächlich an die Stadt Münstereifel kam. Wiederholten Beschwerden der Aufseher in den Jahren 1847 und 1863 gelang es jedesmal durch Eingreifen der Regierung die Sicherstellung des Stiftungsvermögens als Sondergut und dessen ausschließliche Verwendung zu Stiftungszwecken zu erreichen. So blieb es auch im Kulturkampf, wo das Salvatorkloster, dessen Pensionat und Lehrerinnenbildungsanstalt sich unter Ursula Scheeben zu großer Blüte entwickelt hatten, in ein weltliches Seminar verwandelt wurde. Viele Lehrerinnen haben damals den Unterstützungen der Dahmenschen Stiftung ihre Ausbildung verdankt."

Elisabeth: Es ist ein belebendes Gefühl, wenn nach dem Ableben die einstigen Lebenswerke weiterleben.

Frage: Auch als 1921 St. Salvator von den Ursulinen übernommen wurde, übernahmen diese, als Trägerin der Stiftung, die Erfüllung der Verpflichtungen in deren Lyzeum mit Haushaltsschule. Selbst die Inflation hat die Stiftung überstanden, da der größte Teil des Kapitals zum Kauf eines Klostergutes verwandt wurde. Die Pacht blieb also immer erhalten.

Mechtild: Das Wichtigste für uns ist, daß unsere Stiftungen zur christlichen und sittlichen Erziehung der Mädchen genutzt wurden.

Frage: Ich denke, da können Sie ganz beruhigt sein. Übrigens habe ich noch nicht herausgefunden, ob Ihre Stiftung in Münstereifel heute noch besteht. Können Sie mir da nicht weiterhelfen?

Mechtild: Wie sollten wir? Da müssen Sie sich schon selber helfen. Hilf dir selbst, so hilft dir Gott.[9]

Frage: Ab 1792 fehlen Nachrichten über Sie.

Elisabeth: Wir sind nach Köln verzogen.

Frage: Aus Franzosenfurcht heißt es - und durch Überreden von Herrn Brewer.

Mechtild: Unsinn! Die Kriegsunruhen spielten nur eine untergeordnete Rolle. Auch ließen wir uns von niemandem, auch nicht von Herrn Brewer, zu irgendetwas überreden. Es war unsere eigene, freie Entscheidung, nach Köln zu gehen. Wir haben stets Handelsbeziehungen zu Köln unterhalten, auch bestanden freundschaftliche Kontakte.

Elisabeth: Unser Vater war in Köln gestorben; und auch wir wollten uns dort auf den Übergang in das bessere Sein vorbereiten. Wir fanden dort gute Pflege, die uns die Beschwernisse des Alters erträglich machte.

Frage: 1796 gingen Stammgüter und Haus in Hostel in den Besitz des Schultheißen Johann Kreuser über.

Elisabeth: Was sollten wir auch damit. Wir hatten ja keine Nachkommen.

Mechtild: ... aber durch unsere Stiftungen und Schenkungen viele Patenkinder.

Frage: ... die dann alle für Sie beteten. Die Stipendiatinnen in Münstereifel mußten ja täglich einen Rosenkranz für Sie beten.

Elisabeth: Das war wohl das Wenigste, was wir verlangen konnten.

Frage: Auch sonst waren Ihre 'Wohltaten' mit Meßfeiern und Gebeten gekoppelt.

Mechtild: Stört Sie das?

Frage: Nein, das nicht. Es berührt mich nur irgendwie komisch.

Elisabeth: Wenn Sie mal im Jenseits sind, berührt Sie das nicht mehr 'komisch'.

Mechtild: Sehr wahr gesprochen, Maria Elisabeth. Aber was sollen wir uns darüber aufregen. Die irdische Welt ist nicht mehr unsere Welt. Komm, meine liebe Schwester, wir wollen wieder in das ewige Reich zurückkehren und uns die himmlische Ruhe gönnen.

Frage: Ich danke Ihnen sehr, daß Sie für mich Zeit hatten.

Mechtild: In der Ewigkeit gibt es keine Zeit. Es war interessant, unsere einstige Zukunft als jetzige Vergangenheit zu betrachten. Aufwiedersehen - vielleicht.

Elisabeth: Gottes Segen für alle in unserer schönen Heimat. Ihr braucht nicht mehr für uns zu beten, wir beten nun für Euch.

Quellenangaben

[1]Pfarrer Reinartz: Zwei Förderinnen kath. Jugenderziehung im Eifellande, Kreuz-Weingarten, o.J.

[2]z.B. H. Roggendorf: Mechernich, Altes und Neues zur Heimat- und Pfarrgeschichte, Köln 1929, Seite 108

[3]Ernst Wackenroder: Die Kunstdenkmäler des Kreises Schleiden, Düsseldorf 1932, Seite 197

[4]Pfarrer Reinartz: Thomas Eichel, ein Eifeler Zimmermeister vor 250 Jahren, und sein Werk, in: Eifelvereinsblatt Aug./Sept. 1930

[5]Pfarrer Reinartz: Mathias Pfleumer von Zingsheim, ein reformeifriger Eifelpfarrer, in: Veröffentlichungen des Bischöfl. Diözesanarchivs Aachen, Band 14 (1952)

[6]H.-Dieter Arntz: Die Entwicklung des Euskirchener Schulwesens unter Berücksichtigung der Industrialisierung, Euskirchen 1973, Seite 11

[7]Bad Münstereifel: Kirchen und Klöster

[8]Jakob Katzvey: Geschichte der Stadt Münstereifel und der nachbarlichen Ortschaften, Köln 1854, Seite 208

[9]Tatsächlich besteht die Stiftung bis heute (1992). Zugute kommt sie Schülerinnen des St. Angela-Gymnasiums, die im Internat in Münstereifel wohnen.

Tanzen, eine weibliche Sünde?

„Willst feiner Knabe, du mit mir gehn?
Meine Töchter sollen dich warten schön;
Meine Töchter führen den nächtlichen Reihn
und wiegen und tanzen und singen dich ein."

Johann Wolfgang von Goethe: Erlkönig

Lassen wir einmal unsere Phantasie spielen und begeben uns in eine Zeit fern jeder Hektik, Technik und Zerstörung. Es gibt nur drei Dinge auf der Welt: Die freie Natur, freie natürliche Menschen und freie übernatürliche Wesen. Alles andere können wir vergessen. Total!

Wir Frauen hocken in einer dunklen, eisigen, feuchten Höhle. Finsternis, Kälte und Nässe durchziehen unseren Körper. Unsere Gefühle, Wünsche, Träume ersterben, erstarren in Angst, Trauer, Resignation. Wir versuchen, mit der Hand magische Zeichen zu machen, murmeln beschwörende Worte - doch die Höhle macht die Ansätze zunichte. Mehr und mehr nimmt die Höhle von uns Besitz; da werden wir eins mit der Höhle; wir sind die Höhle.

Irgendwann dringt in unsere ausweglose Traurigkeit ein winziger Lichtpunkt; aus dem Nichts kommt er, sucht sich tastend seinen Weg, findet zu uns. Es ist die Priesterin, die Erleuchtete, die Göttliche. In einer Schale trägt sie die Glut, läßt diese in die Feuergrube in der Mitte der Höhle gleiten, bestreut sie mit verschiedenen Kräutern. Der Schein einer zitternden Flamme schleicht sich näher an uns heran, tanzt vor uns, beatmet uns. Unser Körper antwortet: Zuerst zaghaft sich regend, dann bereit-willig sich öffnend, schließlich befreiend aufatmend.

Da gebiert die Flamme neues Leben, entwickelt sich zum Flammenkreis, zum Feuer, zum Licht. Es breiten sich Wärme, Helligkeit, Hoffnung aus; Resignation, Traurigkeit, Einsamkeit ziehen sich zurück in die dunkelsten Ecken der weitläufigen Erdhalle. Jetzt können wir sehen, schauen uns an, erkennen uns: Wir sind viele Frauen, wir sind alle; wir alle sind eine.

Wir erheben uns aus unserer hockenden Stellung, suchen Nahrung für das Feuer, füttern es mit kleinen und mit großen Holzscheiten. Das Feuer wird stärker, die Wärme wohltuender, das Licht heller. Da wird die Höhle zum lichtdurchfluteten Raum, zur wärmenden Hülle, zur schützenden Kugel. Wir fühlen uns wohl und geborgen im Schoß der Mutter Erde. Die Erdenmutter nimmt Besitz von uns, wir werden eins mit ihr, wir sind die Mutter Erde.

Nun sind wir bereit. Wir umarmen uns, reichen uns die Hände und finden von selbst zu einem Kreis. Aus dem Knistern der brennenden Scheite übernehmen wir einen Ton, lassen ihn wachsen zum Klang, zur Melodie, zum Rhythmus. Wir beginnen unseren Tanz um das Feuer - zunächst mit schleppenden Seitwärtsschritten, die erst allmählich gleitender und fließender werden. Unser Körper wiegt sich zum selbstgeschaffenen Rhythmus. Dabei geben wir darauf acht, daß wir das Feuer nicht aus den Augen verlieren. Wir halten das Feuer in seinen Grenzen, mögen die flammenden Dämonen, die fordernden Feuerteufel, die allesfressenden Ungeheuer noch so sehr nach uns züngeln. Da wird das Feuer unsere Verbündete, unsere Helferin, unsere mächtige Beschützerin. Das Feuer nimmt Besitz von uns, wir werden eins mit dem Feuer; wir sind das Feuer.

"Wohltätig ist des Feuers Macht,
Wenn sie der Mensch bezähmt, bewacht,
Doch furchtbar wird die Himmelskraft,
Wenn sie der Fessel sich entrafft,
Einhertritt auf der eignen Spur,
Die freie Tochter der Natur."

Friedrich von Schiller

Jetzt wird unser Reigen zum wilden Feuertanz: Wir hüpfen und springen, lachen und singen, entflammen und verglühen. Vor dem letzten Aufflackern des Höhlenfeuers lösen wir unseren Kranz an einer Stelle und versuchen, in größer werdenden Schleifen zum Ausgang der Höhle zu gelangen. Doch mit dem Verlöschen des Feuerscheins wird die magische Kraft der Höhle wieder stärker. Um uns aus dem Erdinnern zu lösen, rufen wir unsere ganze innere Kraft wach, beschwören die guten Geister, heften unseren Blick auf die Öffnung nach draußen.

Temperamentvoller Volkstanz aus den belgischen Ardennen bei der 75-Jahrfeier des Eifelvereins 1963 in Prüm

Mit nachziehenden Schleifschritten versuchen wir den Ausgang zu erreichen. Doch die Höhlenmagie sitzt uns zu sehr im Rücken, im Nacken, im Genick. Da drehen wir uns wieder zum Feuer, wenden unseren Blick der Feuergrube zu und streben rückwärts, langsam Fuß hinter Fuß setzend, dem Höhlenausgang zu. Da wir viele, alle, eine sind, schaffen wir es.

Wir erreichen die freie Natur, erblicken den nächtlichen Himmel, das allumfassende Weltall. Wir begrüßen den Himmel und die Erde, die Sterne und die Mondgöttin. Diese ist noch schwach, aber wir werden ihr zu neuem Licht, zu neuer Kraft, zur vollen Göttlichkeit verhelfen.

Wir beginnen unseren Pilgerschritt: Schritte vor und zurück, Sprünge nach rechts und nach links, Hüpfer auf der Stelle. Dazu begleitet uns unsere Melodie durch die Nacht: Mal leise summend, mal leidenschaftlich anschwellend, mal zu vollen Klängen anwachsend. Der Weg ist weit; ein Kultpfad, sorgsam erforscht und festgelegt vor vielen Zeiten. Doch da wir den Weg kennen, den wir gehen müssen, wird er leichter für uns sein. Und wir wissen um unser Ziel: Der heile, heilende, heilige Hain! Dort werden wir tanzen. Wir werden nicht essen, nicht sprechen, nicht schlafen, nur tanzen, tanzen, tanzen, bis zur vollen Erschöpfung, bis zur Auflösung unseres Menschseins, bis zur Ekstase.

Unsere Göttin am Himmel wird zur vollen Schönheit erblühen, zur Ganzheit erwachsen, zum Lichtball erstrahlen. Die Mondin wird von uns Besitz ergreifen, wir werden eins mit ihr; wir werden die Göttin. Dann wird unser Tanz zum Freudenfest ...

Vom Feuertanz zum Scheiterhaufen

In der Natur des Menschen liegt es begründet, Gefühle und Empfindungen, Wünsche und Hoffnungen in körperliche Ausdrucksformen zu bringen. Die Menschen der Urzeit setzten aber auch die Naturvorkommnisse in rhythmische Bewegungsläufe um: Wachsen und Vergehen, das Wechseln der Jahreszeiten, das Wogen der Meereswellen, der Lauf der Himmelgestirne, das Ab- und Zunehmen des Mondes.

Das ur'sprüngliche' Tanzen diente aber auch dazu, eine höhere Macht erfahrbar zu machen. Tanz und Religion waren eine Einheit. In Ekstasetänzen mit wilden Verrenkungen, hohen Sprüngen und eindringlichen Gesten versuchte man, die Gottheiten zu beschwören. Fruchtbarkeits-, Heilungs-, Einweihungs-, Opfer-, Kampf- und Abwehrtänze gehören zu dieser ekstatischen Form des Tanzens.

Wie Höhlenzeichnungen zeigen, kannte man in Urzeiten bereits Gemeinschaftstänze, die in Prozessionsform ausgeführt wurden. Pilgerschritte, die sich bis heute erhalten haben (meditative Tänze, Echternacher Springprozession), zeigen, wie man sich der Gottheit näherte: Z.B. drei Schritte vorwärts und zwei Schritte oder einen Schritt zurück.

Im Jahr 1911 wurden bei der Eifeler Kirmes in Mayen Gruppentänze in alten Eifeler Trachten vorgeführt.

Die ersten Tanzfiguren entstanden: Der Kreis und die Spirale als Symbole für Erde und Himmel, das Sonnenrad und der Stern als Darstellung der Gestirne, das Bilden von Toren als Durchgang zur Unterwelt und die Achtschlingung als Sinnbild des ewigen Kreislaufes in der Natur und im Menschenleben.

Von Bedeutung waren beim ursprünglichen Tanzen unter freiem Himmel die Tanzplätze. Heilige Haine, heilbringende Quellen, gottnahe Berge und freistehende Bäume wurden als Treffpunkte bevorzugt. Während der Hexenverfolgung gelangten die einstigen Tanzplätze zu einer traurigen Berühmtheit. Vorwiegend Frauen wurden beschuldigt, sich an den geheimen Orten zu treffen und an teuflischen Gelagen und unzüchtigen Tänzen teilzunehmen.

In den Hexenprozessen wird eine Verbindung zwischen heidnischen Kultplätzen und angeprangerten Hexentanzplätzen erkennbar: „Der Versammlungsort für die Hexentänze und die damit verbundenen Gelage ist gewöhnlich ein in der Gegend schon von früher her verrufener Platz, ein ausgezeichneter Berg, ein alter großer Baum, eine Wiese, ein abgelegener Grund, oft auch der Kirchhof oder ein Hochgericht ..."[1]

In den Flamersheimer Prozessen von 1629 sind die Tanzplätze genau angegeben: „„... Ebenso hat sie bekannt, daß sie öfter auf verschiedenen Tänzen auf dem Schorndriesch, dem Sommerdriesch und dem Eselsdriesch oberhalb des Klosters Schweinheim gewesen sei. Zu den nahe gelegenen Orten wäre sie gegangen, zu anderen, weiter entfernt gelegenen, aber wäre sie auf einem schwarzen Bock geritten, den ihr ihr Buhle Ballebas gebracht habe ..."[2]

Unter der Folter 'gestanden' die Frauen das verbotene Tanzvergnügen und denunzierten weitere angebliche Teilnehmerinnen. 1653 'gestand' ein zehnjähriges Mädchen in Köln, „sie habe ein Bündnis mit dem Teufel geschlossen und gehe zum Hexentanz."[3] Nach zweijähriger Haft wurde sie als Hexe hingerichtet.

Die Entwicklung vom Kult- und Schamanentanz zum Teufelstanz hatte mit der Bekämpfung der heidnischen Riten begonnen. Die Tanzgeschichte macht den Unterschied zwischen dem heidnischen und dem christlichen Glauben sehr deutlich. Während in den Ur-Religionen den Gottheiten mit Leib und Seele gehuldigt wurde, und das Tanzen heilig und heilend war, degradierte die Körperfeindlichkeit der christlichen Lehre den Tanz zur Sünde.

„Die Moral des Christentums besagt, daß erst im Himmel getanzt werden darf; auf der Erde ist der Tanz des Teufels, im Himmel ist er himmlisch ... Warum wendet sich das Christentum und die Herrschaft der Weißen gegen die Tänze (in diesem Fall indianische Tänze)? Liegt es an der Tatsache, daß die europäischen Völker unter dem Einfluß des Christentums ihre Volksreligion, Spiritualität, Tänze, ihren Schamanismus usw. aufgegeben haben?"[4]

Im frühen Christentum hatte der Kulttanz noch seinen Platz gehabt, doch schon bald wurde er als 'Verlockung zur Wollust' verteufelt. Bereits im 5. Jh. nannte man den Reigen den Teufelskreis. Bonifatius verbot Tanzausübungen in den Kirchen, und Karl der Große untersagte rigoros jede tänzerische Bewegung. Doch das Tanzen als menschliches Grundbedürfnis ließ sich nicht einfach verbieten. Unter dem Druck der Kirche wurden jedoch die alten Tanzriten aufgegeben; Kulttänze wurden zu weltlichen Volkstänzen und schließlich zum geselligen Vergnügen.

Der Kirche blieben diese 'Lustbarkeiten' jedoch weiterhin ein Dorn im Auge. Der bekannte deutsche Volksprediger Johannes Geiler von Kaisersberg (1445-1510) wetterte über das lustvolle Tanzen: „Danach findet man Klötz, die tanzen also säuisch und unflätig, daß sie die Weiber dermaßen herumschwenken und in die Höhe werfen, daß man ihnen hinten und vorne hinaufsieht bis in die Weich, und haben es die Jungfrauen gern, wenn man sie also schwenket, daß man ihnen, ich weiß nicht wohin sieht."[5]

Genau hingesehen hat hier der Sittenprediger. Aber auch der Pfarrer Melchior Ambach aus Frankfurt muß exakt beobachtet haben, damit er 1545 zetern konnte: „Tanzen ist eine Übung, nit vom Himmel kommen, sondern von dem Teufel erfunden. Man betrachte doch das Tummeln, das Herumschweifen, das Auswerfen der Beine, das Hintersichlaufen, danach Vorlaufen, sich wie ein Rad drehen, die Erde mit den Füßen klopfen, wie ein Kreisel herumhaspeln und wirbeln."[6]

Auch Luther machte sich Gedanken, ob das Tanzen, 'von welchem viel Böses herzukommen scheint', nun Sünde sei oder nicht. Er kam zu dem Resultat: „Weil Tanzen der Welt Brauch ist, des jungen Volks, so es züchtig und ohne schandbare Worte und Gebärde nur zur Freude geschieht, so ist der Tanz nicht zu verdammen."[7]

Wurde das Tanzen ganz allgemein kritisiert, so wurde besonders das Tanzen der 'Frauenzimmer' verdammt. Ein Sich-Austanzen wurde den Mädchen schwer angelastet; wenn sie schon tanzten, dann aber bitte züchtig, verschämt und demütig. Ein Tanzlehrer des 15. Jhs. proklamierte folgende Tanzregeln für die Damen: „Ihre Körperbewegungen sollen demütig sein und angenehm, ihr Auftreten von adeliger Würde. Vor allem aber muß sie leicht auf den Füßen sein, mit anmutigen Gebärden. Ihre Blicke sollen nicht übermütig umherschweifen, sondern die Augen sollen demütig zu Boden gerichtet sein."[8]

In der Tanzanweisung zur Pavane, einem Volkstanz während der Barockzeit, heißt es: „Die Damen sehen auf eine bescheidene Haltung, senken die Augen und werfen zuweilen einen Blick voll jungfräulicher Verschämtheit auf die Zuschauer."[9]

Im Wochenblatt und Anzeiger für den Kreis Schleiden erschien 1847 eine Schimpfkanonade bezüglich des Tanzens, die ausschließlich das weibliche Geschlecht angriff, so daß man den Eindruck bekommt, das Tanzen sei eine weibliche Sünde: „Es scheint, daß es den Mädchen doch endlich klar geworden, welchen Endzweck die Schöpfung mit ihnen hat; sie sind geboren, um der Welt ein philosphisches Beispiel zu geben, wie man in's Grab hinein tanzt. Da die Mädchen nicht in den Krieg ziehen, so hat die Natur, um ihre Ueberzahl zu verringern, das Tanzen erfunden. Und wenn man einen Ballabend hindurch unsere Mädchen tanzen gesehen, so muß man wirklich jener Frage geistiger Philosophie beistimmen, nämlich: Ob solche Frauenzimmer auch Menschen sind? Man sollte meinen, so ein Mädchen würde splendid bezahlt für die Stunde; denn es ist nicht mehr ein Tanz, es ist ein Rasen, eine Arbeit, ein Frondienst, ein Gliederzappeln, eine systematische Epilepsie, eine St. Veitswuth, eine musikalisch-galvanische Verzückung! Die Mädchen hören auf, Mädchen zu sein, alle Schönheit vergeht, alle Grazie entflieht, alle Anmuth schwindet, alle Natur entweicht, und vor uns stehen Blocksberg Kandidatinnen in modernen Kleidern mit triefenden Locken, mit rotgekochten Backen, mit Schweis übergossenem Nacken, mit keuchendem Odem, mit irrsinnigen Blicken, unvermögend ein Wort zu sprechen; und diesen Wesen schmeichelt man, sie gehören zum zarten, zum lieblichen, zum schönen Geschlechte?!"[10] Auch in diesem Bericht ist auffallend, daß der ungenannt bleibende Schreiber genau und intensiv beobachtet hat und seinen vermutlichen Frauenhaß an den tanzenden Mädchen ausläßt.

Von rauhen und von feinen Tanzsitten

Die ersten Paartänze, die vom einfachen Volk getanzt wurden, waren Werbetänze, die jedoch ohne Berührung ausgeführt wurden. Rasante Bewegungen, munteres Hüpfen und hohe Sprünge waren Merkmale dieser wilden

Bauerntänze. Aus dem frühen Mittelalter sind die Hoppelrei und der Firlefanz als Paartänze bekannt. In der oberen Gesellschaftsschicht distanzierte man sich von diesem 'Firlefanz' und schuf harmonisch-ausgewogene Tanzschritte und Tanzformen. Die Gesellschaftstänze waren geboren, die zunächst noch Gruppentänze waren und erst später Paartänze wurden.

Knechte und Mägde durften nicht am bürgerlichen 'raien oder tantz' teilnehmen. So vergnügten sie sich auf den Straßen mit den herkömmlichen Bauerntänzen. Der Drehtanz mit enger Umschlingung wurde bei diesen Gassentänzen immer beliebter, aber auch immer intensiver von Sittenpredigern bekämpft. Der 'ungottselige Teufelstanz' wurde 'wilder Weller' genannt. Bei diesem Tanz wurden die Mädchen in die Luft geschleudert und schließlich absichtlich umgeworfen; sie wurden regelrecht 'aufs Kreuz gelegt'.

Als der 'wilde Weller' um 1800 als Walzer über Frankreich wieder nach Deutschland zurückkam, sorgte man sich sowohl um die Moral als auch um die Gesundheit der Tanzenden. Den jungen Mädchen gab man zu bedenken, daß 'das Walzen' die Schwindsucht, die Auszehrung oder einen frühen Tod bringen konnte. Doch allen Predigten zum Trotz setzte sich der Walzer immer mehr durch und wurde schließlich zum beliebtesten Tanz im 3/4 Takt.

Eine andere rauhe Sitte ist aus dem 16. Jh. bekannt: Erteilte ein Mädchen einem Tanz-Bewerber eine Absage, so wurde es umgehend durch eine Ohrfeige von dem Abgeblitzten bestraft.

Als im 17. und 18. Jahrhundert Frankreich und England das Tanzgeschehen diktierten, setzten sich im Volkstanz feinere Sitten durch. Gravitätische Schritte und elegante Verbeugungen wurden Bestandteil von französischen Quadrillen, die durch die Truppen Napoleons ins Rheinland kamen, aber „bald kräftig eingedeutscht und mit altem, deutschem Tanzgut so eng vermischt, daß am Ende ein einheitliches, neugeformtes, deutsches Tanzgut daraus wurde."[11] So entstanden rheinische und Eifler Quadrillen, die jedoch ihre französische Herkunft nicht verleugnen können.

Die Kirmes-Quadrille aus Engelgau (Kreis Euskirchen) wird in einem Bericht so beschrieben: „Die Quadrille begann fast wie ein Menuett. Zuerst traten die Herren vor, begrüßten mit einer vornehmen Verbeugung, einem leichten Kopfnicken, die vor ihnen stehenden Damen, die diese Begrüßung mit einem leichten Knicks erwiderten ... Man glaubte sich um Jahrhunderte zurückversetzt in einem französischen Schloß"[12]

Bei aller höfisch-höflichen Tanz-Verehrung des Weiblichen durfte jedoch die 'Mannsherrlichkeit' nicht zu kurz kommen, wie aus einer Beschreibung (1859) des Schuhplattlers herauszulesen ist: „Man kann nichts Lieblicheres sehen, als wenn das Mädel aus den Armen des Buben entschlüpft, sich mit niedergeschlagenen Blicken wie eine Spindel um sich selbst dreht, während der Bub, im Gefühl seiner Mannsherrlichkeit und des Sieges im voraus gewiß, in die Mitte des Kreises springt ..."[13]

Aufforderung und Führung

Zu jedem Tanzabend gehörten in der Vergangenheit sowohl Standard- und Modetänze als auch Volkstänze und Tanzspiele. In ländlichen Gegenden hielt sich diese Mischung bis zum Zweiten Weltkrieg. Tanzfeste waren ein gesellschaftliches Ereignis, eine 'Lustbarkeit', aber auch eine Gelegenheit, auf Partnersuche zu gehen.

Der Tanzabend als Heiratsmarkt hatte im 19. Jahrhundert einen festen Stellenwert. Die 'Jagd'-Atmosphäre in einem Ballsaal der städtischen Oberschicht hat die Eifeldichterin Clara Viebig sehr anschaulich geschildert: „Im Saal standen massenweise junge Damen an den Wänden herum, Tanzkarten in den Händen ... Eine erwartungsvolle Stille schwebt über dem großen, glänzend parkettierten Raum - die Stille vor dem Sturm. Eine Gaskrone und viele Kandelaber strahlen, ein leicht beklemmender Duft von Blumen und Parfüms schwebt in der Luft. Über dem großen Kronleuchter hockt etwas Seltsames, man sieht es nicht, aber man fühlt es. Es senkt sich von da oben herab in den Saal, es treibt die jungen Herren zu schwänzeln und zu tänzeln, die jungen Damen zu lächeln und zu äugeln, die biedern Elternpaare verbindliche Dinge zu sagen und im Herzen das Gegenteil zu fühlen. Es ist etwas Merkwürdiges, etwas Lauerndes wie auf der Jagd, was im Saal herumstreicht - gleich wird der Kapellmeister seinen Taktstock heben - schnedderdengdeng' huß! heißah! faß! Die Hatz geht los."[14]

In einem Bericht von 1847 werden 'Frauenzimmer' eindringlichst ermahnt, sittsam zu tanzen und zwar „.... in den Schranken der Grazie, der weiblichen Decens und des feinen geselligen Anstandes ... Bedenkt, daß der Mann ein Weib für sich sucht, nicht für die Welt; daß er eine Gattin sucht, und keine Tänzerin; eine Gehülfin, und nicht einen Modewaaren-Auslegekasten; eine Gefährtin durch die lange Rosen- und Dornenbahn des Lebens und nicht eine leichtfüßige, leichtsinnige Luftspringerin zu einem zehnstündigen Ballabend..."[15]

Noch 100 Jahre später (1950) sah man 'Gefahren' bei der 'Begegnung der Geschlechter' auf dem Tanzboden: „Zu allen Zeiten waren manche Tänze ein Sinnbild des Liebeslebens ... Wir sehen nun die Gefahr, nämlich, daß die niederen Triebe durchbrechen und der Tanz nicht mehr das Liebesleben darstellt und das Bedürfnis nach Rhythmus und Musik, sondern daß er einfach mißbraucht wird, um der Sinnlichkeit zu dienen. Es geht dann nur noch um das geschlechtliche 'Habenwollen' ... Fehlt dann die rechte Einstellung (Ritterlichkeit und Zucht), dann endet die Tanzstunde mit der Liebelei, das Tanzvergnügen mit der Unzucht."[16]

Bei einem Tanzabend auf dem Lande, meist nur einmal im Jahr zur Kirmes stattfindend, wollte man vorwiegend in der Gemeinschaft einige frohe Stunden verbringen. Aber auch hier suchten und fanden sich junge Paare zu einem gemeinsamen Lebensweg. Dabei mußten die Mädchen bescheiden warten, bis man sie zum Tanz 'aufforderte'. Gehörte eine Frau beim Ball zu den 'Sitzengebliebenen', so blieb sie oftmals auch im Leben 'sitzen'.

Nur bei der Damenwahl durften die Mädchen aktiv werden. Aber diese Wahl war alles andere als eine 'freie Wahl'. Die Dame mußte denjenigen Tänzer holen, der sich ihr bereits 'gewidmet' hatte. Auch einen lieben, älteren Freund der Familie durfte sie um einen Tanz 'bitten'. Einem Mann jedoch durch eine Aufforderung zum Tanz Interesse zu bekunden, war für eine Frau schlichtweg unmöglich.

Die Mädchen und Frauen wurden zum Tanz 'geführt', und auch beim Tanzen selbst wurden sie vom Mann 'geführt', obwohl man im allgemeinen dem weiblichen Geschlecht größeres Tanztalent zuspricht: „Das Mädchen hat durch seine natürliche Veranlagung für Anmut und Grazie viel mehr Talent und Neigung zum Tanz als der Jungmann, und man kann wohl sagen: 'Tanz ist ein weiblicher Sport'. Deshalb tanzen Mädchen auch gern untereinander (Volkstanzgruppen). Selbstverständlich tanzen sie später lieber mit einem Jungmann, weil sie ihrem fraulichen Wesen gemäß sich lieber führen lassen."[17]

Auch heute noch werden Tänzerinnen, 'ihrem fraulichen Wesen gemäß', vom Tänzer geführt. Ein Mädchen, das sich leicht führen läßt, ist als 'gute' Tänzerin begehrt. Eine Frau, die beim Tanzen - und auch sonst? - ihre eigenen Vorstellungen verwirklichen will, gilt als 'schlechte' Tänzerin.

Begeisterung und Anfeindung

In der Tanzgeschichte wurde jeder neue Paartanz kritisch betrachtet und oftmals als Modetanz bekämpft. Böse Worte gab es z.B. für die Polka, die 1835 von einem böhmischen Bauernmädchen ausgedacht worden sein soll. Während die Jugend den neuen Tanzschritt begeistert aufnahm, sah die ältere Generation eine Verbindung zu Hexentänzen: „In den meisten Orten war noch der Hexentanzplatz bekannt. Die Großmütter behaupteten, an diesen 'Düveldanzplaatze' sei der neue Tanz ersonnen worden, dort tanze diese unselige Gesellschaft die Bessems- un Bunnepolka."[18] Als 1850 die Kartoffelernte schlecht geriet, sah man eine Verbindung zwischen Mißernte und Polka. Doch trotz Hexen-Aberglauben fand die Polka ihren festen Platz, sowohl im Volkstanz als auch im Paartanz.

Als der Tango die Tanzparkette eroberte, erhielten die Damenröcke einen 'Tangoschlitz', damit die großen Schritte ungehemmt getanzt werden konnten. In Frankreich war man entzückt, in Deutschland empört. Die anstößigen Tanzbewegungen, die zuviel Bein sichtbar machten, wurden verboten - und der Tangoschlitz ebenfalls. Doch die tanzbesessenen Tangofräulein verwandelten mit Hilfe von Frau Mode die langen Röcke in kurze Röcke und tanzten weiter Tango.

Ob Rumba oder Samba, Shimmy oder Swing, Charleston oder Cha-Cha-Cha, Rock'n Roll oder Bougie Wougie, alle mußten sich zunächst Entrüstung gefallen lassen. Auch der Modetanz des Jahres 1989, der Lambada, fand neben Begeisterung auch Anfeindung wegen seiner „eindeutig-zweideutigen Tanzfiguren".[19]

Heutiges Tanzen

Heute unterscheidet man ganz allgemein zwischen Volkstanz und Tanz. Volkstanzgruppen sehen ihr tänzerisches Tun vorwiegend als Bewahrung von Folkloregut, aber auch die Freude am Tanzen in der Gemeinschaft spielt eine Rolle. Die Symbolbedeutung der Tanzfiguren ist vielen jedoch nicht bekannt.[20]

Bei Tanzveranstaltungen wird zu Standard- und Modetänzen aufgespielt. Die Jugend lebt ihre Tanzfreude vorwiegend beim freien Tanz in Discos aus. Der Unterschied zwischen einstigen Kulttänzen und den heutigen Modetänzen aus aller Welt scheint unüberwindbar zu sein. Oder gibt es doch eine Regenbogenbrücke zwischen Einst und Jetzt? Einst die dunkle Höhle - heute düstere Tanzhallen; einst das Lagerfeuer - heute bunte Neonlichter; einst rhythmische Urtöne - heute heiße Stereoklänge; einst die Ekstase - heute das Ausflippen.

Der Mensch setzt im Tanz körperlich um, was ihn 'bewegt', und uns bewegt heute noch vieles, was auch unsere Urahnen zum Tanzen bewegt hat: Liebe und Glück, Freud' und Leid, Sehnsucht und Hoffnung, Angst und Not, Erdnähe und Himmelsferne. Doch Tanz ist stets ein Kind seiner Zeit, und jede Zeit hat ihre eigene Sprache und ihre eigene körperliche Ausdrucksform.[21]

Vielleicht kommen die heutigen Modetänze, die 'rhythmischen Reigen aus sprühender Lebensfreude', den ur-sprünglichen Tänzen sehr nahe. Unsere Großmütter wären sicher überglücklich gewesen, wenn sie sich, ohne mit Schimpf und Schande bedacht zu werden, so hätten austanzen können wie unsere heutige Jugend.

Verloren gegangen ist indes die Verbindung zwischen Tanz und Natur. Fänden wir durch 'natürliches' Tanzen in der freien Natur zum transzendenten Naturschutz, so könnte unser kosmischer Reigen zur Gesundung unserer Erde beitragen. Weltweit würde sich alles zum Tanzen einschwingen: Bäume und Sträucher, Blumen und Pflanzen, Tiere und Vögel, Meere und Flüsse, Höhlen und Höhen, Sonne und Mond, Himmel und Erde, Gottheiten und Menschen.

Quellenangaben

[1]Bruchstücke aus den Hexenprozeßakten des Gerichtsarchivs der Stadt Mergentheim in Franken, in: Unterhaltungsblatt und Anzeiger für den Kreis Schleiden und Umgegend, 6.11.1846

[2]Josef van de Gey: Hexenprozesse in Flamersheim 1629, in: Unterrichtsmaterialien zur Orts- und Religionsgeschichte im Kreis Euskirchen, Nr. 2, 1987, Seite 8

[3]Irene Franken/Ina Hoerner: Hexen, Die Verfolgung von Frauen in Köln, Köln 1987, Seite 25

[4]Jan Willem von den Boogert: Der Tanz bei den Indianern, in: Eine Reise in die Traumwelt? Laufenburg 1984, Seite 59

[5]Helmut Günther und Helmut Schäfer: Vom Schamanentanz zur Rumba, Stuttgart 1975, Seite 64
[6]a.a.O., Seite 149
[7]a.a.O., Seite 147
[8]a.a.O., Seite 72
[9]a.a.O., Seite 87
[10]Über das jetzige Tanzen, in: Unterhaltungsblatt und Anzeiger für den Kreis Schleiden und Umgegend, 30.4.1947
[11]Dr. Siegfried Lehmann: Der Tanz im deutschen Volk, in: Handbuch der deutschen Volkskunde, Potsdam o.J., Seite 290
[12]Franz Josef Giesen: Als in Buir noch die Quadrille getanzt wurde, in: Die Eifel 4/1981, Seite 217
[13]Günther/Schäfer, a.a.O., Seite 151
[14]Clara Viebig: Rheinlands Töchter, Berlin 1897, Seite 26
[15]Über das jetzige Tanzen, a.a.O., Seite 87
[16]Der Tanz - unsere Sache?, in: Familienkalender für das katholische Landvolk, 1950, Seite 123
[17]a.a.O.
[18]Franz Peter Kürten: Heiterer Aberglauben, in: Volksleben und Lande am Rhein, Köln 1969, Band 9, Seite 111
[19]Sophie Lange/r: Lambada manchen zu gewagt, in: Kölnische Rundschau, Eifelland, 30.11.1989
[20]Vgl. Sophie Lange: Der bunte Reigen der Volkstänze, in: Eifelkalender 1991, Seite 91
[21]Vgl. Sophie Lange: Im Tanzschritt durch die Jahrhunderte, in: Kreis Euskirchen Jahrbuch 1989, Seite 28

Frauengestalten in Eifelsagen

Unsere Vorfahren glaubten nicht nur an die sichtbaren, sondern ebenso an die unsichtbaren Dinge dieser Welt. Mysteriöse Vorkommnisse und unerklärbare Beobachtungen wurden in Spukgeschichten eingeflochten und bei dämmrigem Licht in der warmen Stube erzählt.

Vorchristlicher Götterglaube ist in denjenigen Erzählungen aufzuspüren, in denen göttliche Schutz-Matronen zu gespenstischen Juffern wurden. Diese wandelten majestätisch, stumm und unnahbar durch Felder und Wiesen. In der Heimbacher Burg beschützten sie den Burgbereich und vertrieben Obstdiebe, die sich ihrem Schutzbereich, der Fruchtbarkeit der Erde und der Bäume, näherten. Auch an den Ruinen der Stolzenburg bei Urft erschienen die geisterhaften Juffern und verscheuchten Fremdlinge.[1]

Eine Verbindung zu vorchristlicher Verehrung von Bäumen schafft folgende Juffernsage aus dem Eschweiler Raum: „In der Azenau bei Gressenich stand früher ein großer, alter Baum. Um Mitternacht kam aus diesem Baume eine weiße Juffer hervor. Sie ging über den Bach an der Gressenicher Mühle vorbei und kehrte dann wieder in den Baum zurück. Wer dieser Juffer auf ihrer Wanderung begegnete, mußte in demselben Jahr sterben."[2]

Durch die Juffernsagen wurden einstige Glaubensvorstellungen der Matronenverehrung erhalten: „Der Volksglaube fand verschiedene Wege, um das Wissen von den einflußreichen Frauen in unsere Zeit hinüberzuretten. Geheimnisvolle Juffern wirken am gleichen Ort wie vor zweitausend Jahren die Matronen. In den Sagen der Eifel schützen sie heute Haus und Hof, wie einst die keltischen Göttinnen."[3]

Die Juffern sind mystische, damenhafte Sagengestalten. Sie demonstrieren eine göttliche Macht, eine Macht über Leben und Tod; wer die überirdischen Frauen anspricht oder ihnen nur begegnet, der muß sterben.

Die Juffer Fey

Eine geheimnisumwitterte Sagenfrau ist die Juffer Fey. Sie steht eng mit dem Feybach in Verbindung. Dieser Wiesenbach entspringt bei Urfey (Nähe Weyer) und mündet bei Euskirchen in die Erft. Der Name Fey wird mit Vacina (Schnellfließende, Eilende) in Zusammenhang gesehen. Die Fey-Juffer wäre damit der Bach selber. Die an ihrem Bachlauf gelegenen Orte nennt man die sieben Töchter der Fey: Urfey, Eiserfey, Feyermühle, Satzfey, Katzfey, Burgfey und Burg Veynau.

Andererseits soll die Fey eine gute Fee sein, die den Bach und dessen Quelle beschützt. Ihr Wohnsitz liegt laut Überlieferung allerdings nicht direkt an ihrem Ursprung, sondern in einem Kalkfelsen etwas weiter westlich.

Das Tal am Fuße dieser Steinschichtung, Paradies genannt, beeindruckt nicht nur durch seine lichtreflektierende Schönheit, sondern auch durch seine lärmabgeschirmte Lage. Kein Wunder, daß der Fey die Ruhe der Natur und der Frieden des Waldes besonders am Herzen lagen. In einer Feysage heißt es: „Wer die Stille des Waldes stört, der ist ihr (der Fey) Feind, den führt sie irre, den schreckt sie durch allerlei Geräusch oder Erscheinungen. Namentlich zur Zeit, da die ersten Blätter von den Bäumen fallen, nehme jeder, der hier

Auf dem Ferschweiler Plateau in der Südeifel steht dieser geschichts- und sagenträchtige Menhir, der während der Christianisierung in ein Kreuz umgewandelt wurde. Die Sage erzählt, daß sich in diesem „Fraubillenkreuz" tagsüber die Fee Sybille, eine nachts unheilbringende Jägerin, verborgen hält. Wer die Sprache der Steine versteht, hört eine Frau spinnen.

des Weges kommen muß, sich wohl in acht und gedenke der Mahnung: „Oppgepaß' un nit gelaach, hück ist aller Feyen Dag."[4]

Die Fey schützte auch die Tiere des Waldes. In einer Sage erblickt ein Jäger „... eine Frau, alt und gebeugt, die mit einem Haselzweig (!) in der Hand auf ihn zukam. Die Alte aber schlug mit dem Haselstab auf den Jagdsack, in dem der tote Hase war, und rief: Flieh, Schwester Marie, jetzt oder nie."[5] Im gleichen Augenblick war der Hase wieder lebendig. In dieser Sage hat sich die Verbindung von Fruchtbarkeitsgöttinen zu dem Hasen als Fruchtbarkeitssymbol erhalten. Direkte Bezugsfäden ziehen sich von der Juffer Fey zur Matronenverehrung. Weihesteine, die den 'matronae fachinehis' gestiftet waren, wurden bei Zingsheim (kurze Entfernung von der Feyquelle) und bei Euskirchen gefunden.

Im allgemeinen erwuchsen die Sagenjuffern aus den Matronen-Gottheiten. Bei der Fey muß das nicht unbedingt der Fall gewesen sein. Auf jeden Fall ist der Name 'Fey' älter als der Matronen-Beiname Fachinehis, da die göttliche Frauendreiheit von dem Feybach oder einem dort ansässigen Stamm gleichen Namens ihre Bezeichnung erhielt.

Neuere Forschung leitet Fachinehis von Fachina ab und übersetzt mit „... Fischwehr, ein Gerät aus Flechtwerk und Steinen, das zum Fang besonders von Lachsen und Aalen durch die Flüsse gezogen wurde, ... oder einen Flußlauf mit solcher Fangvorrichtung."[6] Die Matronenforscher fanden namensverwandte Orte an der Lahn und an der Weser. Einen Vergleich von Fachina und Fey, dem Bach, in dessen unmittelbare Nähe die Fachinehis-Matronensteine gefunden wurden, stellten sie indes nicht an.

Die Fey holte auch die Neugeborenen aus ihrem Bachwasser und brachte sie zu den Menschen. In der sagenumwobenen Kakushöhle war es jedoch die germanische Göttin Helic, die die Kinder ins Leben rief.

Die Roggenmuhme

Die Roggenmuhme ist im Gegensatz zu den nachtschwärmenden Juffern ein Tagesgespenst, das zum Geistern die glühendheiße Mittagsstunde bevorzugt. Obwohl die Mittagsmuhme als Beschützerin der reifenden Frucht eine gute Sagenfrau ist, haftet ihr doch etwas Drohendes und Unheilvolles an. Voller Zorn vertreibt sie böse Geister, aber auch Menschen, wenn letztere unachtsam oder ehrfurchtslos Ähren niedertreten oder sogar abbrechen.

Mütter warnten ihre Kinder:

„Laß stehn die Blum', geh nicht ins Korn,
die Roggenmuhme geht um da vorn.
Bald duckt sie nieder,
bald guckt sie wieder,
sie wird die Kinder fangen,
die nach den Blumen langen."[7]

Die Hexe von Aachen

Eine schicksalshafte Märchenfigur ist die Hexe. Es führte zur Tragödie, daß Wirkliches und Unwirkliches sich vermischten. Das geheime Heilwissen weiser Frauen wurde zur geheimnisvollen Zauberkunst; die Kraft des positiven Wunschdenkens verzerrte sich zu abergläubischen Verwünschungs-Spekulationen; das Böse auf der Welt personifizierte sich im Teufel, der zum Leibhaftigen wurde und die Hexenfrauen in seinen Bannkreis zog. Spuk- und Märchenwesen nahmen Menschengestalt an und mußten vernichtet werden.

Die Sage von der Hexe von Aachen beginnt folgendermaßen: „Zur Zeit der Hexenverfolgung lebte auch in Aachen eine Frau, die mit dem Teufel im Bunde stand. Sie war eine wohlhabende Gräfin und wohnte in einem prächtigen Haus an der Hecke Hirschgraben und Seilgraben. Niemand wußte, woher sie gekommen war, aber sie lebte schon seit Menschengedenken in diesem Haus. Über ihr geheimnisvolles Treiben ging ein Spruch um, der von Generation zu Generation weitergegeben wurde:

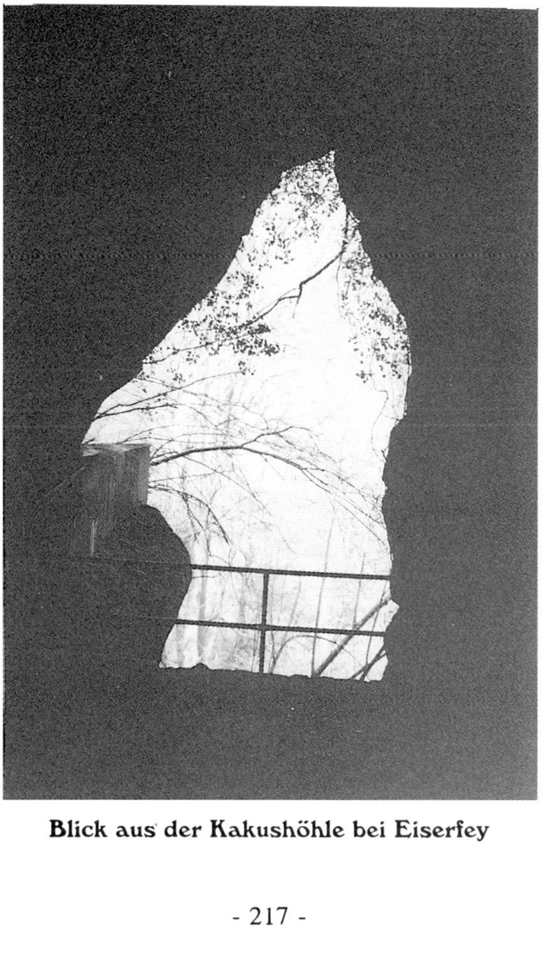

Blick aus der Kakushöhle bei Eiserfey

Bei Tage hat sie die Leute gequält,
bei Nacht hat sie ihr Geld gezählt."[8]

Daß Verbrecher und Hexen auf gleiche Ebene gestellt wurden, möge folgendes Beispiel zeigen. In einem Bericht wird vom Schönauer Hannes erzählt, der als Räuberhauptmann in der Zeit um 1800 die Eifel unsicher machte und manches Verbrechen verübte. Endlich konnte man ihn gefangen nehmen: „Da hat man ihm zu Rheinbach das Urteil gesprochen und sogleich an den Galgen aufgeknüpft. So sind in unserem Ländchen hier die Hexen und Spitzbuben ausgerottet worden, und seitdem wohnen nur noch gute und ehrliche Menschen allhier, die insgesamt hoffen, glücklich in den Himmel zu kommen."[9] So veröffentlicht nicht etwa vor hundert Jahren, sondern im Jahr 1953.

Die böse Stiefmutter

Der Dunkelaspekt der weisen Frauen richtete auch anderweitig Verwirrung an. So wurde im Märchen aus der Schwarzen Alten die böse Stiefmutter. „Die Furcht, die die Schwarze Alte auslöste, mag den Geschichtenerzähler auf den Gedanken gebracht haben, diese echte Mutter in eine Stiefmutter umzuwandeln, um sie in ihrer Rolle als Zerstörerin glaubwürdiger zu machen, nachdem die enge symbolische Verbindung mit der zerstörerischen Mutterschaft der Natur nicht mehr verstanden wurde oder vergessen worden war."[10]

Diese Verfälschung führte zu einem Vorurteil, unter welchem viele Zweitmütter zu leiden hatten. Mißverstandene Märchenwelt fand Einlaß in die Lebensrealität. Die leibliche Mutter war im Märchen die gute Fürsorgende, die Stiefmutter aber die böse Vernichtende. Sogar im Volksliedgut wurde dieser Kontrast aufgenommen. Ein Eifeler Lied hat folgenden Text:

„Ein Kind von kaum drei Jahr,
schon eine Waise war.
Sie war so jung und klug,
daß sie nach der Mutter frug.

Ach, Vater, liebster mein,
wo ist mein Mütterlein?
Dein Mütterlein, das schläft
und sich nicht wecken läßt.

Dies merkte sich das Kind
und eilt zum Friedhof hin.
Es bohrt mit den Fingern ein Loch.
Ach Mutter schläfst du noch?

Ach Kindlein gehe heim
eine andere Mutter ist dein.
Eine andre Mutter ist mein?
Nein, nein, das kann nicht sein.

Und kämmt sie mir das Haar,
so raubt sie mir ein paar.
Aber du lieb Mütterlein du,
bandst schöne Schleifen dazu.

Und wäscht sie mir die Händ',
nimmt's Fluchen gar kein End.
Aber du lieb Mütterlein du,
sangst schöne Lieder dazu.

Und bringt sie mich zur Ruh,
schlägt sie die Türe zu.
Aber du lieb Mütterlein du,
gabst mir den Segen dazu."[11]

Sagenhafte Burgfrauen

Burgfrauen der Sagenwelt sind große und mächtige Sagengestalten, so zum Beispiel das Riesenfräulein von der Hohen Acht, das mit Leichtigkeit einen Pflug samt Bauern als Spielzeug auf die väterliche Burg trug.[12]

Burgdamen waren aber auch mildtätig, wie die Sage von Ginestra erzählt: Ginestra war eine Burggräfin, die ein gütiges und weiches Herz hatte. Ihr Gatte dagegen war von härterer Mentalität und beutete seine Untertanen rücksichtslos aus. Darunter litt die mildtätige Gräfin sehr. Ihrer Bereitschaft zum Helfen konnte sie auch dann nicht nachkommen, nachdem der Burggraf bei einer Wildschweinjagd zu Tode gekommen war, denn nun hielt der Hofmeister alles Gold in Verwahr und zeigte sich genauso hartherzig wie sein einstiger Herr. Nur in einem Traum verteilte Ginestra blanke Goldtaler, aus denen Sträucher mit golden leuchtenden Blüten wuchsen. Als Ginestra aus ihrem tiefen Traum erwachte, war der Hofmeister mit dem gräflichen Vermögen verschwunden. Nun war die Gräfin so arm wie ihre Untertanen. Doch der Traumstrauch mit den goldenen Blüten wurde Wirklichkeit, nach der zarten Ginestra 'Ginster' genannt und zum Eifelgold erklärt.[13]

Die bekannteste sagenhafte Eifeler Burgfrau ist Genovefa, die Tochter eines Herzogs von Brabant und Gattin des Grafen Siegfrid aus dem trierischen Land. Trotz Verleumdung, Verfolgung und Verbannung hielt Genovefa ihrem Gatten die Treue. Die Genovefa-Höhle im Kuttbachtal in der Nähe der Burg Ramstein bei Trier erinnert an diese Sage.

Treue, Klugheit und Entschlossenheit zeigen Eifelfrauen in einer alten Sage, die hier vollständig wiedergegeben wird:

Die treuen Eifelfrauen

Zu Ende des fünften Jahrhunderts gebot in der Eifel ein heidnischer Fürst, dessen unstillbare Eroberungs- und Kampfbegierde für den ganzen Gau eine schwere Plage und insbesondere den Weibern ein Dorn im Auge war. Einstmals nun, als der Fürst wieder neue kriegerische Unternehmungen vorbereitete, fand er sein Heer zu schwach, einen glücklichen Ausgang herbeizuführen, weshalb er sämtliche Männer zum Kriegsdienst berief; nur Knaben unter fünfzehn und Greise über siebzig Jahre blieben verschont.

Als nun dieses Aufgebot rings im Lande bekannt ward, herrschte allenthalben großer Jammer. Die allein zurückbleibenden Frauen wußten sich in diese Ordnung der Dinge nicht zu fügen, und als die Männer abzogen, brachen sie in laute Klagen aus.

Die Eifelfrauen zeichneten sich jedoch schon in frühen Zeiten durch Klugheit und Entschlossenheit aus, und diese beiden Eigenschaften sagten ihnen, daß sie niemals durch weichliches Klagen, wohl aber vielleicht durch zielbewußtes Handeln ihr Los verbessern könnten. Sie trockneten dann ihre Thränen und traten zu einer allgemeinen Beratung zusammen, die schließlich ergab, daß sie samt und sonders nach dem Lager des Herzogs zogen, welcher ob dieses zahlreichen Besuches nicht wenig erstaunte.

„Herr Herzog", begann diejenige, welche zur Sprecherin ausersehen war, „wir wissen, daß Ihr ein gerechter Mann seid, und so kommen wir vertrauensvoll zu Euch, gewiß, daß Ihr unsere Bitte nicht abschlagen werdet."

„Sprechet", das war alles, was der Herzog auf diese Anrede erwiderte.

„Ihr habt uns unsere Männer genommen und uns dadurch einen herben Verlust zugefügt; gestattet denn, daß eine jede von uns zum Ersatz soviel aus Eurem Lager als ihr bleibendes Gut mit sich fortnehme, als sie ohne fremde Beihülfe fortzubringen vermag. Was sie auch nehmen mag, es darf keinen Unterschied machen. Weiset uns arme verlassene Frauen nicht ab, Herr Herzog, das bitten wir gar herzlich."

Der Herzog besann sich ein Weilchen, sah die kraftvollen Gestalten der Bittstellerinnen und besann sich hierauf nochmals, was man ihm auch nicht verdenken konnte; denn nahm jede dieser Frauen so viel als sie tragen konnte, dann mochte ihm die Gewährung dieser Bitte teuer zu stehen kommen. Andererseits aber war sie gerecht; er sah ein, daß er den bedauernswürdigen Eiflerinnen wenigstens einen kleinen Ersatz für das ihnen bereitete Leid schuldete und da er überdies zuverlässig hoffte, von dem geplanten Zuge mit reicher Beute heimzukehren, so zeigte er sich großmütig und sprach: „Was Ihr verlangt sei Euch gewährt; nehmt, wonach Euer Herz Begehren trägt."

Armer Herzog! Er hatte bei seiner Rechnung nur eines vergessen, nämlich die weibliche Arglist.

Da brachen die Weiber in lauten Jubel aus, und nachdem die Sprecherin dem gütigen Gebieter gebührend gedankt, verteilte sich der ganze Schwarm

Spukgestalten geistern gerne in alten Burgmauern (hier: Bertrada-Burg in Mürlenbach)

über das Lager hin; jede forschte nach dem Gatten, Bräutigam oder Sohn, und sobald sie ihn gefunden, lud sie ihn mit einem kräftigen Rucke auf die Schulter.

Der Herzog stand da wie betäubt; an so etwas hatte er nicht gedacht; aber es half nichts; sein Wort war verpfändet; es mußte gelöst werden, und so sah er schweigend zu, wie die schlauen Eifelfrauen ihm seine Krieger entführten. Als aber die letzte mit ihrer Last das Lager verlassen hatte, rief er halb lachend, halb zornig: „Diesmal habt ihr mich gekriegt, das nächste Mal werde ich euch kriegen, daß ihr daran denken sollt!"

Hat der Herzog die Eifelfrauen wirklich gekriegt? Weder Geschichte noch Sage berichtet etwas darüber; dafür aber wissen wir, daß man noch heutzutage in der Eifel das Andenken dieser thatkräftigen Weiber, dieser kühnen Ahnfrauen ehrt. Der Donnerstag vor Fastnacht, an welchem sie dieses Wagestück vollbracht haben, wird ihnen zu Ehren noch immer der 'Weiberdonnerstag' genannt, und an demselben steht ihnen die unumschränkte Herrschaft zu, ob zwar dieselbe von vielen nicht nur an diesem, sondern an jedem Tage das ganze Jahr hindurch geübt wird.[14]

Quellenangaben

[1]Vgl. Franz Cramer: Römischer Matronenkultus im Spiegel der Überlieferung, in: Eifelvereinsblatt, März 1913, Seite 54

[2]Heinrich Hoffmann: Volkskunde des Jülicher Landes, Teil 2, Sagen aus dem Indegebiet, Eschweiler 1914, Seite 109, Nr. 267

[3]Andrea Reichies und Katrin Sanders: Keltische Göttinnen, Film, West 3, 6.1.1991, Manuskript, Seite 10

[4]Peter Schiffer, Höngen: Führer durch das Feytal, die Kakushöhle und nächste Umgebung, Eupen 1907, Seite 47

[5]H. Roggendorf: Mechernich, Altes und Neues zur Heimat- und Pfarrgeschichte, Köln 1929, Seite 124

[6]Günter Neumann: Die germanischen Matronen-Beinamen, in: Matronen und verwandte Gottheiten, Köln 1987, Seite 119

[7]M. Cremer: Was sich die Leute an der Erft erzählen, in: Erftbote 1951, Seite 77

[8]Hans Peter Pracht: Sagen und Legenden der Eifel, Köln 1983, Seite 18

[9]Pfarrer P. Spülbeck: Der Schönauer Johannes, in: Heimatkalender Kreis Schleiden, 1953, Setie 34

[10]Barbara G. Walker: Die Weise Alte, München 1986, Seite 89

[11]Josef Schäfer: Lieder und Brauchtum der Eifel, Schallplatte: Eifeler Volksmusikanten, 1984

[12]Vgl. K. Caro, Dr. J. Janssen, H.J. Scheufgen: Volkssagen, in: Eifelgut, Heft 1, Schleiden 1930, Seite 4

[13]Armin Renker: Eifelgold, in: Heimatkalender des Kreises Euskirchen 1957, Seite 130

[14]Carola Freiin von Eynatten: Eifelsagen, Trier 1890, Seite 120

Hexe – Was assoziieren Frauen mit diesem Wort?

Das Wort Hexe ist vieldeutig und hat einen öfteren Bedeutungswandel durchgemacht. Es erinnert an weise Frauen und an böse Märchengestalten, an Hexenkunst und Hexenkulte, an Hexenwahn und Hexenverfolgung. Was sagt das Wort 'Hexe' heute aus? Was wollen Frauen für eine Botschaft übermitteln, wenn sie sich als 'Hexe' bezeichnen?

Durch ein Assoziationsspiel versuchte ich, der 'Hexe' auf die Spur zu kommen. In drei unterschiedlichen Frauengruppen wurde das Wortspiel durchgeführt. Es erfolgte jedes Mal unvorbereitet. Wurden bei der Zusammenfassung mehrere Begriffe in die Runde geworfen, einigte die Gruppe sich auf einen Begriff, der aufgeschrieben werden sollte.

Die drei Beispiele sollen - und können - nicht den heutigen Gebrauch des Wortes 'Hexe' belegen. Sie können jedoch Anstoß sein, sich der eigenen Hexenvorstellung zu nähern.

Hexe betet einen Dämonen an.

Spielregeln:

Vom Spielleiter wird ein Wort, der Oberbegriff, genannt. Die Gruppenmitglieder sollen nun spontan und ohne langes Überlegen Wörter sagen, die sie mit diesem Begriff verbinden. Sind 16 Wörter untereinander aufgeschrieben, soll aus jeweils zwei untereinander stehenden Wörter ein neuer Begriff gefunden werden. Auch hier soll die Assoziation Vorrang vor langem Nachdenken haben. In gleicher Weise werden aus den acht Wörtern vier, aus den vier Wörtern zwei zusammengefaßt. Aus den letzten zwei Wörtern wird das 'Schlußwort' gebildet. (Das Spiel kann natürlich auch ein jeder für sich alleine spielen.)

I. Assoziations - Spiel 16 - 8 - 4 - 2 - 1 Oberbegriff: Hexe

<table>
<tr><td>1. unerträglich</td><td rowspan="2">1. Frau</td><td rowspan="4">1. Kathrinchen (Frau, die Warzen wegnehmen kann)</td><td rowspan="8">1. (ver-)beten</td><td rowspan="16">heilig</td></tr>
<tr><td>2. schauderhaft</td></tr>
<tr><td>3. hinterlistig</td><td rowspan="2">2. Warzen</td></tr>
<tr><td>4. Symbol</td></tr>
<tr><td>5. grauenhaft</td><td rowspan="2">3. besitzergreifend</td><td rowspan="4">2. Kuchen</td></tr>
<tr><td>6. herrschsüchtig</td></tr>
<tr><td>7. verlogen</td><td rowspan="2">4. Backofen</td></tr>
<tr><td>8. hilfsbereit</td></tr>
<tr><td>9. Besenrallyefahrerin</td><td rowspan="2">5. schwebende Jungfrau</td><td rowspan="4">3. Himmel</td><td rowspan="8">2. Maria (Mutter Gottes)</td></tr>
<tr><td>10. alt und häßlich</td></tr>
<tr><td>11. zynisch</td><td rowspan="2">6. lachen</td></tr>
<tr><td>12. schadenfroh</td></tr>
<tr><td>13. runzelig</td><td rowspan="2">7. nicht fotogen</td><td rowspan="4">4. Jungfrau</td></tr>
<tr><td>14. lange, krumme Nase</td></tr>
<tr><td>15. Hexerei</td><td rowspan="2">8. Walpurgisnacht</td></tr>
<tr><td>16. Blocksberg</td></tr>
</table>

Analyse Nummer I

Gruppe: Eifelfrauen unterschiedlichen Alters, die sich seit vielen Jahren wöchentlich treffen, um Hexenpuppen zu basteln.

Mit dem Wort 'Hexe' werden zunächst nur schlechte Charaktereigenschaften assoziiert: Unerträglich, schauderhaft, hinterlistig, grauenhaft, herrschsüchtig, verlogen. Erst unter Punkt 8 wird ein positiver Begriff eingeworfen: Hilfsbereit. Im nächst-folgenden Wort 'Besenrallyefahrerin wird deutlich, daß 'Hexe' nicht nur mit der Vergangenheit zu tuen hat, sondern auch in der Gegenwart eine Rolle spielt. Doch schon geht es weiter mit schlechten Eigenschaften (zynisch und schadenfroh) und mit unvorteilhaftem Aussehen: Alt und häßlich, runzelig und lange, krumme Nase. Erst die beiden letzten Begriffe in der 16er Reihe weisen auf eine Hexen'kunst' hin: Hexerei und Blocksberg.

In der Sammlungsphase von 16 Begriffen bleibt es unklar, ob eine märchenhafte oder eine reale Hexengestalt vor dem geistigen Auge auftaucht. Doch das erste Wort der 8er Reihe heißt ganz eindeutig 'Frau', assoziiert aus den Begriffen 'unerträglich' und 'schauderhaft'. Obwohl einige Frauen über diesen unerträglich-schauderhaften Gedankengang erschrecken, erklären sich alle mit dem Wort einverstanden. Zusätzlich zu der 'Frau' taucht eine schwebende Jungfrau auf, gespenstisch und geheimnisvoll.

Im Wort 'besitzergreifend' wird - wenn auch negativ belastet - etwas von der Macht der Frau spürbar; sobald sie Besitz ergreift, dominiert sie. Der Begriff 'nicht fotogen' nimmt dem unattraktiven Aussehen die Spitze: Es sieht nur äußerlich so aus, als ob die Hexe alt und häßlich sei. Ihr inneres Wesen kann nicht auf die Platte gebannt werden.

Es tauchen Gegenstände auf: Die Warzen und der Backofen. Die Hexerei und der Blocksberg werden auf ein bestimmtes Datum fixiert. Nur noch einmal im Jahr, und nur in der Nacht, dürfen die Hexen ihr Wesen (oder Unwesen?) ausleben: In der Walpurgisnacht.

Ein fröhliches Wort wird in die Runde geworfen: Lachen! Es ist zwar aus Negativbegriffen entstanden (zynisch und schadenfroh) und somit könnte ein ironisches oder böses Lachen gemeint sein, das jedoch nicht als solches benannt wird. Es kommt zu einem befreienden Lachen.

Die große Überraschung in der 4er Reihe: Es werden nur noch positive Begriffe genannt: Kathrinchen, eine 'gute' Frau, die Warzen wegnehmen kann, also etwas von der alten Heilkunst versteht; der Kuchen, der für Frauen etwas Erfreuliches darstellt und auf ein frauenspezifisches-gemütliches Zusammensein hinweist. Die schwebende Jungfrau fliegt frei durch den Himmel und landet in der Walpurgisnacht als Nur-Jungfrau auf der Erde. Von alt und häßlich, grauenhaft und schauderhaft ist nicht mehr die Rede.

In der 2er Reihe wird das 'Warzenwegnehmen' noch stärker betont: Kathrinchen 'heilt' die Warzen - und zwar durch bestimmte Gebete. Sie 'ver'betet sie. Für Himmel und Jungfrau gibt es nur einen Begriff: Maria, die Jungfrau gebliebene Mutter Gottes. Beten und Maria ergeben ganz eindeutig: Heilig.

Das Ergebnis löst in der Gruppe ein betroffenes Schweigen aus. Hexe und heilig? Wie verträgt sich das? Erst ein trockener Einwurf: „Jetzt haben wir die Hexe heilig-gesprochen", bringt ein Aufatmen. Ein Deutungsversuch wird erst später vorgenommen:

Das Wort 'heilig' hat mit 'heilen' zu tuen, und Hexen waren einst heil-kundige Frauen, deren 'Heil'-kunst jedoch als Teufelswerk verboten wurde. Wer heute noch über dieses alte Wissen verfügt, darf es nur im Namen Gottes einsetzen, will er nicht als böse Hexe verschrieen werden.

Deutlich wird in dem Assoziationsspiel die Ausrichtung der Gruppe: Die Frauen basteln Hexenpuppen, die sie vorwiegend auf einem Basar verkaufen. Der Erlös wird ausschließlich sozialen Zwecken zugeführt. Die Frauen machen durch ihre Hexenpuppen aus etwas Bösem (in ihrer Vorstellung) etwas Gutes. Die Hexe wird heilig.

Erkennbar wird auch die religiöse, christliche Lebensausrichtung: Die kollektive Schuld der Frau, in Eva projiziert, muß immer wieder gutgemacht werden. In vielen fleißigen Arbeitsstunden üben die Frauen Nächstenliebe. Da sie diese Arbeit jedoch gemeinsam in einer Gruppe ausüben, tuen sie auch sich selbst etwas Gutes.

II. Assoziationsspiel - Oberbegriff Hexe

<table>
<tr><td>1. schwarz</td><td rowspan="2">1. wild</td><td rowspan="4">1. Quelle</td><td rowspan="8">1. Kreislauf</td><td rowspan="16">Frauen (in) Bewegung</td></tr>
<tr><td>2. tanzen</td></tr>
<tr><td>3. weiß</td><td rowspan="2">2. weise</td></tr>
<tr><td>4. alt</td></tr>
<tr><td>5. häßlich</td><td rowspan="2">3. Sturzflug</td><td rowspan="4">2. gewaltig</td></tr>
<tr><td>6. Luft</td></tr>
<tr><td>7. stark</td><td rowspan="2">4. mächtig</td></tr>
<tr><td>8. bedrohlich</td></tr>
<tr><td>9. Leidenschaft</td><td rowspan="2">5. Vulkan</td><td rowspan="4">3. Höhle</td><td rowspan="8">2. Mutter</td></tr>
<tr><td>10. Feuer</td></tr>
<tr><td>11. Nacht</td><td rowspan="2">6. Alter</td></tr>
<tr><td>12. würdig</td></tr>
<tr><td>13. Energie</td><td rowspan="2">7. kosmisch</td><td rowspan="4">4. Ursprung</td></tr>
<tr><td>14. Stern</td></tr>
<tr><td>15. Katze</td><td rowspan="2">8. eigenwillig</td></tr>
<tr><td>16. autonom</td></tr>
</table>

Analyse: Nummer II

Gruppe: Frauen, vorwiegend jüngeren Alters, die sich in mehreren Workshops innerhalb des Jahres 1990 mit dem Thema 'Frauengeschichte' auseinandergesetzt haben. Das Assoziationsspiel 16-8-4-2-1 als solches war bekannt; der Oberbegriff 'Hexe' wurde jedoch unvorbereitet in die Gruppe eingegeben.

In dieser Gruppe wird das Wort 'Hexe' mit ganz anderen Eigenschaften assoziiert. Es werden zwar auch die Wörter 'alt' und 'häßlich' genannt, doch es wird von einem würdigen Alter ausgegangen. Die Gegensätze der Hexe werden durch die Begriffe 'schwarz' und 'weiß' erkennbar gemacht. Vor allem wird der Hexe eine große, wenn auch zeitweise bedrohliche Macht zugeschrieben: Stark, mächtig, gewaltig, wild. Dazu ist sie leidenschaftlich und weise.

Auffallend ist es, daß viele Begriffe die Natur und ihre Elemente benennen: Luft, Feuer, Energie, Nacht, Stern, Vulkan, Quelle und Höhle.
Je mehr das Assoziationsspiel sich dem Endpunkt nähert, desto schwerer fällt die Entscheidung, sich auf ein Wort zu einigen. Aus 'Quelle' und 'gewaltig' wird schließlich 'Kreislauf', wogegen das zunächst assoziierte Wort 'Geburt' weggefallen lassen wird. Auch bei 'Ursprung' und 'Höhle' ist eine Zusammenfassung

nicht einfach. Mit der 'Mutter' sind schließlich alle einverstanden. Ratlos sind die Frauen beim Endwort. Das vorgeschlagene Wort 'Frau' wird als zu allgemein empfunden. Erst allmählich wird klar, daß eine Frau als Hexe stets in Bewegung sein muß (tanzen, Sturmflug, Kreislauf), um etwas in Bewegung setzen zu können. 'Frauen (in) Bewegung' ist schließlich das Endwort, das auch eine Wortverbindung zur Frauenbewegung schafft.

Für die Frauen der 'Frauengeschichtsgruppe' ist die Hexe der Kosmos selbst, die Mutter der Höhle, die Quelle alles Seins, die weise Alte. Sie hält die Welt in Atem, in Bewegung. Sie bringt den Vulkan zur Explosion.

Der ewige Kreislauf aller Dinge kann die Macht der schwarz-weißen Hexe auch in unsere Zeit hinüberretten. Die Brücke zwischen den Zeiten Einst und Jetzt wird in dem Assoziationsspiel jedoch nicht gefunden: Es wird auch nicht der Versuch unternommen, diesen Brückenbau zu planen, zu konstruieren.

Auf die Hexenverfolgung wird nicht hingewiesen. Die Hexe als Urwesen der Frau steht allein im Vordergrund. Da aber die Urmacht inzwischen besiegt ist, muß das alte Vorrecht neu geschaffen werden. Doch eine Lethargie hemmt den 'Sturmflug', nicht nur in dem Hexenspiel, sondern auch in der Wirklichkeit.

Doch ein Hoffnungsstern leuchtet zuversichtlich: Solange 'Frauen in Bewegung' bleiben, kann trotz hemmender Prellböcke die Welt der Frau wieder zur alles-be'herr'-schenden Urkraft werden. Un-be-herrscht möchte die heutige Hexe die Welt überfliegen, doch behindern manchmal ihre selbstgeschaffenen Fesseln ihren Höhenflug. Die Lösung der Fesseln könnte die Lösung der Hexenprobleme auslösen.

III. Assoziationsspiel - Oberbegriff Hexe

Tabelle siehe nächste Seite.

Analyse Nummer III

Gruppe: Seniorinnen eines Eifeldorfes, die sich seit Jahren zur wöchentlichen Gymnastik und zum Seniorentanz treffen. Durchschnittsalter: 70 Jahre

Als Eigenschaften werden der Hexe zugeordnet: Alt und jung, hinterlistig und 'nixnotzig'. Die Falschheit wird nicht vergessen. Das Aussehen der Hexe wird durch 'lange Nase' und 'Warzen' beschrieben. Die Kleidung ist wichtig: Kopftuch, Kleiderrock, Holzschuhe. Die ganze 'Modeerscheinung' wird im 'Karneval' zur 'Verkleidung'. Auch im täglichen Arbeitsbereich der Frauen, im Haushalt, findet das Wort 'Hexe' Ausdrucksformen: Besen, Schrubber, saubermachen, Putzfimmel.

In diesem Assoziationsspiel nimmt - im Gegensatz zu den beiden anderen Aufstellungen - die Hexenverfolgung einen großen Raum ein: Scheiterhaufen, Gift, Mittelalter, Gericht, Verfolgung, Urteil.

<table>
<tr><td>1. alt</td><td rowspan="2">1. 'nixnotzig'</td><td rowspan="4">1. Putzfimmel</td><td rowspan="8">1. Eitelkeit</td><td rowspan="16">Geld</td></tr>
<tr><td>2. Falschheit</td></tr>
<tr><td>3. Besen</td><td rowspan="2">2. saubermachen</td></tr>
<tr><td>4. Schrubber</td></tr>
<tr><td>5. jung</td><td rowspan="2">3. Modeerscheinung</td><td rowspan="4">2. Verkleidung</td></tr>
<tr><td>6. Kopftuch</td></tr>
<tr><td>7. Tanz</td><td rowspan="2">4. Karneval</td></tr>
<tr><td>8. lange Nase</td></tr>
<tr><td>9. Scheiterhaufen</td><td rowspan="2">5. Gericht</td><td rowspan="4">3. Urteil</td><td rowspan="8">2. Scheidung</td></tr>
<tr><td>10. Gift</td></tr>
<tr><td>11. Warzen</td><td rowspan="2">6. Verfolgung</td></tr>
<tr><td>12. Mittelalter</td></tr>
<tr><td>13. Kleiderrock</td><td rowspan="2">7. Luzia</td><td rowspan="4">4. Ehepaar</td></tr>
<tr><td>14. Walpurgisnacht</td></tr>
<tr><td>15. hinterlistig</td><td rowspan="2">8. Bauernschläue</td></tr>
<tr><td>16. Holzschuhe</td></tr>
</table>

Bewegung kommt durch 'Tanz' in das Wortspiel. In der Walpurgisnacht leuchtet die Lichtergestalt der Luzia auf. Durch 'Bauernschläue' wird sie zum 'Ehepaar'. Das 'Urteil' lautet: Scheidung. Im oberen Teil des Wortspieles enden 'Putzfimmel' und 'Verkleidung' in 'Eitelkeit'. Die Begriffe 'Eitelkeit' und 'Scheidung' werden spontan mit 'Geld' assoziiert.

Eine anschließende Diskussion bringt andere Vorschläge, die jedoch wieder fallengelassen werden: Die 'Scheidung' sei 'Schicksal' und führe zur 'Einsamkeit'. Die 'Eitelkeit' wird mit 'Frau' assoziiert. Doch da erhebt sich Widerspruch aus der Gruppe: Nicht nur Frauen seien eitel, sondern auch Männer.

Alle sind sich schließlich einig: Beides, die Eitelkeit und die Scheidung, kostet Geld. So bleibt es bei diesem Wort.

Die Seniorinnen finden intuitiv, daß die Hexe etwas mit ihnen selbst zu tuen hat. Durch normale Kleidung und durch alltägliche Hausarbeit verliert sie alles Geheimnisvolle. Selbst der Hexentanz wird durch den Karneval legal.

Obwohl die Hexe eine normale, alltägliche Frau ist, wird sie verfolgt, vor Gericht gestellt, verurteilt, auf den Scheiterhaufen geführt. Der Begriff 'Gift' sorgt für einige Unruhe. Richteten die Hexen durch Gift Unheil an? Oder heilten sie damit, zum Beispiel die Warzen? Schnell wird das Wort 'Mittelalter' eingeworfen. Die Hexenverfolgung ist längst vorbei.

Das Geld ist heute das einzige, was zählt. Wer Geld besitzt, hat auch die Macht. Mit Geld läßt sich alles regeln. Der Materialismus ist es letztendlich, der den Spiritualismus besiegt.

Verzeichnis und Nachweis der Abbildungen